天下文化
BELIEVE IN READING

打造爆紅影音
VIDEOCRACY

How YouTube Is Changing the World......
with Double Rainbows, Singing Foxes,
and Other Trends We Can't Stop Watching

KEVIN ALLOCCA
凱文・艾樂卡 —— 著

周宜芳 —— 譯

目　錄

影音前，進廣告

　　四十七歲的保羅・瓦奎茲（Paul Vasquez），綽號「大熊」，他在加州的家緊挨著優勝美地國家公園。有一天，陽光亮麗，照進家裡，他一時興起，抓起那台幾乎與他形影不離的相機，走出戶外：一道壯麗的雙重彩虹橫跨峽谷，映入眼簾。當時，瓦奎茲已經在個人YouTube頻道上傳過數百支影片，但是他錄下眼前景象時，他知道自己正在捕捉某些特別的東西。不過，讓這段影片掀起一陣熱議的，不是鏡頭裡的彩虹，而是他在鏡頭外的反應。3分30秒的影片裡，我們可以聽到瓦奎茲在目睹壯麗彩虹時激昂的讚嘆。以下是部分謄錄：

> 哇噢，完整的彩虹，一路到底。雙重彩虹，噢，我的
> 上帝。這是雙重彩虹，一路到底。哇噢，如此強烈
> ……如此鮮明，噢，我的上帝……如此鮮明而生動！
> 噢！啊！啊！如此美麗！（快樂啜泣）……噢，我的上
> 帝。噢，我的上帝，這象徵什麼意義？告訴我（更多哭
> 泣）我無法承受了。告訴我，它的意義。噢，我的上帝
> 啊，這感受是如此強烈。噢、噢、噢、我的上帝。

　　我在偶然間第一次看到這支正式標題為「優勝美地大熊山
雙重彩虹 1-8-10」（Yosemitebear Mountain Double Rainbow 1-8-10）的
影片時，我還在從事新聞記者工作，利用休假到高中夏令營授
課。大熊瓦奎茲上傳這支影片的時間是 2010 年 1 月，影片爆紅
是六個月後的事，因為夜間秀主持人吉米・基默（Jimmy Kimmel）
幫高調地在 Twitter 上分享了這支影片：「我的朋友陶德宣布，這
是『地表最好笑的影片』！他可能說得對極了。」

　　就像基默的朋友陶德，大熊對雙重彩虹歇斯底里的反應，
我也是百看不厭。光是那一週，我就看了不下二十次。在某堂課
開始之前，我請工作人員用大螢幕播這段影片給學生看。學生也
很喜歡，而「這感受是如此強烈！」還變成營隊學生的新口頭
禪。這段影片記錄了一個人喜樂滿溢的反應，收藏了一個純然喜
悅的暫停時刻，也具體表現了人類樂於分享的一種情緒。

　　在那之後，我見過大熊幾次，包括一場在 MIT 舉行的網路
迷因[1]（internet-meme）討論會[2]。這段影片傻氣又樸拙，洋溢著強

烈到幾乎不自然的情感，而大熊本人也是如此。「你在影像裡看不到我，你是透過我看到影像，」他喜歡這樣說，「你體驗到我所體驗的。」有人問我，他是否了解大家為什麼覺得影片有趣（言下之意就是，我們笑的是他，而不是和他一起笑），而他確實明白這點。但是，即使是笑他，觀眾還是與他共享了這一刻。他告訴我，他的使命就是把喜樂、性靈和正面思維的訊息散播到全世界，而他相信，這支影片能幫他達成使命。據他所說，這是他「獻給人類的禮物」，只要有人觀賞、分享、模仿或唱頌這支影片，就等於認同大熊的個人使命。

幾年後，「雙重彩虹」仍然是我心目中的 YouTube 最佳影片。在大熊的歡喜讚嘆和斷續啜泣（以及我們的笑聲）之間，蘊藏了若干重要事實。我們參與了一個嶄新的創意時代，這個時代的驅動力來自大熊這樣的人，他們有事物想要與我們分享；也來自參加營隊的那些孩子，他們想要參與那些體驗，並創造自己的新體驗。這是一個由所有人共同塑造的文化。

我算是 90 年代的小孩。週六早上起床看「忍者龜」，再轉台到 MTV 收看「互動全方位」（Total Request Live；TRL），看看哪些樂團不是我的菜；在百視達租片；晚餐時間與全家人一起觀賞灑狗血的南佛羅里達州地方新聞，直到我媽出聲抱怨才關掉電視。我的成長過程，娛樂選項比我父母成長的過程多得多。

我父母的孩提時期是 1950 年代，拜廣播和電視的普及之賜，當時的媒體擁有空前深遠的影響力，但是要參與這個產業需要龐大的資金。製作報紙、唱片的設備，如訊號天線、影片膠捲

和印刷機等，都不是便宜的東西。光是一部 RCA TK-41 電視攝影機，在 1959 年要價大約 5 萬美元，相當於今日的 41 萬 7,485 美元。由於製作成本高昂，這些支出必須以廣告或票房收入支應，因此大眾消費的娛樂幾乎全部出自幾家電視網、製片廠和唱片公司。為了維持經濟利益，它們的創作內容都盡可能以最多聽眾為訴求。

　　這種模式未必是壞事。它孕育了二十一世紀許多最重要的文化標幟：尼克森與甘迺迪的辯論、「艾德‧蘇利文秀」（The Ed Sullivan Show）的披頭四合唱團、電影「教父」和「亂世佳人」。創作內容都有適當的類別（目標閱聽觀眾清晰可辨），有具體的理解脈絡（透過標準化的行銷和品牌經營），而且通常展現出高品質。不過，節目有時候也會顯得千篇一律。社會學家海格（Ernest van den Haag）在 1957 年時寫道，「流行文化……由在好萊塢或紐約的一群人所製造，賣給沒有名字的大眾市場。產品必須符合一般人的品味，為了顧及普遍化和低廉，卻失去自發性和個性。」哎呀，真是犀利。

　　今日的新興媒體，在某些方面更近似現在任何人出生之前時期的文化，也就是在工業革命之前，也在大眾媒體誕生之前。在那個時期，創意是透過民俗藝術表達，反映的是市井小民獨特的現實環境、情感和恐懼，而不是一小群精英。今日的科技再度賦予個人力量，形塑我們的流行藝術和娛樂，而且這一次，他們（就是我們）可以享有龐大的規模。

　　2010 年，我開始在 YouTube 的發燒影片（trends）從事趨勢追蹤的工作。當時我最先注意到的一件事，就是沒有一件事說得通：最受歡迎的頻道，主角是一名講話有如連珠砲、聲音尖銳的十六歲男孩；紅遍全世界的流行偶像小賈斯汀（Justin Bieber），是靠著他在自己臥房拍攝的一些影片而發跡；大約同一時間，歐巴馬（Barack Obama）被封為「YouTube 總統」。有大事正在發生，但現在是一片混亂。身為這個平台的第一個「趨勢管理員」，我的職責就是找出這一切的意義。

　　寫這本書的目的，就是解釋我在 2010 年初所遇到這一團隨機、變動莫測的混亂。沒錯，本書接下來會挖掘爆紅影片如病毒般被瘋傳、爆發大流行的原因，探討為什麼有些創作者能吸引如此龐大的閱聽觀眾群，還有「哈林搖」（Harlem Shake）迷因的形成原因是什麼。但是，本書真正要談的，是這些現象所傳達的訊息，以及所能發揮的新影響力。

　　我在 YouTube 的經驗，為我打開獨特的一扇窗，讓我得以窺見，人與影片之間隨著時間推移而演變的關係，如何以我們不見得總能察覺的方式影響日常生活。我曾經見識到，YouTube 背後的科技，如何衡量使用者運用科技的方式並據此回應，以擴大個人對文化的影響力。我也看到，在過去限制觀念傳播的許多因素，如地理位置或經濟地位，如何因為 YouTube 而成為歷史陳跡。我還觀察到，創新、創意的技巧如何演進，以回應大眾期待娛樂反映真實的渴望。還有，新興、非正式的藝術表現形式，例如重混（remix），又是如何改變影音在我們生活裡所扮演的角

色。拜這個「互動（interactivity）產生關聯（relevance）」的媒體環境所賜，娛樂的內涵已演變為創造更豐富的體驗，各種規模的企業也都必須調整自己與受眾的溝通方式。

　　但是，我們與影片的互動方式，也影響到社會更為根本的層面。我們取得、傳播知識（並分享我們當下體驗）的方式，已變得更個人化、更直接，影響了我們對世界、對彼此的觀點。當利基小眾的嗜好和興趣能夠驅動程式的演算，規模看似微小的社群，就能在我們的生活裡發揮深遠的影響力，而大眾消費的娛樂也能反映更深、較不為人所知覺的需求。這些通常也是媒體所忽略的。

　　結果呢？有一種由個人所驅動、新類型的流行文化因而成形。下一代的發聲者，通常不是電影明星或電視人物，而是網路上的創作者。眾人爭拱的新類型名人，以透明度和真實感贏得大眾關注，他們的人氣來自我們的參與；成功的人物和影片，通常都屬於能夠促進關係的那一類。

　　我們的文化正在改變，要探知箇中究竟，沒有比 YouTube 更好的地方。原因如下：

　　YouTube 正是為了實踐民主精神而設計，其目的是讓大家可以「自己製播節目」，讓觀眾與他們最想觀賞的影片或頻道接上線。YouTube 很快就成為網路第二大搜尋引擎，到了 2015 年，全球每分鐘上傳影片長度超過 400 個小時。當然，每個人在捲動首頁，或搜尋「破嘴合唱團」（Smash Mouth）令人發悶的翻唱曲時[3]，所接觸到的只是 YouTube 影片資料庫裡的吉光片羽。你必

須往後退一大步才能看到，我們每天在網路上挑選、分享、上傳影片的這些微小行動，不但在塑造 YouTube，也在塑造這個前所未有的知識庫。

2013 年時，YouTube 網站有 10 億使用者。在你閱讀這段文字時，數字可能還會大幅攀升。[4] 這個數字相當於地球上三分之一的網路使用人口，是相當壯觀的資料集合。由於資料的運用通常反映整體網路使用者的人口統計分布狀況，因此 YouTube 的資料可說是人類行為相當具有代表性的寫照。儘管體認到這點的人很少，YouTube 確實是人類歷史上最龐大的文化資料庫。整體而言，它反映了人類在所有榮辱裡的面貌。換句話說：如果外星人想要了解地球，我會給他們 Google；但是，如果他們想要了解人類，我會給他們 YouTube。分析 YouTube 能讓我們更理解我們的現狀，以及我們未來。

本書要帶你進入後台，一窺幕後。我希望能讓你看到，「大熊」在雙重彩虹影片裡頻頻呼喊的「噢，我的上帝啊」、你在看最愛的貓影片時的「哦，已融化」，以及我們看影片時慣常的一句「搞什麼」，都彰顯了一件更重要的事，那就是我們影響現代社會的新能力。本書後文有大部分人從來沒有看過的資料、與沒沒無聞之輩的訪談，還有許多我自己對某些非常不傳統的主題的研究。隨著我們觀賞、聆聽、討論、上傳、追蹤、訂閱、分享，以及其他在這個新環境裡的所做所為，我們與熱愛的事物建立起更深的連結，而我們的行為最終也會改變那些事物。我們不只是觀察者，也是參與者，我們的參與以密切而個人化的方式進行，

而且擁有現代科技瘋狂的規模和觸角。對於企業未來的營運方式、重要事件的塑造與解讀，以及人類如何生活，我們的活動都有深遠的意涵。

如果我們認為文化是人類知識、表達、習慣與藝術（雅俗兼有）的總和，那麼數位活動無疑是文化裡極強的一股轉化力量。我們日常使用 YouTube 的獨特方式，反映並影響了生活的各個層面。我們改變，YouTube 也會隨之改變。一如我們自己，這是一項不斷推進的工程。YouTube 不只是觀賞內容的園地，它已經變成一具龐大的文化引擎，在每個使用者手中，零件不斷被破壞、改良、替換。

那麼，讓我們沉浸在這團混亂裡，看看能見識到什麼。「大熊」逗我發笑，但是說實話，我在 YouTube 上探索發燒影片、社群和人才的個人經驗，通常更像是我自己在拍攝雙重彩虹：噢，我的上帝啊！這感受是如此強烈……。

本章注釋

1　又稱「模因」、「文化基因」，原意為想法、行為或風格在人際之間的文化傳播過程，本書泛指在網路上瘋狂流行的人事物。

2　沒錯，我在那裡還遇到了網紅「創：光速戰記」先生。＃科技宅男勝

3　或許只有我會這樣做？

4　除非我們在某個核子冬天裡，成為專制機器人大軍的子民。若是如此，你現在就可以把書闔上，拿去當柴燒。

((1))

在動物園

2005 年初春，賈德‧卡林姆（Jawed Karim）到加州聖地牙哥拜訪朋友，與幾位高中同學相約在當地著名的動物園。卡林姆站在大象觀賞區前，拿出他的傻瓜相機。「我有一張拍攝主題清單，都是我隨興想到的影片主題，」卡林姆告訴我，「其中一項就是在動物園耍白癡。」卡林姆把相機轉到錄影模式，交給他的朋友雅可夫‧雷匹茲基（Yakov Lapitsky），請雷匹茲基幫忙拍他。「好的，所以我們現在位於大象區前方，」他在那段 18 秒的短片裡一開始如此說道。「這些傢伙最酷的地方呢，就是他們有非常、非常，非常長的……呃……鼻子。那實在很酷。除此之外，大概也沒有什麼好說的了。」雷匹茲基把相機還

給卡林姆，兩個老朋友就此告別，他們都沒有想到，剛剛錄下的幼稚玩笑短片，將會開創網際網路史上的一頁。

卡林姆是印度班加羅爾的研究員和德國的生化教授之子。距此五年前，也就是 2000 年，他從大學休學，加入線上支付平台的先驅開發事業 PayPal。幾年後，他以函授方式完成電腦科學學位。他在 PayPal 認識了查德‧賀利（Chad Hurley）和陳士駿。他們之間的友誼，將會改變他的、我的，或許還有你的人生風景。

2004 年末，卡林姆、賀利和陳士駿都離開了 PayPal[1]，經常在一起討論創業構想。其中，打造更優質的影視體驗似乎是個滿有吸引力的機會。你可能還記得，在那個時期，上傳、觀賞影片的體驗糟糕到多少讓人不敢恭維。例如，你通常必須把影片放在某個網站上（如果你有網站的話），再把網站連結寄給別人，讓對方自行上網下載檔案，同時祈禱對方安裝了適用的影片播放器，可以順利觀賞。[2] 雖然要面對所有這些讓人頭痛的環節，網路上仍然出現了短片分享社群，顯示消費者渴望一個可以隨身攜帶、可以不斷探索、可以說看就看的影片解決方案。珍娜‧傑克森在 2004 年超級盃的「珍奶事件」所引發的反應，正明白反映這點。主持「每日秀」（The Daily Show）的喬恩‧史都華（Jon Stewart）與有線電視新聞談話節目「針鋒相對」（Crossfire）主持人之間的那場犀利對話，透過 BitTorrent 和檔案分享等數位傳播方式的線上觀看次數，比 CNN 原節目的觀看次數多出數百萬次，這件事也透露了相同的訊息。2004 年 12 月，在印度洋發生

的大海嘯，更證明了照相手機和數位相機這類拍攝裝置，已經普及到可以用來記錄全世界的事件，不論規模和觀點的多樣性都是前所未見。

所有條件都已經到位。寬頻的建置讓高頻串流變得可行，Macromedia 的 Flash 軟體開始支援影片，YouTube 團隊因而能夠確實做到與網頁的無縫整合。在此之前，LiveJournal、Flickr、維基百科，以及（說來奇怪的）Hot or Not 等網站，都曾針對社群導向的網路內容，著手改善基本的使用者體驗，但全都不涉及極度複雜的建置。卡林姆、賀利和陳士駿必須想出容易使用的設計，擴大基礎建設的規模，以支應眾多的使用者。幸好，賀利是 PayPal 的原創設計者及使用者介面的專家，而陳士駿和卡林姆一起在 PayPal 的資訊架構團隊共事，把支付平台的規模擴充到數百萬名使用者。不過，他們不是唯一懷抱這個構想的團隊，Vimeo 和 Google Video 等網站都已經起步。於是，在 2005 年的情人節，他們迅速動工，即使他們不確定要如何為這樣的網站建立可行的基礎設施，不確定開站成本幾何，不確定數百種檔案類型要如何轉碼，甚至也不確定如何面臨更現實的法律挑戰。賀利後來開玩笑道，要是早知道事情會那麼錯綜複雜，他們絕對連想都不敢想。

他們也不確定大眾會怎麼使用這個網站。他們預期使用者或許會想拍自我介紹影片，因此眾所周知，他們一開始是把它設定為約會網站。[3] 根據 YouTube 的初始設計，你不能挑選影片；在你勾選性別及想要尋找的「性別／年齡」群體後，YouTube 會

為你隨機挑選。

　　在建置 YouTube 第一部測試伺服器時，卡林姆上傳了他那天在聖地牙哥拍攝的大象影片。他把影片標題取名為「我在動物園」（Me at the zoo）呢……工程師下標題就是這樣極端講求效率、直截了當到極致。4 月 23 日，測試影片「我在動物園」成為 YouTube 的第一支官方短片。兩天後，卡林姆發了一封電子郵件給眾家朋友，信件內容如下：

寄件人：賈德・卡林姆

寄件日期：

2005 年 4 月 25 日星期一早上 05:34:07 -0400（EDT）

大家好，

我們剛剛開了這個網站：http://www.youtube.com

能幫我們宣傳一下嗎？因為才剛開站，網站裡沒有女生……是暫時還沒有。

請各位男生上傳你們自己的影片，好嗎？有任何想法，歡迎告訴我！

賈德

　　可是，事情一開始的進展很緩慢。影片不多，大部分是卡林姆拍攝的飛機短片。為了增加上傳影片量，他們還在分類廣告網站 Craigslist 登廣告、到史丹福大學校園發傳單。他們很快就

放棄約會網站的構想，因為這不是大家使用 YouTube 的方式。
人們喜歡用它來分享朋友和寵物的影片、趣味畫面、網路奇聞
等。6 月，經營團隊對網站做了部分改造，除了加入可以增加觀
賞次數的「相關影片」功能、增添易於分享的工具，還加入一項
關鍵功能：能夠把 YouTube 播放器內嵌至使用者自己的網站。

　　這些新功能見效了。隨著網站流量開始成長，他們著手研
究數據，發現一件有趣的事。「每隔兩週，就會出現一支爆紅影
片，可能是完全隨機的影片，但人氣高到破表，讓其他影片相形
失色，」卡林姆在 2006 年回憶道。[4] 隨著上傳影片的速率增加，
爆紅影片出現的頻率也逐漸提高，YouTube 在當時堪稱是成長空
前快速的網站。

　　當然，「我在動物園」從來沒擠進熱門影片排行榜。這支影
片的數千萬觀看次數，絕大多數都是在卡林姆的冷笑話成為網路
歷史博物館的傳奇作品之後才累積的。「我在動物園」不能代表
後來那個令人眼花撩亂的花花世界，不過，這段簡單、樸素的影
片，是這個平台多年來所塑造個人經驗的完美寫照。

　　在凝看歷史時，我經常思索，卡林姆是否曾經想過，自己
在那第一支影片裡，要是說點不一樣的話就好了。當然，在累積
超過十年的後見之明、在明白他所協助創造的事物所具有的影響
力之後，卡林姆或許會想要表達更有深度的內容，而不是關於大
象生理構造的蠢話，不是嗎？等到我終於有機會可以親自問他這
個問題，他只說，「我不介意它成為第一支影片。它恰如其分地
傳達了一項訊息，那就是在 YouTube 上，任何人都可以播放自

己想要發表的內容,而內容的價值幾何,取決於社群。」情況確實如此。

要是有一個地方,可以讓任何人上傳影片,供任何人觀賞,那會怎麼樣?這個簡單到幾乎讓人跌破眼鏡的問題,正是我們今日所知的 YouTube 建立的根據。至少在一開始,沒有人知道,這個問題的答案,真正的寓意為何。但是,別的不說,事實證明,這個構想很受歡迎。YouTube 在短短一年內,使用者從零增加到每個月 3,000 萬名;到了 2006 年末,YouTube 每天有 1 億支影片被觀看,囊括了 58%的網路影片觀看量。十年後,YouTube 每天的觀看次數達數十億次,經常在全球最常造訪網站、最常使用 App 的排行榜上名列前茅。

後文將會解釋,這個平台運用我們的活動和上傳內容,塑造我們在這個網站的體驗,並默默賦予我們更多的影響力,左右所有事物的運作,而且影響力之大,程度或許超過我們所體認到的。透過對這項科技的日常運用,我們得到推動重大變革的能力。現在,我們就要談談這一切是怎麼回事。

▶︎| 影片在哪裡？觀看次數是什麼？

YouTube 有超過 10 億使用者，但是真正理解 YouTube 如何運作的人，少之又少。今日的主要網路平台，幾乎全部都能憑直覺使用，使用者不需要知道太多實際的運作情況。英國科幻作家亞瑟・克拉克（Arthur C. Clarke）有句名言：「任何稱得上先進的科技，都和魔法沒有兩樣。」如果我們要討論 YouTube 對於文化的影響，就應該先知道魔法之所以能夠成真的基本原理；這些基本原理都可以歸結到 YouTube 運作所仰賴的基礎設施，以及解讀 YouTube 時所用的評量指標。

有一次，一群中學生問了我一個簡單的問題：「這些影片都在哪裡？」這個簡單的問題，答案其實相當複雜。為了摸清楚來龍去脈，我去向比利・畢格斯（Billy Biggs）請教。畢格斯是在 YouTube 服務最久、備受尊崇的軟體工程師，他的職責包括監督 YouTube 的技術架構。「這個嘛，簡單說，它們都儲存在硬碟裡，」畢格斯說。「可是，我的老天爺，那可是一堆多到不得了的硬碟！」你每次上傳一個影片檔案，YouTube 的伺服器就會展開處理程序：切割成片段，轉碼為一系列不同的格式，讓不同尺寸的螢幕和連網速度都能找到最適化格式。同一支影片，用 4K 電視、高速上網的筆記型電腦或位於鄉村地區的手機觀賞，分別需要不同的影片檔案類型。接著，這些檔案會被複製、儲存到世界各地的伺服器，這樣一來，在約翰尼斯堡觀賞「雙重彩虹」的使用者，就不必和在洛杉磯觀賞「雙重彩虹」的使用者，搶著讀

取同一個檔案。影片愈受歡迎，複製到各個地點的次數愈多。某支熱門影片在全世界的複製檔可能多達 1,000 個。這麼說來，YouTube 影片名副其實是無所不在。

畢格斯從 2006 年就在 YouTube 工作，當時公司正在快速成長。那是一段緊張刺激的歲月，業務蓬勃發展，一方面讓他振奮，另一方面也讓他警覺到，我們的伺服器或許不足以應付處理流量所需，尤其是大眾有更多時間上網閒混的週末。「系統成長如此快速，每個週末幾乎都創新高，」畢格斯說。他隨時隨地都帶著筆記型電腦和 3G 無線網卡，以備系統當掉時之需。有一次，系統就在他與朋友去海灘的途中掛掉，於是他不得不坐在汽車後座搶修 YouTube。

時至今日，YouTube 的運作已遠遠不似當年那麼脆弱，但是它仍然不斷成長、擴張、開創新的極限。這種不斷的演進，考驗著科技、法律、經濟和創意等各層面的標準，不管我們再怎麼準備，都屬有限。這些全都歸因於一個事實，那就是我們這些 YouTube 使用者隨時都在改變，我們的欲望和興趣比過去都難以捉摸或預測。為了盡可能有效地配合使用者、滿足使用者的期望，平台就必須能夠衡量使用者的行為。

衡量 YouTube 影片的基本單位，當然就是「觀看次數」（view），也就是指一段影片被觀賞了多少次。[5]可是，什麼是「實際觀看次數」（actual view）？這是我經常被問到的另一件事，所以我追本溯源，去請教這個指標的負責人。「它是指影片播放是

因為觀看者真的意在觀看那支影片，」同事都叫他「哈米」的泰德・漢米爾頓（Ted Hamilton）如此說。漢米爾頓在瑞士蘇黎士的YouTube 分析部門擔任產品經理，六年多下來，[6] 對於我們所發布的影片、頻道和其他等相關資料，背後的編整邏輯，他已經是專家。原來，觀看次數的衡量遠遠比你想的還要難以捉摸。

困難的不是計算、處理每天數十億次播放的技術面挑戰；YouTube 的系統已經精通此道。更困難的是判斷播放是否出於觀看意願。如果你點擊某支影片是因為受到影片標題或封面縮圖的誤導，這可以算是你想要觀看的影片嗎？如果你造訪某個網頁，網頁內嵌影片自動播放，這樣算觀看嗎？某個人在幾分鐘之內連續重播一段影片 5 次，你會以 5 次計算觀看次數嗎？或者，你在廚房做晚餐，影片在別處自動播放，這又要怎麼算？我們當然都同意，自動系統啟動的播放不應該計入觀看次數，不是嗎？

以上這些情境，有些是有人投機取巧，想要藉此誇大影片的人氣，有些則光明正大。不論如何，我們都需要借助統計分析，才能防止可疑活動破壞資料。漢米爾頓解釋說，「從每天累積的數十億觀看次數裡，模式自然有跡可循。」[7] 在討論網路上的閱聽內容有多熱門時，觀看次數仍然是大多數人採用的指標。不過，我在 YouTube 的早期就發現，只根據觀看次數解讀影片的人氣，有時會上大當。首先，內容的觀看管道通常比觀看與否本身更有深意。由訂閱而來的觀看，屬於回應式的反應，至於從搜尋轉介而來的觀看，觀看者對影片的興趣是主動的，兩者透露的是不同的訊息。內容的觀看時點傳達了速度感，有助於我們理

解影片人氣的動態。例如在 2015 年，饒舌歌手費堤·瓦普（Fetty Wap）的「陷阱女王」（Trap Queen）音樂影片歷經好幾個月才開始活絡；反觀愛黛兒的「Hello」，頃刻之間就席捲龐大的閱聽觀眾。這兩首歌都是那年的熱門單曲，只是在流行文化裡的走紅方式不同。或許最重要的是觀看者的觀看時間有多長，它顯示的不是內容在你觀看之前有多吸引人，而是你一旦開始觀賞，內容有多引人入勝。「觀看時間」指的是觀賞內容所花的時間總和，它的重要性甚至超越觀看次數。

任何上傳影片的人，都可以看到影片分析工具（部分由漢米爾頓負責）顯示所有這些資訊，以及其他重要統計數據。YouTube 日復一日計算每支影片累積的觀看數、按讚數、分享數、評論數等，然後平台的伺服器會總結歸納影片和頻道的所有資料，讓我們擷取重要訊息，如觀眾在哪裡，甚至是基本的年齡和性別資訊。[8] 漢米爾頓的工作是彙整所有訊息，確認資料能精準反映觀看活動。這項資料是觀看者、創作者的重要資訊，他們可以據此調整策略，而它甚至對 YouTube 也很重要。

你也可以說，漢米爾頓負責的是一項令人振奮的工作：登錄、核實我們在數位世界真實的存在狀態。對影片創作者來說，經過分析的豐富資料有助於把沒有名字的位元和位元組變成由真人組成的真實聽眾。「在網路時代，人與人之間非常疏離，」漢米爾頓說。「可是網路上都是活生生的人，只是你看不到他們。我們提供反饋，告訴創作者，網路世界裡有一群人在觀賞你上傳的內容，他們喜歡你的作品。」

　　我也借助於這些資訊解讀 YouTube 所顯現的趨勢。許多 YouTube 員工及他們建構的系統每天分析這些資料，找到讓平台更優質、更實用的做法，也就是說，真正塑造 YouTube 今日和未來樣貌的，是你我的行為：我們的喜好、意見和熱情。

▶︎ YouTube，一切為你

　　在你上 YouTube 網站或用 App 版 YouTube 時，最先引起你注意的，可能是推薦影片，這是 YouTube 最重要的功能之一。這些推薦儘管不是永遠完美，卻相當有效。[9]即使是傳統的娛樂界也不得不同意。2013 年，美國國家電視藝術與科學學院（National Academy of Television Arts & Sciences）頒給 YouTube 一個艾美獎的技術獎項，以表揚它在影片推薦的精湛表現。

　　領獎代表中有一位是工程副總克里斯多士·古德羅（Cristos Goodrow）。古德羅是訓練有素的數學家，他的職涯以商業和製造最適化的顧問起家，後來才進入搜尋引擎的世界，先是為亞馬遜管理搜尋，後來在 Google 負責產品搜尋。他現在掌管 YouTube 的搜尋和探索團隊。那是一支工程師軍團，其中有許多是我每天都要共事的人。他們負責建構、維護 YouTube 藉以向你推薦影片或頻道的系統。

　　「關於 YouTube，有個似乎很少人明白的基本事項就是，這整件事就是一項龐大的群眾外包運動，」古德羅說。「大家經常會問我關於『演算法』的事。我們頂多只能指望演算法快速、忠

實地反映群眾的喜好和興趣，並根據個人情況運用這項資訊。」截至 2017 年，YouTube 的探索演算法，根據每天由閱聽大眾而來、超過 800 億條的新訊號進行自動更新，這些訊號包括觀看次數、按讚數、點擊數等等。由於這點，YouTube 不同於任何既存的娛樂媒體，成為個人喜好和集體心理的延伸。

　　YouTube 算是人類表達力的一種實驗，而且說真的，當中沒有任何元素是經過設計的。YouTube 的創辦人，以及自此之後許許多多追隨創辦人腳步的員工，都沒有恪遵任何精心布署的計畫，而是把使用者的行為和興趣發揚光大。換言之，你在 YouTube 上的體驗，是由我們個人、群體的活動直接塑造而成。

　　YouTube 有很多方法可以運用你的喜好和興趣，我們先從你在觀賞影片時，旁邊那一排影片動態說起。YouTube 多年來能夠累積天文數字級的觀看次數，它們就是源頭；此外，你原本登入是為了觀賞長頸鹿影片，3 小時之後卻發現自己在觀看有個女生把玉米插在轉動的電鑽頭上拿來啃的影片，它們也是主因。一開始，「相關影片」系統非常直截了當。卡林姆解釋說，「它用的演算法就像這樣：以你目前觀看影片的標籤，尋找其他有相同標籤的影片。把這些影片按照類似標籤數多寡，最多的排最上方。這套演算法非常簡單，有一陣子，效果也出奇地好。」

　　這套演算法隨著時間演進，YouTube 也開始融入觀看習慣，利用群眾行為改良個人的觀賞版面。古德羅和他的團隊發現，使用者在觀賞某支影片之後，往往會接著觀看另一支影片，於是他

們就假設，第一支影片的新觀看者也會有類似行為。YouTube 的探索系統現在會標記，和你看了同一支影片的人另外又看了其他哪些影片。系統會參考主題的關聯性，例如喜歡美國網球公開賽的人，通常可能也會對法國網球公開賽的影片有興趣；或是共同的喜好，例如喜歡泰勒絲「空白空間」（Blank Space）的人，也會喜歡看梅根‧崔娜的「肉肉女又怎樣」（All About That Bass）；喜歡西斯科（Sisqo）「丁字褲之歌」（Thong Song）的人，也會喜愛吉納文（Ginuwinge）的「小馬」（Pony）[10]，藉此搜尋模式，改良推薦系統。

　　推薦要如何精益求精？非常簡單。「機器學習」可以讓電腦根據過去的模式和統計資料下結論，不需要明確的程式編碼也做得到。Google 靠著機器學習，處理龐大、複雜的資料集，做成預測或決策，從搜尋結果的相關度到照片的自動整理，改善使用者體驗。在 YouTube，機器學習實現了古德羅的核心理念：大家想要什麼，就給他們什麼。「我們所看到的蓬勃成長，大部分是基於一個前提，那就是不要思考太多人們應該想要什麼，而是想辦法找出他們真正想要什麼，然後給他們想要的，他們就會滿意。」這個辦法相當有效。古德羅有四個孩子，他們在 YouTube 上的興趣從電玩到「漢克與約翰‧格林兄弟」（Hank and John Green）之類的影像網誌部落客（video blogger；vlogger），南轅北轍，但是 YouTube 的搜尋、瀏覽和推薦功能對他們全都一樣管用。「我們相信，每個人都應該可以在 YouTube 上找到 100 個小時自己喜歡的影片。如果他們不看 YouTube，那是因為他們不知

道，或是找不到。我們的職責就是幫助大家知道，YouTube 有你喜歡的影片，而且還要讓大家都能輕易找到。」

觀賞影片的種類會隨著時間增加，這點很重要。在傳統媒體的制約下，我們已經相信，大部分人只要和別人看一樣的內容就會感到滿意，但是我們從 YouTube 學到，大多時候並非如此。「大家在 YouTube 想看什麼，那個多樣性，你探都探不到，」古德羅說，「你就是探不到。」

在我加入 YouTube 之初，它的首頁會放一些根據你的觀看歷史而做的個人化推薦影片，不過大部分是不同類別的人氣影片。多年來，YouTube 的搜尋和探索團隊展開一次又一次的變革，直到幾乎沒有兩個使用者的首頁會一樣。事實上，到了 2017 年 3 月，YouTube 首頁每天顯示的推薦影片總數超過 2 億支。套一句畢格斯對我說過的話：「YouTube 一切為你，一切只為你。」就這樣，我們自己的決定和興趣，名副其實是重塑首頁外觀的力量。今日，每當你在 YouTube 上觀看某些內容，就讓平台改變了一點點，也讓其他人的體驗改變了一點點（但願是變得更好）。

YouTube 內建的不同功能，其中或許也有你的貢獻，即使是那些和推薦毫不相關的功能，如按鈕的配置，或用來處理上傳影片的流程。

「我們所做的每一件事，幾乎都會進行實驗，評估它的影響，」古德羅解釋。「這種評量內建於使用者在 YouTube 所體驗

的所有面向裡。」這些實驗基本上是細微的更新,只有很低比例的YouTube訪客可以看到網站上的某項變動。在實驗的過程裡,系統自動挑選的訪客,其整體行為會與沒有看到變動的訪客做比較。如果測試反應良好,我們就會全體實施。有時候,實驗極其簡單,例如有人發現,如果拿掉影片欄的邊框,會增加相關影片的觀看機率。(邊際效益可能相當微小,但是以 YouTube 的規模來看,意義驚人)有時候,實驗可能相對複雜。古德羅的團隊曾經試著調整演算法,讓系統在推薦影片時,針對觀看歷史不豐富的使用者,減少那些沒營養、騙點閱率、煽情的內容。儘管收視率一開始下降,但是幾乎不觀看這類影片的群組,最後的觀看影片數量,整體而言多於觀看這類影片的群組。這可說是人性高貴的勝利!

你給使用者看的垃圾愈少,他們會愈常回訪網站,這個道理或許看似顯而易見,但是要預測使用者運用YouTube的方式,就真的是難事一件,尤其是我們有很多假設都是根據電視或廣播等舊式媒體的資訊而來。YouTube 的使用者體驗研究人員會舉辦訪談和研究,有時甚至把人帶進測試實驗室,檢驗他們的假設是否正確。結果發現,這些假設經常錯得離譜,頻率之高可能會讓你跌破眼鏡。那是因為傳統假設無法套用於 YouTube,使用者實際的使用方式才能,而在實際發生時或許令人意外,事後回想卻非常合乎邏輯。

在我還是南佛羅里達州的中學生時,曾以不同肥料如何影響萬壽菊生長的實驗,贏得科展「植物」組的競賽。我得到的獎

勵是前往珊瑚泉（Coral Springs）購物中心，參加全郡科展競賽。
競爭者和我都提早抵達，想在商店開始營業前進入會場，布置科
展資料。不過，早起的鳥兒不只我們這些即將進入青春期的學
生。那裡已經有十來個老人，穿著矯正鞋，繞著購物中心一圈圈
健走，走得滿身大汗。看到這一幕，簡直讓我目瞪口呆。我猜，
購物中心的設計者恐怕不曾預料到，購物中心會被資深公民當成
個人體育館使用。但是，以後見之明來看，這麼做完全合理。購
物中心是走路的安全場所，也有空調、廁所和飲水機等設備。[11]
重點是，如果你的產品適用於多種獨特目的，就很難預測使用者
會怎麼使用它。YouTube 的創辦人從一開始就決定，讓平台的使
用者自行定義平台。YouTube 的設計著眼於如何隨使用者當下的
使用狀況而調整，而不是使用者過去的使用方式，或預測使用者
接下來可能的使用方法。一個意在讓任何地方的任何人都能隨意
發表、觀賞影片的基礎設施，它的獲利靠的是在興趣和觀點上無
可匹敵的多元性，這點顛覆了媒體運作方式的傳統假設。

▶| 韓流明星黑馬與流行文化的未來

　　2012 年夏末，我用來追蹤發燒影片的所有工具都顯示，有
支影片的排名不斷在爬升。那是忙碌的一天，而從那支影片封面
縮圖的卡通圖案來看，它的內容應該和電玩有關，因此我一直擱
著沒看。那天傍晚，我又看到它，不禁點開一看究竟。原來那是
一支音樂影片（MV）。影片的開場有個男人，坐在海灘椅上，接

下來……我的下巴幾乎要掉到地上。這或許是我看過最荒誕的
MV。我狂笑到眼淚都流出來了。我不知道那首歌在講什麼，因
為那是韓文歌，可是這真的一點關係也沒有。MV 裡全是無厘頭
的內容，很多人跳著一支像在騎馬的舞。我當下就想讓我知道的
每個人都看看這支影片，以證實我的反應正常。於是，我在社群
媒體發文分享了影片。這則發文至今仍然是我借分享次數最高的
發文。

　　那支影片叫做「강남스타일」，更廣為人知的名稱是
「Gangnam Style」（江南 style）。第二天，我告訴全辦公室的人
關於這支影片的事，當時我就有一種感覺，這支影片一定會大紅
大紫。（像我們這樣的書呆子愛死這種東西了）但是，它後來的
熱度遠遠超乎我的想像。

　　這支驚世駭俗的奇特影片來自韓國，這點讓我相當感興趣；
我一直都喜歡透過網路接觸全世界各種獨特的娛樂。我就是那種
喜歡古里古怪、異國情調玩意兒的阿呆，如日本電玩、波蘭 MV
等等，即使這些從來不可能吸引主流群眾。

　　2011 年初，我偶然看到 GD&TOP 一支累積數百萬觀看次
數的 MV 之後，就開始追蹤韓國流行音樂（K-pop）在 YouTube
的興起趨勢。GD&TOP 是從超級人氣男孩團體 BIGBANG 分出
的一個雙人組合。類似的 K-pop 團體如 Super Junior、SHINee
等，大量產出一種華麗、花俏而造作的節奏藍調舞曲，搭配視覺
上極度吸睛的 MV。影片裡有繁複的編舞，能舞能歌的年輕藝人
頂著一頭亂翹的染髮、身穿一襲閃亮褲裝演出。這些影片在亞洲

及全球韓國社群網路圈有廣大的觀眾，在西方也漸漸累積一群少數但忠實的粉絲。在許多層面上，「江南 style」的藝人是完全不一樣的類型：歌手朴載相，暱稱「PSY」（psycho 的簡寫，意思是瘋子），他不是俊俏的十九歲男孩，沒有清新的公眾形象，沒有苗條的身材，沒有性格的髮型，也沒有能融化你所有煩惱的輕柔嗓音；他是個身材中廣的三十四歲大叔（他有一次說，自己最愛的嗜好就是喝個幾杯），還曾經因為吸大麻而遭到逮捕。總之，他不是典型的韓流偶像。

　　從 PSY 原本的粉絲群來看，這支 MV 一開始的好成績算是合理，但是口碑和每日收視率幾乎呈指數成長，到了後來，「江南 style」的每日觀看次數超過 1,000 萬次。創作歌手提潘（T-Pain）在 Twitter 發文說，「這支影片的驚奇，言語無法形容。」提潘是最早對廣大美國觀眾轉發這支影片的人之一。名藝人凱蒂・佩芮也推文說：「救人啊，我染上江南 style 癮了。」我看到那支 MV 的三週後，PSY 參加道奇隊在洛杉磯的一場球賽。對所有在場的人來說，那絕對是超現實的一刻：歌曲音樂響起，攝影機橫掃全場，入鏡的現場觀眾個個都在模仿 PSY 的 MV 舞蹈動作。

　　一般來說，流行病毒式瘋狂傳播的熱潮會隨著觀眾對笑點（或是任何成功創造瘋潮的特質）感到厭煩而陡降，但是「江南 style」的觀看次數不斷攀升。區區四個月，它已經成為 YouTube 史上觀看次數最高的影片，而且在創下這個紀錄的幾週後，也就是 2012 年 12 月，成為首支突破 10 億觀看次數的影片。2014 年

度的熱門影片排行榜，它仍然榜上有名，名列 YouTube 最常觀
看影片的第二十五名……就在它問世整整兩年之後。

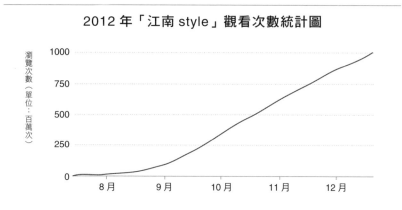

2012 年「江南 style」觀看次數統計圖

　　我無法想像有哪家美國音樂大廠會簽下「江南 style」，並向
西方聽眾宣傳。預估的市場規模應該相當小，因此看起來是一樁
不划算的商業投資。歷史上，美國市場對外語熱門歌曲一向不太
友善；最近一次有外語歌曲榮登榜首是 1987 年的事，歌曲是灰
狼一族合唱團（Los Lobos）的「La Bamba」。韓語族群在全世界
屬極少數，其中還有一部分人口在北韓，我猜北韓應該不盛行嘻
哈音樂。PSY 坦承，那支 MV 在製作時並沒有考慮到國際觀眾；
它的製作都是針對韓國在地市場。在「江南 style」之前，他在
韓國已經發過五張專輯，有幾首熱門暢銷單曲。很多人都指出，
要理解那支 MV 的核心論述，必須對韓國文化有些了解。「他的
滑稽演出是在嘲諷南韓最多金、最有權的地區（江南區），」作

家洪淑中（Sukjong Hong；音譯）在《開放城市雜誌》（*Open City Magazine*）裡解釋道。「他所有的裝扮言行，從噘起上唇，到帶著邪氣的伸脖子動作，都取自某個花花富公子的舉止，透過他的演繹，他們變得有點可笑。但終究，他藉由宣告『歐巴（韓語，「哥哥」之意）我是江南 style』，箭頭直指江南區，具體描述單一地區如何長期獨占一國的權力和優渥條件的情況。」對於外界如此詳細審視這首歌的隱喻，PSY 自己倒不以為然。「歌曲紅了之後，經常有人問我，這首歌是否隱藏了什麼訊息，」他告訴《華爾街日報》。「天氣這麼熱，經濟這麼差，我只是想寫一首好玩、開心、容易琅琅上口的歌。」

　　但是，「江南 style」遠遠不只是一首歌。它的文化障礙之所以沒有構成隔閡，是因為視覺表達幾乎人人一看就懂。這支 MV 走的是肢體喜劇路線，幾乎到哪裡都可以引起共鳴。惡搞影片和粉絲影片從世界各地紛紛上傳網路。[12]PSY 和他的團隊花一個月創作的舞蹈，風靡各地，從世界板球大賽到「週六夜現場」（Saturday Night Show）節目，都可以看到它的踪影。PSY 還現身巴黎，親自參加粉絲從艾菲爾鐵塔橫越塞納河的快閃表演活動。現場有兩萬人參加。

　　這股瘋潮證實了我們這些年所窺見的現象：簡易而公開的影片傳播，可以成為一股文化力量。「江南 style」向我們展現，除了奧運、世界盃等少數活動，真正全球化的流行文化時刻還是有可能出現。即使華爾街也難逃 PSY 的影響力。那年秋天，Google 執行長賴瑞・佩吉（Larry Page）在公司的季度投資人電話

會議裡問道:「不好意思,請問最近那支騎馬舞影片叫什麼來著?『江南 style』嗎?那種東西,像是按中某個開關,掀起熱潮,傳遍全球……能成為這些內容的提供者,實在是棒透了。我認為,這就是我們對未來的展望。」

中肯地說,這支影片打破了許多紀錄。我不是在貶低小賈斯汀〔在此之前,他的影片「寶貝」(Baby)是紀錄保持者〕,但是美國流行樂實在很……了無新意。「江南 style」具體而微地展現了新環境的可能性,還有為什麼它能不按牌理出牌到這樣讓人開心得不得了。PSY 讓全世界看到韓國流行音樂,幫助 K-pop 大幅成長,攻下南韓以外的市場。「江南 style」發行的次年,有 91% 的觀賞次數來自韓國境外,而韓國藝人的全球收視成長為三倍。2013 年的第一屆 YouTube 音樂大賞,多位藝人或團體角逐由粉絲票選的「年度音樂影片」獎項,競爭者包括「一世代」(One Direction)、麥莉·希拉、女神卡卡。票選結果出爐時,跌碎美國音樂報導媒體界一票人的眼鏡:得獎(而且票數大幅領先)的是韓國流行音樂團體「少女時代」的一支音樂影片。

PSY 從來沒有預料到他的 MV 會襲捲全球,但是話說回來,他怎麼可能料得到呢?因為在不久前,這樣的事根本不可能發生。這個現象,沒有人有路線圖。[13]

在二十世紀中期,由於科技的限制,加上媒體跨國界傳播的成本高昂所致,一個人能接觸到的娛樂多半取決於居住地點。網際網路徹底顛覆了這一切,不過,讓世界見識到傳播不受限的真實力量的,是像 YouTube 這樣的平台。

2016 年，美國仍然是 YouTube 最大的市場，但是收視活動占比已經不到 20%。巴西、日本、德國和法國等國家，也有相當多的觀眾。平均而言，一個頻道的觀看次數約有三分之二來自頻道所在母國以外的地區。YouTube 開創了人類歷史上的一刻：有史以來，廣大的國際閱聽觀眾能夠同時欣賞一件創作。我小時候如果想要看韓流 MV……呃，我甚至不知道該怎麼做。要讓卡森・達利（Carson Daly）在 TRL 特別介紹 PSY，恐怕要許許多多的觀眾票選才辦得到。但現在，突然之間，幾乎所有人的作品都可以觸及全世界極其廣大的閱聽觀眾，這也表示 YouTube 和創作者可以分析廣大閱聽觀眾的喜好。

例如，在總體層次，我們可以看到哪些發燒影片在不同國家和文化之間穿梭而流行。我還記得，當米歇爾・泰洛（Michel Teló）的巴西鄉村樂（Sertanejo）歌曲「若我擄獲你」（Ai Se Eu Te Pego）突然成為 2012 年上半年 YouTube 熱門影片時，我驚訝到眼珠子都快掉出來了。這首歌發布後的幾個月，大概只在巴西顯現人氣。但是有一次，皇家馬德里隊明星球員 C 羅和馬塞羅（Marcelo）在射門得分後跳起 MV 裡的舞蹈，這支 MV 在西班牙的熱度就驟然陡升。這段舞蹈成為流行全歐洲的勝利舞之後，舞蹈靈感來源的歌曲自然也人氣強強滾。根據 YouTube 的分析，這支 MV 在土耳其、波蘭、墨西哥和泰國的人氣都銳不可當，出乎意料的是，它在法國也成為熱門影片。凝聚「若我擄獲你」粉絲的，不是語言或地點，而是對足球的熱愛。

我有時候會想，這是否表示我們的娛樂已經全球化，但是

透過我們打造的「發燒影片地圖」（Trands Map）這個厲害的程式
（描繪全美各城市的熱門影片），我發現有些影片只在它們原來
的地區受歡迎。例如，「我要把你丟在歐本商店」（I'm Gonna Put
You In The Auburn Store!）這支影片（影片裡是一個哭哭鬧鬧的小
男孩，他那對阿拉巴馬大學迷的父母，威脅要把他丟到歐本大學
的紀念品商店），在阿拉巴馬州的伯明罕（Birmingham）、亨茨維
爾（Huntsville）和莫比爾（Mobile）成為人氣最高的短片：因為在
這些城市，兩家大學在運動競賽的誓不兩立已是日常生活的一部
分。當免費的全球影片平台成為可以取用的基本資源，思想和經
驗的傳播就不再受限於實體地點。

　　唯一成為限制的，反而是觀眾接觸這些內容的文化能力。
熱門內容反映的是觀眾的共同點，不管他們在世界的哪個角落。

　　「江南 style」之所以能走進我們的視線範圍，是因為拜科技
所賜，某地發布的影片可以立刻讓全世界都看到。這個系統的設
計就是為了給我們想要的內容，即使我們想要的並非完全可以預
測。這個現象已經透過流行文化普遍流傳。在這裡，塑造流行文
化的主流力量愈來愈是共同的嗜好和志趣，而不是地點、經濟地
位和發行合作關係。

　　「江南 style」的成就，不是任何企業或商業交易的功勞。它
的高人氣完全是我們行動的結果：我們的分享、我們的觀看，以
及我們趁四下無人時在廚房偷跳騎馬舞。

身為 YouTube 員工所擁有的眾多奇特經驗裡，其中有一項就是，有一天你發現到，你和同事其實對你們合力打造的這個東西，並沒有真正的掌控權。你們反而比較像是接受委託，推動某項龐大、複雜的人類傳播實驗，規模遠遠超越與你共事的這一小撮人。儘管我們很想聲稱 YouTube 應該長這樣，或是演變成那樣，但事實是，我們只能跟著它走；我們的角色是讓全球的網路使用者所製作的內容可以被傳播。只要時間夠長，在 YouTube 工作的每個人似乎都會有此體認。古德羅告訴我：「你很可能會想，『噢，我做了這個了不起的 App，我讓它變得更好，所以大家才會這麼愛它。』可是，說真的，App 只是居中牽線的工具，幫助使用者找到他們所喜愛事物，也就是那些影片、那些人、那些創作者、那些東西。」

賀利、陳士駿和卡林姆很早就對此有所體悟。卡林姆在 2006 年曾說：「我們真的沒料到、真的讓我們嚇一跳的事，就是社群驅動這個網站的方式。」十年之後，這句話聽起來仍然真實，雖然我們不再說「網站」，因為我們發現，在行動裝置上使用 YouTube 的人數，將超過在桌上型或筆記型電腦裡用瀏覽器造訪網站的人數。

YouTube 會隨著我們觀看、分享,以及發布的內容,而不斷演進、變得多樣化。它是世界上少數幾個由使用者活動定義多過由它所提供產品的品牌。究極而言,這就是為什麼 YouTube 能忠實而完整地反映人類經驗,也是為什麼 YouTube 能透露如此多關於我們的資訊,它揭露了我們現在及未來的面貌。YouTube 的內涵遠遠超越了賀利、陳士駿和卡林姆在 2005 年最初架設的伺服器和編寫的程式碼,也超越了今日網站賴以運作的繁複技術。

人人都能創作影片,人人都能觀賞,「可能性」的規則因而改寫。或許,把傳播通路的權力下放全民,才是 YouTube 最重大的創新,因為這意味著我們在網站上看到的藝術和思想,不盡然再像過去一樣,是少數人以經濟工具把持傳播通路的結果,也不再受限於阻礙創意傳播的國界。

YouTube 最終演變成今日的樣貌,是所有使用者運用 YouTube 時做的選擇使然。隨著網路影片文化與一般娛樂文化的滙流,我們運用網路影片的方式,對世界的影響力也會開始增長,程度超過任何人所能想像。

本章注釋

1　他們在 PayPal 早期的其他同事，後來成立了 Yelp 和 LinkedIn。

2　我已經想像得到，有朝一日，當我在孫輩面前自豪地細數當年，那個未來的孩子會如何猛翻白眼。

3　「照過來，看對眼」是當時的標語。

4　卡林姆始終沒有加入新創的 YouTube 成為員工，僅止於擔任顧問，同時繼續在史丹福大學的研究所學業。

5　請注意，是「觀看次數」，不是「觀看人數」，這是我經常聽聞的誤解，就連在新聞報導裡也不例外。要在網路上測度做某件事的實際人數，難度遠高於你的想像。

6　我們其實在同一週加入 YouTube，儘管「相知」多年，我們從來沒有見過面。

7　聰明的 YouTube 使用者會注意到，多年來，熱門影片的觀看次數計數器在 301 次時會短暫地「卡住」。原因如下：觀看次數不是即時更新的資料。它會短暫凍結，這樣 YouTube 系統才能偵測可疑行為。300 次是第一個關卡，這時非常容易觀察到可疑行為，尤其是影片有數千個按讚數時。近年來，觀看次數可信度的核實工作愈來愈不落痕跡，不過它一直在進行。

8　這項資訊是根據使用者建立帳戶時提供的資料而來，儘管不是毫無瑕疵，但也相當接近現實，即使不是每個人都會填真實資料。例如，你可能並不覺得意外，生日是 1 月 1 日的 YouTube 使用者多到不成比例。

9　諷刺的是，在 YouTube 工作的人會碰到品質最差的自動推薦，那是因為員工觀看影片很少是出於個人與趣和喜好，系統因而不知道如何解讀員工的偏好。我可能在研究貓影片的歷史、印度的爭議趨勢，或是各種廣告的點閱模式，而我看過的所有影片都會成為推薦影片的參數。提到音樂，那更是講不完。在追蹤熱門流行音樂影片長達七年之後，YouTube 系統一定以為我是個興趣廣泛的十年級班導師。

10　這不是我杜撰的。很抱歉，但這些都是事實。

11　另一件我看走眼的事情是，這幫佛羅里達購物中心健身者，居然有興趣聽中學
生的園藝建議。

12　PSY 最喜歡的粉絲影片是俄亥俄大學（Ohio University）軍樂隊的表演。沒有
聽過軍樂隊演奏「江南 style」，就不算聽過「江南 style」。

13　「江南 style」不只在文化上超過我們的熟悉範疇，在科技上也突破我們的守備
範圍。PSY 的影片觀看次數跨越 20 億大關時，觀看計數器也跟著卡關，因為
2,147,483,647 是計數器原初設計時的極限值。我們的工程師趕緊七手八腳卯
起來修改，把計數系統從 32 位元升級為 64 位元的長整數，一勞永逸地解決了
這個問題，除非觀看次數會跨過 9,223,372,036,854,775,808 次大關，但是根
據目前的觀看情況，這件事應該還要等 400 億年。

((2))

Auto-Tune 時代的娛樂創作

我和「格雷戈里三兄弟」（The Gregory Brothers）樂團的成員伊凡（Evan）、麥可（MIchael）、安德魯（Andrew）有個午餐約會，地點離他們的工作室幾個街口遠，我們要談的是他們在過去十年獨特的創意之旅。我的第一個問題，自然是問他們怎麼開始的。

「我們是從當兄弟開始，」安德魯說，「真的，其他的事大家都知道了。」

「對呀，我們真的不是自願的，」麥可補充，「當兄弟真的是不得已的，事實上，我們能繼續做兄弟也是迫於外力。」

訪談這三個對任何事都不太正經的人，對話情況差不多就

像這樣。他們回答問題的另類方式，完全反映出創作時所採用的
非傳統方法：他們的作品揉合了音樂和喜劇，在創意法則正在歷
經重大變革的這個世界裡一支獨秀。他們身為表演工作者的唯一
目標，或許就是用輕鬆的方式製作嚴肅的作品。「格雷戈里三兄
弟」是一支四重奏樂團，另外一名成員是伊凡的老婆莎拉
（Sarah）。樂團結合了音樂才華和影視技巧，還融入一股開朗、
顛覆的幽默感。

　　這三個傢伙在維吉尼亞州拉德福市（Radford）長大，直到麥
可和伊凡成年後搬去紐約，才真正開始以團體演出。2007 年，
安德魯用自己的名字發行了一張專輯，邀請莎拉（當時還是伊凡
的女朋友）一起展開聯合巡迴演出。伊凡離開他在某家前五大顧
問公司的工作，加入他們，協助安排他們的演出細節。後來，他
們問當時在阿帕拉契州立大學（Appalachian State University）讀大
四的麥可想不想加入他們，擔任樂團鼓手。這下子，一切圓滿到
位。伊凡用 600 美元買了一輛道奇 Caravan 休旅車，他們把車子
塞得滿滿地，開著它到處跑。「我們大約做了 50 場表演，巡迴
到了尾聲之時，我們基本上已經融合成一個樂團。」伊凡解釋
道。那時，他們多半用 YouTube 儲放表演片段，向售票經紀商
證實他們是（呃，你知道的）一支真實的樂團。

　　麥可在大學裡已經開設了個人頻道。嚴格來說，他第一首
走紅的歌曲，內容是在嘲諷北卡羅萊納州一個滑稽的迷你公園，
不過這首歌的聽眾相當侷限，多半在大學小鎮。2008 年，麥可
大學畢業，和安德魯在紐約市分租公寓，同時在一間錄音室工

作。2008 年的總統大選，成為美國第一場邁入社群媒體年代的選舉，突然間，所有人都可以即時參與，緊隨著事件發展而回應。新聞從每日新聞變成整點新聞，大眾對於政治評論，以及戲謔模仿、重混影音和其他創意回應內容，收視的胃口似乎沒有極限。麥可想要做一首關於總統大選的惡搞歌曲，然後拍一段自己演的綠幕去背影片，加進歐巴馬和麥肯（John McCain）第一次辯論的剪輯片段。那段合成影片引起一陣不小的轟動，安德魯、伊凡和莎拉決定在下一場辯論時加入，一起製作影片。只是這一次，他們認為，如果候選人也可以唱歌的話，能為娛樂效果大大加分。候選人顯然不可能在辯論會上唱歌，但是用影片就辦得到。當時，使用 Auto-Tune（音準自動校正軟體）已經是音樂界最熱門的趨勢。麥可在錄音室經常用 Auto-Tune，頻繁到他認為這項技術基本上可以運用於任何聲音或聲音類型。這幫人實在走運，因為副總統候選人辯論的兩位主角，都是說話誇張的人：喬・拜登（Joe Biden）和莎拉・裴林（Sarah Palin）。「拜登是我們頻道的碧昂絲，」麥可說，「他是最佳意外男歌手。」

在大選後，為了維持動能，三兄弟開了一個「Auto-Tune 新聞」節目，把他們的新招牌手法用於各式各樣的時事短片。2010年，阿拉巴馬州亨茨維爾的 WAFF 電視台有則地方新聞，強勢攻占 YouTube 觀看排行榜。林肯公園（Lincoln Park）公宅居民凱莉・道得森（Kelly Dodson）擊退一個從二樓窗戶潛入她的住處並圖謀強暴她的人。凱莉二十四歲的哥哥安多尼（Antoine）極度憤怒，在接受電視台訪問時，神情誇張而慷慨激昂地說了一番話，

想藉此呼籲大家重視這樁犯罪案，以下是逐字稿：

　　這個，事情很明顯，我們林肯公園有個強暴犯。他會爬進你家窗戶，他會把你家的人抓走，然後強暴他。所以你們要把小孩、老婆、老公都藏好，因為他們到處強暴每個人……

　　你不必自首，我們會肉搜你！我們要逮到你！就是現在，我要向大家宣告！同胞們，去講給全天下的人都知道。

　　你可能已經知道後續的發展。格雷戈里三兄弟的粉絲立刻跪求一支 Auto-Tune 影片。兩天內，他們在 YouTube 發布了影片，迅速延燒到各個流行文化網站。就算你對那支影片的格調不以為然，但你很難否認，那首「夜襲者之歌」（Bed Intruder Song）非常琅琅上口。「我們的影片，看起來像是根據新聞短片而做的粉絲回應／創作，開始成為那則新聞報導最紅的內容，」麥可回想道。「它就像不知從哪裡殺出來的程咬金，一方面擴大了原來的事件，一方面成為病毒式傳播的重頭戲。」他們花了幾天才聯繫到安多尼，雙方一聯絡上，就共同在 YouTube 和 iTunes 商店發布官方全曲版影片。[1] 雖然有很多人對於剝削悲劇的行為提出質疑，安多尼後來表示，在那個艱困時刻，聽到自己成為歌曲主角，給了他和妹妹快樂和慰藉。那支影片的人氣像滾雪球般快速增長。我還記得在下東城的一場派對上，聽到有人在播放這首歌。現場有種超現實感，大家開始跟著音樂唱，彷彿在唱一首尋常的熱門歌曲。「我們要逮ㄞ ㄞ ㄞ ㄞ到你！我們要逮到你！」

　　那一年的尾聲，YouTube 碰到一個意料之外的難題。我們正要公布 YouTube 的第一屆「精采回顧大賞」（Rewind），也就是年度熱門影片排行榜，爭奪榜首的兩支影片，一支是「惡女凱莎」（Ke$ha）的「跑趴滴答」（Tik Tok）惡搞影片「閃閃吐」（Glitter Puke），另一支就是道得森兄妹訪問的重混影片。當時，我們的公關部門和行銷部門同事投入非常多的心力，想要讓大眾信服，YouTube 有資格做為高格調創意表現的平台，而這兩支影片的高人氣，似乎無助於印證這個訴求。格雷戈里三兄弟後來勝出，「夜襲者之歌」成為該年度非官方 MV 的熱門影片冠軍。所幸，這個結果並沒有動搖公眾對於 YouTube 正當性的看法。大眾，尤其是年輕人，已經開始了解網路就是一個可以放肆的地方，它有許多回應流行文化的新方式，也能容納奇形怪狀的創作形式。格雷戈里三兄弟的重混影片正是所有這些的體現。

　　模仿者眾，在某個時點，Auto-Tune 重混影音（或是如格雷戈里三兄弟所稱的「影片的歌曲化」版本）成為發燒之音。你甚至可以用 Auto-Tune 版影片當下的數量，來判斷時下某個現象的重要程度。當影片裡的某個角色在網路世界出了名，主流娛樂的情節主線也開始仰賴格雷戈里的歌曲化創作，做為敘事媒材。2015 年，作曲家傑夫・李奇蒙（Jeff Richmond）網羅這三兄弟，創作 Netflix 影集「打不倒的金咪」（Unbreakable Kimmy Schmidt）那首一聽就忘不掉的主題曲。

　　「夜襲者之歌」為這三兄弟帶來了轉變。「我們就是在那個時候買的噴射機，」安德魯說。「對呀，我們買了私人噴射

機，」麥可補上一句。[2]那支影片的成功成為這支樂團的引爆點，
「格雷戈里三兄弟」變成必須每個人全時投入的工作。「Auto-
Tune 新聞」的成功，為他們敲開了幾扇門：有人找他們商談在
喜劇中心（Comedy Central）頻道試播節目；有人向他們邀廣告歌
曲；也有人請他們在活動裡演出。

重混創作支支都不同，但麥可告訴我們，他通常從旋律開
始，帶入樂團成員或其他合作夥伴的聲音。達倫・克里斯
（Darren Criss）和喬瑟夫・高登李維（Joseph Gordon-Levitt）都曾經
上「說唱新聞」（Songify the News）客串獻聲；「怪人艾爾」揚科
維奇（Weird Al Yankovic）還參與了他們的 2016 年總統大選辯論短
片「劣男惡女」（Bad Hombres, Nasty Women）。這類創作是為了突
顯事件的荒謬特質，而不是重定框架。「對我們來說，最好的影
片版本一向是直切原本觀點的最短捷徑，」伊凡說。格雷戈里三
兄弟覺得，他們是與影片主角合作，而不是盜用內容，但他們承
認這是單方的片面合作。一如流行歌手與製作、創作團隊搭檔合
作，打造熱門金曲，格雷戈里三兄弟也在合作對象不知情的情況
下，為他們編曲、配音。「我們的製作過程非常類似為泰勒絲或
碧昂絲寫歌作曲的人，」麥可半開玩笑地補充說道。

「說唱新聞」並非曇花一現，它在 2016 年大選的適時應景，
一如在 2008 年之時。「說唱新聞」是非常現代的傳播形式，儘
管新鮮感有些退燒，這些為了回應時代精神而創造的獨特娛樂型
態，人們對它們的激賞強度似乎不曾稍減。格雷戈里兄弟說，經
常有人問他們，他們會不會寧可只「做自己的音樂」。但是這個

問題完全錯失重點。「這就是我們的音樂，」麥可回應道。格雷戈里三兄弟的創意難以歸類。娛樂界長期以來使用的分類法，無法完全套用在他們身上。YouTube 的創意社群開發的演出和形式，也是如此。

對於藝術實驗、音樂家、喜劇演員、製片人和各種創意人才，網路給了他們幾乎無限的機會，去探索新形式和新美學，找出能發揮效果的事物。出現的事物不一定總是合乎預期；我們喜歡的事物也不一定照著傳統的劇本走，甚至不一定會遵循我們成長過程中所認知的媒體規則。它的速度更快，不拘禮俗，為互動而打造，類別通常很混淆，工作內容的界線也因此變得模糊。

「若有人問我做哪一行，我通常會給他們五個不同的答案，但五個都是誠實的回答，」安德魯說。「答案會因我的心情而異，我曾說過，『我是音樂家。我是導演。我是影片編輯。我是喜劇演員。』那些都是真的，而且那些說法遠比『呃，我做影片重混影集⋯⋯』這個答案容易多了。」

若要為「書」下定義，我們想到的不會是一疊裝訂好的紙，上面印著文字；我們腦海裡浮現的，是小說、回憶錄和文集。若要為「電視」下定義，我們不會把它描述為透過電波、電線和衛星傳輸的流動影像；我們會談到

觀賞的情境劇、戲劇、遊戲節目和直播運動賽事。各類
型媒體以其傳遞給我們的內容做為識別。面對每一種新
媒體，創意工作者都要面臨新挑戰，尋求製作技巧的創
新，根據大眾體驗作品的方式而做調適。

網路影片時代展開之時，在大眾心目中，這類內容不是
現存媒體形式的衍生產品，就是參差斑雜的業餘之作。
第一類是幽默短劇、MV 和二十一世紀的公開談話節
目。第二類涵蓋的範圍五花八門，包括名攝影師諾亞‧
卡利那（Noah Kalina）的拍攝計畫（六年來，他每天為自
己拍一張照片），或是異彼鳥工作室（EepyBird）創辦人
費里茲‧葛洛伯（Fritz Grobe）和史蒂芬‧佛爾茲
（Stephen Voltz）的作品。（這兩人分別是職業雜耍表演者
和訴訟律師，他們發現結合健怡可樂和薄荷曼陀珠的表
演藝術）[3] 一個合理旳結論是，原生於網路的創意型態多
半花俏招搖，其中也有能啟發人心的例外。不過，我們
最後觀賞到的，是創意社群嘗試因應大眾與新媒介互動
方式而調適出來的產物。這些並不是隨便哪個業餘玩家
的瞎搞胡搞，而是胸懷大志者試水溫的嘗試。

YouTube 上攫取我們注意力的內容，在視覺及創意上都
不同於過去的媒體。模式和版式（format）會從大量原始

而雜亂的創作裡開始浮現、成形。YouTube 之類的平台，能讓觀眾實際傳達個人的喜好、厭惡和熱愛。創作者可以從評論、分享、觀看次數看到觀眾的反應，而分析法及他們選擇的技巧和美學選項，也會隨之演變，以打動觀眾。

▶| 連結的美學（以及十六歲少女的臥室）

2006 年夏天，有個名叫「布麗」（Bree）的十六歲少女開了一個影像網誌（vlog）。她每隔幾天就發布一段直視鏡頭拍攝的新影片，描述她的生活和興趣。就這樣，她漸漸成為青少年技客的夢中情人。她的影像網誌開始登上 YouTube 觀看人氣排行榜，她的頻道很快成為網站最熱門的頻道。可是，事情開始變得詭異。粉絲注意到她的臥房牆上有一幅神祕學家阿萊斯特・克勞利（Aleister Crowley）的照片，而讓她在家自學的雙親，似乎屬於某個奇特的宗教。辯論隨之而至，大眾開始一頭熱地要破解十六歲少女布麗的生活之謎。

只不過，布麗不是真名，也非十六歲。她的真名是潔西卡・李・蘿絲（Jessica Lee Rose）。她是十九歲的紐西蘭演員，這個影像網誌是她參與演出的一部網路劇集，劇集名為「寂寞的十五歲女生」（lonelygirl15）。製作人是編劇家拉米許・佛林德斯（Ramesh Flinders）和邁爾斯・貝克特（Miles Beckett）醫師。一開

始，蘿絲還懷疑這項拍攝計畫是詐騙。（網路上不知名的劇集？！用網路攝影機拍攝？！經常有人警告要小心這種事）在她得到這個角色之前，她的人生只有兩次試鏡的經驗。這份工作必須保證在開演後演出半年，但她還是相信這部劇集真有其事。每個參與者都要簽保密協議。和蘿絲同劇演出的是從事酒保、侍者工作的尤瑟夫・阿布－塔雷伯（Yousef Abu-Taleb）；他們兩個都隱藏了私人的網路活動。當然，他們都知道，祕密總有被拆穿的一天。在這齣劇開演後 4 個月，一切都在某項新聞調查的爆料報導裡曝光。蘿絲說，消息揭露的那個晚上，她害怕得哭了，她以為觀眾會猛烈攻擊她。但是，事情出現意外的轉折。儘管有些人表達了憤怒，也有很多人守著頻道，看看故事會怎麼演下去。

　　算計？剝削？或許是。但是，人人都明白，一種說故事的新方法出現了，而且和欺騙無關。這部劇集的製作成本幾乎是零（在早期各集裡，130 美元的網路攝影機已經是最貴的器材），臥室場景是編劇佛林德斯真實的臥室，用購自廉價商店和塔吉特賣場（Target）的物品布置。這部劇集的構想，來自一名創作者對於早期網路影片世界的結論：在鏡頭面前分享自己的點點滴滴，能夠吸引大批觀眾，觀眾甚至不會質疑當事人此舉背後的動機是否真誠無欺。戲法被踢爆時，創作者承認，他們當初其實不知道事情會如何發展。一開始，他們計畫把這些影片做為發行一部DVD 長片的序曲。但是開播沒幾週，「寂寞的十五歲女生」影像網誌的收視率開始竄升，足以和有線電視的節目互別苗頭時，他們就知道，自己挖到更大的寶了。

　　儘管有人認為，作假的影像網誌概括了早期網路影片的煽動技倆，但也有人認為，這個現象證明了，這個空間可以成為一千零一夜式說故事的大本營。影片不必只是影片，也可以成為「節目」（show）的一部分。有些人當初之所以開設影像網誌，就是因為看了早期的「寂寞的十五歲女生」，包括千里達的 YouTube 網紅阿丹・索恩（Adande Thorne；別號「Swoozie」）。索恩曾表示，看到布麗用那種方式表現自己，也想自己試試看。「寂寞的十五歲女生」已經成為 YouTube 許多年輕觀眾心目中的傳說。現在再回頭觀賞那五百多集影片的任何一集，若是對影片背景沒有一點了解，多少難以真正領略當時的那股熱潮。這相當於網路世界裡的「只有親自經歷才會懂」的時刻。

　　「寂寞的十五歲女生」之謎運用了定義新網路影片創意的所有元素，重新創造、編造獨特的網路美學。從某個角度來看，「寂寞的十五歲女生」團隊真正把那些元素濃縮、濾淨，而精華盡現。他們從來沒有明白表示，他們的影片像網誌是一場表演，只是讓觀眾相信自己想要相信的。「我們從來沒有說謊，」蘿絲後來說，「我們只是把它放到網路上。」

　　我們現在都已經能夠領會，網路影片是由真實的人拍攝給真實的人看的。那種直接感是許多人氣影片製作者在選擇風格時的決策動機。「寂寞的十五歲女生」背後是一股更強勁的製作潮流；而這股潮流的核心是現正當道的透明度和現實感（即使是編造的）。

　　大家對於真實場景和互動的網路影片，胃口只會隨著時間愈變愈大。新版式已經誕生，「寂寞的十五歲女生」影像網誌就是。有些曾經熟悉的概念，經過大眾的重新想像之後，人氣也能夠再創新高。

　　就拿不褪流行的惡作劇影片「隱藏攝影機」（Candid Camera）之類的電視節目來說，已經存在多年，但是網際網路又掀起一波全新的惡作劇娛樂。惡作劇影片和頻道每天囊括的觀看次數之高，令人不敢置信。撇開惡作劇者偶爾使出的缺德技倆不談，惡作劇影片在歷經這麼長的時間之後，還能維持如此強大的吸引力，透露出它背後的新美學原則；惡作劇影片的成功是種縮影，點出我們對現實娛樂所賦予的價值。

　　惡作劇頻道「隨處即興」（Improv Everywhere）超越了惡作劇的傳統定義。這個頻道的口號是「我們專門出鋒頭」，一如頻道創辦人查理・陶德（Charlie Todd）所言：「『隨處即興』的重點之一，就是在大庭廣眾出鋒頭，為別人創造正向經驗。這是惡作劇，卻是能讓人津津樂道的惡作劇。」陶德在 2001 年搬到紐約市，建構了這項喜劇計畫。幾年後，「有史以來最棒的演出」（Best Gig Ever）這個橋段（就是「隨處即興」的參與者在某個小咖樂團演出時假扮超級粉絲），讓我第一次知道有這個團體。2008 年時，他們也在某場小聯盟棒球賽如法炮製，立起一面 NBC 運動頻道大型轉播螢幕，請來運動播報員吉米・格雷（Jim Gray）口述比賽實況。在這些影片裡，表演者和路人的入鏡時間長度相當。他們創造的不只是「逮到你了」的笑料，而是即興劇

場的大型製作，讓惡作劇者和不知情的人彼此互動，在創作裡揉合表演和自發反應。他們的第一支爆紅影片是「中央車站急凍」（Frozen Grand Central），兩百多個人在紐約中央車站同時靜止不動。它的趣味之處，部分在於觀看一頭霧水的旅客和通勤者的反應，還有演出者各種有趣的靜止姿勢，但部分的趣味也在於場景概念本身。「隨處即興」啟發了喜劇，提升了傳統的惡作劇，在YouTube 上觸發更多對新奇惡作劇影片的需求。

　　這些類型的惡作劇本身只是更大型製作裡的一個元素，在電視、電影及錄音上造就了程度不一的成功（如「Trigger Happy TV」、「Borat」、「The Jerky Boys」），成為 YouTube 的熱門常駐戲碼。[4]沒錯，相較於有劇本的短劇和動畫，這是製作較容易、成本較低廉的喜劇形式。這些惡作劇頻道之所以吸引大批觀眾，是因為它們所拍攝、發表的內容呼應了觀眾對於喜劇的一個訴求：他們想要看到鏡頭前的真實反應。

　　很多時候，這些惡作劇的執行者都是觀眾熟悉的人物。羅曼・阿徹伍德（Roman Atwood）可能是最成功的 YouTube 惡作劇創作者：2016 年，他的平均每週觀賞次數大約超過 3,000 萬次。他的許多惡作劇都有精心設計的圈套，就像他把家裡裝滿彩色塑膠球的那一次。一支後來成為他最受歡迎的影片，是阿徹伍德攜同與他有個兒子的女友布蘭妮・史密斯（Brittney Smith）前往阿魯巴（Aruba）慶祝交往五週年，他在下塌的旅館房間安裝了一具隱藏式攝影機。他用顫抖的聲音、充滿悔恨和傷痛的口氣對她說：「我要告訴你一件事，這會是你一生中聽過最慘的一件事。三週

前，我在洛杉磯遇到一個傻妞。只有一個晚上⋯⋯我向上帝發誓，我絕對不會再犯。」布蘭妮雙手埋著臉，開始啜泣。她變得愈來愈激動，他試著安撫她，但她突然安靜下來，吐出一句：「我劈腿了⋯⋯」

「什麼？」

「我也劈腿了。」

「你說什麼？你一定沒有劈腿。你劈腿了？布蘭妮，真的嗎？」

「對，是真的。我對不起你！」她哭著說。

阿徹伍德瞬間抓狂。他滿口咒罵。他捶打檯燈。他的惡作劇反過來狠狠地打了他一巴掌，我們看著這一幕原汁原味地上演。他質問那個男的是誰。知道女友劈腿後不到兩分鐘，他已經由酸諷轉為崩潰。

接著，布蘭妮在床上跳起來站著，大叫：「我看到你裝攝影機了！你這個白痴！」布蘭妮爆出串串笑聲，剛剛看起來快要昏倒的阿徹伍德，努力地理解到底發生了什麼事。他活該。他知道。觀眾也知道。儘管曾經為是否要放那段影片有些論辯，他知道他非放不可。這麼愚蠢的事情，是一種複雜的人類經驗紀錄。但是，那多少也讓它成為惡作劇影片的代表作。對很多看到那段影片的人來說（包括該頻道超過千萬名的訂閱者），阿徹伍德和布蘭妮不是陌生的路人，他們是與我們有關係的、活生生的人。他的影片之所以成功，是因為它們結合了想像與我們能感同身受的真實人類經驗。這些影片大受歡迎，顯示人們愈來愈渴望的娛

樂形式其實是日常經驗裡的特別時刻。

　　人稱「神祕吉他客」（MysteryGuitarMan）的喬・潘拿（Joe Penna）很早就因為創作以特效見長的影片而成名。小時候從巴西聖保羅移居美國的潘拿，放棄了上醫學院的計畫，踏入影片製作工作。他擅長運用精采的剪輯和音樂技術，創造動畫短片和歌曲。潘拿的影片不是為了說服你相信不可能的事，一如好萊塢大片裡的特效，但它們也不屬於低傳真影片。影片中的場景，例如潘拿的工作室、外面的街道等，確實都稀鬆平常，但是後製工作基本上完美無瑕。潘拿的特效能和曾製作電影「魔戒」、「阿凡達」的威塔數位（Weta Digital）匹敵嗎？或是與作品包括電影「星際大戰」、「復仇者聯盟」的光影魔幻（Industrial Light & Magic）相提並論？不能。但這不是重點。我認為，潘拿的作品比較有魔力。他不同於「侏羅紀公園」幕後那一大群沒有名字的數位動畫師，觀眾知道製作「神祕吉他客翻書翻翻樂」（MysteryGuitarMan Flip Book Flip Out）的人是誰。我們可以想像，他為了創作這段影片投入多少時間。在某些影片，他使用的創作工具幾乎人人唾手可得，如2012年的「Excel動畫」（Stop-Motion Excel）。有支影片，他花了十個月拍攝，那是他的妻子懷孕過程的縮時動畫。事實證明，「神祕吉他妻」（MysteryGuitarWife）及「神祕吉他寶寶」（MysteryGuitarBaby）是絕佳的同台演員。他的作品具體有型，有真實生活的環境和主題，而且因為潘拿經常在影片裡直接對觀眾講話，讓觀眾有種被點名的存在感。有哪個電

視節目或哪部電影會讓幕後的特效編輯師出來軋一角？在現實世界，你不一定找得到，但在 YouTube 卻是極好的表現手法，因為對觀眾來說，YouTube 影片和它的創作者密不可分。

無數像潘拿一樣的頻道紛紛冒出來，每個人都是體驗的一部分，而創作者所選擇的表現風格反映了創作者認知到觀眾的存在。這些影片不是憑空出現。它們並非由不曝光、沒有臉孔的製作團隊所創作。它們是由一個真實的人所製作，他直接認可觀眾的存在，也接受觀眾可能會以不同方式評論或回應。連結與關聯以獨特的方式凌駕一切，即使在 YouTube 的最早期也是如此。就像有些創作者曾經對我說的：這不像是在電影結束後打出導演和工作人員名單，請觀眾說說他們是否喜歡剛剛看到的內容。

有很長一段時間，大家都認為，網路美學在本質上屬於業餘性質。但是，傳統的娛樂和廣告產業甚至也開始崇尚這種樣貌；昂貴的製作公司仿效高人氣的 YouTube 內容，試圖創造那種觀眾一想到 YouTube 就會聯想到的真實感。但是，YouTube 創作者做到的「真實感」，與他們用的攝影機或剪輯技巧關係不大，而是源自整體的創意理念。製作的價值對觀眾仍然重要，但真實才是王道。

許多 YouTube 的創作者都是親自上陣演出短劇或短片，或是請朋友下海襄助。我在此不指名道姓，但他們有些人是相當糟糕的演員。起初，我對此驚愕不已，相信網路影片是被娛樂產業淘汰的落選之作。後來我體認到，網民觀賞一支影片的原因，不見得取決於製作的精良程度，有時不完美的演出反而更能讓人感

受到，自己所觀看的是誠實的內容，而不是精心籌謀的結果。

　　我們曾與夢工廠動畫（DreamWorks Animation）合製 YouTube 的每日秀「YouTube 共和國」。當時，我們的工作室位於國王港灣（Marina Del Rey）那棟外觀奇特的辦公室大樓的頂樓，[5] 那裡有各式各樣的製作設備。我和睿智的執行製作人史提夫‧伍爾夫（Steve Woolf）、札蒂‧迪雅茲（Zadi Diaz）辯論了很久，爭論的焦點是如何讓節目看起來同時具備「高檔」和「YouTube 風」的質感。例如，「YouTube 共和國」是第一個 4K 畫質每日秀，設計師打造了工作室般的一流場景，但是每次在那裡拍攝，看起來感覺就是不對。因此，伍爾夫和迪雅茲決定到真正的辦公室現場拍攝，就在真正工作時會用的桌子。雖然沒有花俏的布景，節目的燈光和攝影卻是無懈可擊。我們的重點不是讓它看起來像業餘製作；我們強調的是讓它感覺起來真實。

　　YouTube 美學意在拆除橫在觀眾與作品、創作者和其他觀眾之間的虛假。這是觀眾現在最想要的。成功的創作者除了找到新鮮的方法，實踐這套美學，還建構出可靠、易於複製的版式，以貫徹那套美學。

▶︱ 我們都該列名共同製作人

　　2011 年，我安排了與班尼和拉菲法恩兄弟（Benny and Rafi Fine）的第一次會談。那一次，我大約花了一天才敲定與他們的這場約會。五年後，他們時間緊到要花數個月才能敲定會面。中

間的這些年，他們雕琢出一系列完美的版式，創辦了一家蓬勃發展的網路影片公司。

在網路影片還不知道在哪裡的時候，法恩兄弟[6]就開始嘗試讓影片爆紅的辦法。這對兄弟從在布魯克林的童年時期就一起製作影片，那時是班尼硬拉著弟弟拉菲和他一起做短片。隨著年齡漸長，他們會舉行放映會，邀請朋友來觀賞，目的是讓每個觀眾第二天都會在學校聊起影片的事，讓沒有出席的孩子不願意錯過下一場放映會。「我們做的每一件事，都是跟著一種『這樣做能成為別人的話題』的直覺走，」班尼告訴我，「你可以看到，現在我們的發展已經走到一個極致，我們有這麼多的節目版式。所有這些版式都是為了對話、互動和參與能力所打造。」

2004 年，這對兄弟開始在個人網站發布影片，讓粉絲票選喜歡的故事。「很久以前，我們習慣說這是『新媒體』，我們非常喜歡這個說法，因為它不是被動式的觀賞體驗，」班尼說，「它有很高的互動性，互動是體驗的一部分。」隨著 YouTube 的出現，他們開始製作幽默短劇和惡搞影片系列，不滿足於製作只是用於觀賞的影片，嘗試不斷突破互動性的極限，不斷用不同於功能原來設定用途的方式做實驗，例如用註解功能（annotation）創造部分是網路影片、部分是自選冒險的演繹式遊戲。儘管法恩兄弟已經是粉絲認識的影中人物，但他們最喜歡的還是以製作人自居。2009 年，他們加入後來收歸迪士尼旗下的自造者工作室（Maker Studios），很快成為製作和創意的領導者，為 YouTube 上頭角崢嶸的藝人製作劇集。當他們再度把心思放回自己的頻道，

就運用那些技巧，探索各種不同的新奇版式。有些成功；有些沒有。2010 年，他們有個版式開始竄紅，頻道也開始起飛。那是叫做「小朋友的反應」（Kids React）的系列影片。在影片裡，兩兄弟訪談了一群小朋友對病毒式流行影片的看法。

法恩兄弟在 YouTube 探索的許多版式裡，這是爆紅的第一個。我認識法恩兄弟多年，主要是因為在我認識的人當中，和我一樣著迷於爆紅影片的人不多，而他們是其中兩個。他們的多產，瘋狂到總是讓我目瞪口呆。這對兄弟總是說，如果一個構想不能讓他們一天拍出五集影片，就不予採用。一旦找到符合條件的構想，他們就知道怎麼讓它紅。「小朋友的反應」衍生「青少年的反應」（Teens React），再衍生「老人家的反應」（Elders React）及「YouTube 客的反應」（YouTubers React），接下來還有「名人的反應」（Celebs React）。「反應系列」影片的人氣之高，讓他們不得不切出部分節目，另外開一個頻道。從無到有開設新頻道一向風險很高，但是「反應系列」在單週就搶下 100 萬名訂閱者。這些熱門的影片系列成為法恩兄弟的跳板，以推出其他版式和節目，如 2012 年的「跨媒體偽紀錄片」（transmedia mockumentary）的「我的音樂」（MyMusic）系列。

隨著時間過去，「法恩兄弟」變成了「法恩兄弟娛樂事業」（Fine Brothers Entertainment），擁有員工超過 50 人，公司有 3 間攝影棚，每週推出 12 部各種不同類型節目的影片，製作內容從動畫短片到完整的 24 分鐘情境劇集「唱吧」（Sing It），應有盡有。「唱吧」是早期 YouTube 原創系列的劇集。節目排程如此多元的

單一頻道，不但罕見，多半也沒有好下場。「每個人都告訴我們，做這麼多不同類型的內容，會有問題，」拉菲說，「但是如果你現在回顧我們的職涯，你會明白，如果留在我們以為應該謹守的好萊塢和娛樂產業的框架裡，我們永遠不可能有今天。」他們所有的熱門影片，共同點是什麼？它們都把觀眾當成節目的一部分。

　　他們的「反應」系列向來把這點貫徹得淋漓盡致。法恩兄弟在蒐羅各集的構想時，會參考粉絲的訊息，並把這些建議和他們的參考資源醒目地放在片頭。他們有許多節目都帶有觀眾參與的風格。「一般而言，我們和觀眾之所以能建立深厚的關係，我認為這是主因：他們知道自己的所做所為有影響力，我們真的會關注他們說了什麼，」班尼對我說。這話說得很實在，他們最成功的節目，正是以對娛樂的反應及與娛樂的互動體驗為主角。

　　像法恩兄弟這樣多產的製作人，他們最受歡迎的影片系列，主角多半是凡夫俗子，而他們在影片裡做的事，通常就是我們在看影片時也會做的事。（說真的，看別人看影片的影片？還有比這更層層套疊的事嗎？）關於網路影片，這件事透露了什麼訊息？「反應」系列影片累積了超過 40 億觀看次數，因此這個版式裡一定有些什麼，與我們對數位影片的喜好有所共鳴。為什麼有這麼多人喜歡觀賞這些東西？

　　拉菲告訴我，你可以把它想成是一個焦點團體：一群平常人聚在一起，沒有設定議程，討論重要文化事務。這群人可能是你

的同儕，或是某個對你有某種意義的人口群體，例如你的父母、祖父母、子女、孫子女。聽孩子談論科技，總讓我有歷經時間旅行之感，生長在後網際網路、後智慧型手機時代的經歷，總是讓我神迷。但是有時候，聽到孩子們討論第一代 iPod 時，對於它居然沒有觸控式螢幕大感不解，也讓我感覺很有趣。對於某些觀眾來說，「YouTubers 的反應」裡的那類討論小組，代表一群他們覺得有影響力或有趣的人。一如拉菲所言，「他們的反應和你一樣嗎？你認同誰？誰又讓你無法認同？」這種節目版式給觀眾一個機會，以一種不帶鬥爭意味的方式驗證或挑戰個人觀點。從你開始觀看的那一刻起，節目就展現出互動性，持續到你按讚、分享或發表評論之時。這種節目版式與它存在的環境是絕配，一方面充分運用了 YouTube 的分享、評論功能，另一方面或許也因應了現代生活更廣大的需求。法恩兄弟說，當今這個世界，不費吹灰之力、連續不間斷的傳播唾手可得，但是人與人之間很少真正彼此傾聽，「反應」系列的構想正好能夠在這一點上投其所好。「我認為大眾深受這套節目吸引，是因為我們的社會已經不像過去那樣經常以這種方式溝通，」班尼說。

　　以反應為主的節目版式，法恩兄弟不是第一也不是唯一進行探索的創作者。（2016 年，他們為「反應」的節目版式申請專利商標時，還遭遇 YouTube 社群的殘酷攻擊）YouTube 上有許多受歡迎的版式，都是訴諸於一般人對事物的反應。找人來玩電視遊樂器，並提出有趣的評論的「大家一起玩」（Let's Play）是 YouTube 最成功的版式之一，就屬於反應型娛樂。2014 年，排

名前二十的 YouTube 獨立創作者中，有 11 位運用「大家一起玩」版式。雷・威廉・強森（Ray William Johnson）是 YouTube 最早的網紅之一，他的第一支成名作「等於三」（Equals Three），內容就在點評當時的病毒式流行影片。

「它的概念多半是回歸人性，」班尼說。「人都不愛孤單。你看別人玩電視遊樂器或觀賞影片……對於你能夠與他們感同身受的人，你會有一種連結感，好像我們和他們在一起。」在一個比以往都容易感到孤單的時代，我們養成了用影片建立關係的偏好，而以與觀看者互動為核心而打造的節目版式，能滿足我們的需求。

這種製作影片的方式（也就是以不造作、不強迫的作風，創造不斷傳達連結感的內容），需要重新思考創作過程。對某些人來說，重新思考意味著，要把自以為對娛樂和媒體的所知全部砍掉重練，從無到有，重頭來過。

▶︎│ 少做虛工，多做實事

澤・法蘭克（Ze Frank）籌畫多媒體實驗多年。2001 年，遠在使用 Evites 和 Facebook 發送活動邀請成為全民技能之前，這位表演藝術家／幽默大師／數位藝術家就用自己表演一系列舞步的動畫影像，為他的二十六歲生日製作派對網路邀請函。他只發給 17 個人，但是一週後，造訪他的網站欣賞這張邀請函的超過百萬人。接著，在布朗大學（Brown University）修神經科學的法

蘭克，創作了各種用 Flash 製作的遊戲和視覺實驗，探索數位娛樂的新世界。最終，他接觸到影片製作，在 2006 年開設了影片系列先驅「澤法蘭克秀」（the show with zefrank），內容是無數與觀眾的互動實驗。許多人說，這個節目塑造了幾年後在 YouTube 創意社群蔚為主流的影像網誌版式。2012 年，法蘭克為續集「澤法蘭克再秀」（a show with zefrank）發起募資，募得將近十五萬美元的粉絲捐款。他的影片藝術變幻莫測、引人入勝，背後的驅動力是一股想要建立連結的欲望。「我們可以打造各種環境，讓（感受和被感受）變得稍微容易一點，但是說到底，我們努力在做的是真正與彼此連結，」法蘭克在 2010 年 TED 演講第二場裡說道。「而在實體空間，那樣的事不一定會發生。現在同樣的事也會在虛擬空間裡重演，我們必須更擅於找出解決之道。」

　　法蘭克在 2012 年加入 BuzzFeed，領導它正在蓬勃發展的事業單位「BuzzFeed 影視」（BuzzFeed Motion Picture）。他也把這項事業視為一項實驗，只不過規模更大。他尋求的目標是打造一間攝影棚，讓他可以挑戰大眾對於創作影片的預設框架，並大膽探索運用媒體的不同方法。法蘭克手下有一群年輕的創意人才，無法用任何傳統的製作角色歸納。這些「多職多工者」既不是製作人，也不是攝影師或剪輯師；他們是製作／攝影／剪輯師，當中許多人也成為入鏡的演員。法蘭克的首要法則之一就是：「人人都要做事。」因此，即使身為領導者，法蘭克也要和大家並肩創作影片。

　　法蘭克還做了另一個非常不尋常的選擇，讓大部分的創作

老手都感到震驚。他告訴團隊，不管他們創作什麼，在作品發表前，他都不會給他們任何反饋意見。他說：「如果你的製作週期夠快，如果你能累積夠高的流量，事後反饋絕對行得通。」我成年後的大半歲月都在影片製作領域打滾，也曾歷經計畫進行過程中無數回合的剪輯和反饋，但我初次聽聞這個說法時，還是無法形容感覺有多怪。但是，法蘭克覺得它完全合理。如果你能用觀看次數、分享數、按讚數、按爛數等證明一支影片的成敗，何必爭辯它究竟是好是壞？

很多創意人都難以抗拒執著於細節的衝動，他們把每一項新創作都看成是珍貴無比的工作，但是法蘭克和其他許多網路影片創作者採取逆勢操作。對於熱切的實驗家來說，網路其實是個極寬容的國度；成功能擴張到極致，但失敗通常會隨著蒼茫網路之洋飄流，沉入海床，從此悄無聲息。他解釋道：「當然，網路有很多平庸之作，但我堅信，有鑑於影片創作在數位世界裡享有如此寬廣開闊的空間，比起純綷思考，這樣的過程更有機會找到有趣的東西。」想太多會讓你動彈不得。法蘭克認為，扎實的生產力才是才華的證明。他知道這究竟有多困難。「老兄，我是過來人，」他說，「我每天都要做一段沒有劇本的節目。我每天一早醒來都嚇得要死。到了第六個月，才稍微沒那麼怕。」法蘭克的「做愈多、學愈多」定律似乎有用。「在 BuzzFeed 影業不到四、五個月，我們就做出一點成績，有個新人大約三、四週就有了第一支突破百萬次觀賞數的影片，」他說，「這實在相當棒。」BuzzFeed 的頻道在接下來幾年呈現指數成長。2015 年，他們的

主頻道打進 YouTube 最常觀看頻道的前十名；同年，BuzzFeed 在 YouTube 的 4 個主要頻道，累計觀看時數超過 2 億 5,000 萬個小時，比前兩年多出二十倍。

網路提供媒體出版者各式各樣的即時資料，BuzzFeed 只是少數幾家在塑造內容、甚至是選擇方法時極為倚重資料的大型社論組織之一。BuzzFeed 的營運規模容許他們可以同時嘗試各種事物，觀察哪一項對他們的統計資料有正向影響。最重要的統計資料是哪一項？沒錯，正是「分享」。一如你或許已經預料到的，要找到單一統計指標，表彰偉大藝術之精采、耐人尋味的觀點之雋永、趣味笑料的笑點等有形特質，其實不太可能；但是，要評量影片是否引發觀看者與他人有所共鳴的情感經驗，「分享」似乎是最佳指標。法蘭克說，「你要尋找最能顯示效果如何的周邊訊號。分享是我們很早就相當認同的指標，因為它是傳播和價值的核心。分享次數不同於觀看次數，要讓觀眾主動分享是有難度的。」團隊根據對分享率及其他評量指標的影響，評估每項美感選項。「這只是傳統的實驗主義，需要大量資料、動作迅速，因此……我們試著盡可能少做虛工，多做實事，」他說。

法蘭克說，影片最不必要的創意元素就是故事。敘事弧（narrative arcs）構成幾乎所有娛樂作品的骨幹，但是法蘭克覺得，試著定「故事」，可能反而什麼都做不成。他們不創造故事，而是創造一系列法蘭克所謂的「時刻」（moments）。試想，要創作像「全世界的左撇子都知道千真萬確的 13 個困難」這樣一支影片，需要哪些素材。「如果我們用故事型態呈現，我們可

能只會有一個鏡頭讓某個觀眾感覺正中下懷，大呼，『我的天啊，那完全就是我的寫照』，但是如果我們用一系列的時刻去串，我們就能放進所有鏡頭，其中有三個，觀眾可能無動於衷，但是第四個，可能就是全壘打。」BuzzFeed 摒棄了傳統的敘事型態，轉而把在網路上到處都看得到、只是展現方式較無章法的事物系統化：過去幾乎只能從敘事作品得到的價值，現在多半也都能透過非故事內容傳達給觀眾。實境電視已經證明，沒有劇本可以照章演出的平凡小老百姓，也能創造有意義的娛樂體驗，但是網路證明的是，非敘事版式有許多類型，能夠提供我們渴望的情感慰藉。

「你在閱讀一本書時，可能會看到那麼一句話，你本來以為只有你會那樣想，以為那只是自己的想法，於是，讀到那句話的那一刻，一股接近痛快的釋放感油然而生。宇宙更敞開一點點，你感覺自己更融入這個世界一點點。那是現在這個時代最豐厚的恩賜，」法蘭克說。「傳統媒體的所有外在形式都排除了部分的個體性。傳統媒體不在乎你是誰。你的感受、你的長相、你的出身等這些個人特質，從來不會出現在媒體裡。但是，我們現在正處於一個不斷歷經那些釋放時刻的過程。」

在 BuzzFeed 影業這間實驗室裡，工作團隊針對影片長度、排序、螢幕打上大字字幕等各種做法進行實驗。一路下來，他們發現，原先認知的觀念有許多都是錯誤的。他們在 Facebook 初期影片平台的努力有了豐碩成果，甚至從中學到，聲音所扮演的角色關鍵程度並不如預期。一份 2016 年的報告指出，Facebook

上高達 85% 的影片觀賞次數，都是靜音播放。

　　BuzzFeed 團隊的實驗焦點是如何驅動連結感，而他們的實驗多數也以此為方針。二十一世紀，創作者大部分都把焦點放在建立片中人物和觀眾的連結，但法蘭克更看好的是促進你和你關心的人之間的連結，而非不曾謀面的人。「荒謬的是，大家經常把與閱聽觀眾建立連結的藝術家和系統混為一談，」他解釋道。「你可以打造一個讓人彼此連結的系統，然後創造能促進這種連結的媒體。」一如預期，觀眾最後確實會與一些 BuzzFeed 名人建立連結，但是影片真正的主角是它的概念和時刻。

　　BuzzFeed 的模式迥異於我們在傳統電視、電影或平面媒體上看到的那種精心籌畫的內容製作類型。它的速度快、不專精、可衡量度極高、成本低廉、多產，而且整個過程感覺一團亂。但是法蘭克認為，媒體創作正是「亂糟糟的表達」。你很難判定 BuzzFeed 究竟是網路娛樂製作的異數，還是新標準，但像他們這樣及法恩兄弟所打造的營運方式（創造內容，以改善大眾在網路上建立連結的新方式），愈來愈不是異類。在新科技的帶動下，創造節目的基本方法也在轉變，即使在娛樂產業最傳統的角落也不例外。

▶| 兩個吉米和一個詹姆士

　　吉米・法隆（Jimmy Fallon）在 2014 年接下「今夜秀」（The Tonight Show）的主持棒時，眼前有一項重要工作。他必須延續強

尼‧卡森（Johnny Carson）留下來的榮光，讓節目走出前任主持人的潰敗陰影，還要面對其他電視網、有線頻道和網路的嚴峻競爭，尤其是針對年輕觀眾群。在一次真誠的個人獨白，以及一幫名人的桌邊對談之後，製作團隊接下來在吉米‧法隆首演之夜的選擇，讓我幾乎從椅子跌下來。第一段短劇是惡搞劇……惡搞對象是某支 YouTube 影片。

法隆和威爾‧史密斯一起演出「嘻哈舞蹈演進史」，重現YouTube 第一支病毒式流行爆紅影片，那就是賈德森‧賴普利（Judson Laipply）的經典傳奇影片「舞蹈演進史」，他在影片中穿著橘色上衣表演一連串二十世紀的舞步。這是網路創意文化的成就：全世界歷史最悠久的脫口秀節目，在重新開播後的第一個橋段。觀眾需要對二十一世紀的娛樂媒體具備基本認識，才能真正理解笑哏何在。這是顯示該節目有意完成世代交替的指標。[7] 我當時還沒有完全理解的是，網路與夜間電視節目之間的關聯，已經變得這麼緊密。

夜間談話節目的型態，以其輪廓分明的橋段和魅力十足的主持人，成為網路影片分享經濟取經的對象。此外，還有另一個吉米，這些年來一直在找尋方法，揉合在網路上及電視上奏效的內容。

2013 年，一個名叫凱特琳‧海勒（Caitlin Heller）的年輕女子發布了一支影片。影片中，正當她以倒栽蔥的姿勢、腳倚著房門大跳電臀舞時，有個朋友推門而入，於是她摔在茶几上，瑜伽褲

著了火。這支「有人在網路上耍笨」的正宗出糗影片，在網路上瘋傳爆紅，甚至得到從 CNN 到地方電台的青睞，當成新聞報導播出。聲勢鼎沸之際，吉米‧基墨現場秀（Jimmy Kimmel Live!）宣布已經與影片的女苦主敲定獨家訪談（當時，爆紅影片主角是脫口秀節目的常客）。在那段節目裡，海勒說她想要播出那段影片被剪掉的最後幾秒畫面。她的褲子著火後，有個人提著滅火器衝進房間，而那個人正是──吉米‧基墨。凱特琳的真名是達芬‧阿瓦隆（Daphne Avalon），她是專業的替身演員，而這一整起事件都有節目工作人員在幕後支援。

2008 年，基墨的前女友、喜劇演員莎拉‧西佛曼（Sarah Silverman）在節目裡首次發表一首歌，曲名為「我搞上了麥特‧戴蒙」（I'm F*@#ing Matt Damon）。那首歌旋即在網路竄紅，而自那時起，基墨和他的團隊就一直在探索，夜間電視節目和網路交會的可能。基墨描述到，那首歌當時在網路上的人氣，「贏過那個拿著光劍的胖小鬼」。基墨還有幾支網路熱門影片（有一次，節目邀請格雷戈里兄弟創作了一支提潘的 Auto-Tune 影片），但是他一直要到拆除了節目和觀眾之間的高牆，才真正開始信心滿滿地勇往邁進。2011 年，基墨要觀眾騙小孩，讓他們相信爸爸媽媽把他們的萬聖節糖果吃掉了。這齣惡作劇的精采片段，以及他在後續幾年裡設計的無數「YouTube 大挑戰」，累積觀看次數超過 3 億。

在這股襲捲夜間電視節目的趨勢裡，「吉米‧基墨現場秀」偶爾就像在上演超大型 YouTube 秀。傑‧雷諾（Jay Leno）、大

衛・賴特曼（David Letterman）等競爭者雖然也持續製作跳脫傳統媒體構想的節目單元，例如雷諾的「頭條新聞」（Headlines）和「邊走邊聊」（Jaywaking），許多基墨的人氣單元都與數位世界裡人氣高漲的節目版式相呼應。吉米和一群小孩聊時事的「吉米和小朋友面對面」（Jimmy Talks to Kids）單元，就讓人聯想到「小朋友的反應」。2014 年奧斯卡頒獎典禮上，他甚至集合一群名人，以好萊塢的高預算規格，重新創作知名的 YouTube 影片。[8]他最成功的系列（觀賞次數超過 7 億 5,000 萬次）「毒舌推文」（Mean Tweets），與 YouTbue 創作者引用粉絲評論的協作影像網誌有異曲同工之妙。[9]當然，還有惡作劇。有時候基默自己是被整的那個，例如有一次，蕾哈娜和小甜甜布蘭妮在大半夜與舞群出現在他的臥室。但通常，他是整別人的人，他最常整麥特・戴蒙。不過，最能彰顯基默秀團隊愈來愈通曉網路語言的，莫過於那支「史上最慘電臀舞」影片。

「我們沒有把影片傳給任何電視台，我沒有推文，我們沒有上傳任何新聞網站，」基默說。「我們就把它發布在 YouTube，讓魔法自己發生。」這一次，基默戲弄了所有人。他的「讓魔法自己發生」策略之所以奏效，是因為新型態的創意週期已經興起，想要在這個週期裡保有一席之地的傳統媒體，已經開始在網路上尋找能吸引觀眾的線索。

基默和他的團隊基本上善用了流行娛樂新文化，在這個文化裡，開玩笑不只能做給觀眾看，還能開觀眾玩笑。

　　詹姆士・柯登（James Corden）加入夜間電視節目的行列時，處境艱苦。他在美國沒什麼名氣，節目時段又非常晚。為了讓節目的重點和話題都繞著柯登打轉，他的團隊全力為節目打造出最適合 YouTube 時代的樣貌。「深夜現場」（The Late Late Show）節目執行製作人班・溫斯頓（Ben Winston）在 2016 年的愛丁堡國際電視節告訴群眾：「我早上一起來，在看我們的整夜收視率之前，會先查看 YouTube 點閱率。因為整夜收視率只能告訴我們誰熬夜，卻無法透露觀眾認為我們製作的節目品質如何，但是 YouTube 的點閱率能告訴我們，哪些片段成功打動觀眾。」「深夜現場」正視的一個觀念就是，娛樂日益成為創作者與回應者、互動者之間的協作過程。

　　YouTube 分析工具顯示的資料，以及「深夜現場」影片專頁的評論和按讚數，成為該節目創意決策流程的參考資料，一如許多 YouTube 原生影片創作者的做法。關於如何製作能在網路上引起熱烈迴響的橋段，「深夜現場」團隊在摸索的初期就大有斬獲。那個熱門單元不需精雕細琢的歌曲所需的高額製作預算，甚至沒有講究的燈光和攝影，也沒有攝影棚裡的現場觀眾。它的拍攝方式和許多 YouTube 創作者拍攝影片的方式一樣：小型、低價的攝影機，加上人人都能產生共鳴的日常小趣味。那個單元就是「卡拉 OK 歡唱共乘」（Carpool Karaoke），而它一開始是沒有任何熱門歌手會認同的宣傳手法。柯登曾說，「你想得到的出片藝人都會拒絕。」但是，一次與瑪麗亞・凱莉的偶遇，促成了這個常設單元的開播，不到兩年就累積了 10 億次粉絲觀看次

數。在網路世界，它成為喜劇秀史上最受歡迎的單元。

「它以如此討喜的方式創造了一種親密感，」溫斯頓說。「沒有經理、沒有公關、沒有梳化師，只有詹姆士。詹姆士是現場的大咖，和這些人一起唱好聽的歌。」還有，它看起來就像一支 YouTube 影片。

我在 YouTube 工作的早期，曾經為如何分辨何者是短暫狂熱、何者是新常態而傷透腦筋。每天都感覺這裡有東西在沒落，那裡又有新玩意冒出頭。YouTube 做為娛樂平台的這個構想，也曾經讓人感覺只是一時流行。但是，在某個時點（答案取決於你問的是誰），YouTube 所孕育的創作體現了大眾與娛樂之間關係的劇烈轉變。產業觀察家苦思出「真實」（authenticity）一詞，描述這類內容與眾不同的特質，而它很快就成為影片製作界近十年來的老掉牙詞彙。人人都想知道：我要怎麼做出真實的娛樂？許多創作者會告訴你，真實和製作品質無關。我不是說優質的製作設計不重要，影片有像樣的燈光、攝影、音效等，觀眾的反應確實較好。早期 YouTube 影片和頻道吸引我們的那股真實感，不是因為它們是業餘製作，而是業餘製作自然流露的誠實美感。

在新千禧年開始的某個時候，我們比以前都更重視真實感和透明度，而由於我們的娛樂和個人經驗都存在於同一個網路空間，創作與我們討論創作的對話，以及創作在連結人際關係所扮演的角色，也就密不可分。能夠觸動、利用觀眾當下存在感的版式和風格，於此變得最有價值。我們想看愛黛兒和我們所有人一樣在車子裡唱歌。比起照本宣科的性別規範短片，我們或許更樂於分享 BuzzFeed 的工作人員講「女生會讓男生一頭霧水的五種調情方式」。我們想看格雷戈里兄弟和真正的總統候選人一起唱歌，勝過假扮成他們。這並不是說有劇本的敘事內容不可行，也不是說高檔製作和特效沒有立足之地。它們當然還是有空間。只是，在某些內容發布後不到幾分鐘，如果有觀眾留言大喊「好假」，製作人無法假裝觀眾不存在，或是假裝觀眾沒有意識到其中的虛假。觀眾的貢獻和影響力都更勝以往，而這種動態真正改變了娛樂的製作方式。

我們不再是被動吸收內容的一方，我們為個人目的使用內容。我們對娛樂的反應、與娛樂的互動，幫助我們彼此連結，也與喜愛的事物連結。如果現有內容無法滿足我們的需求（有助我們盡可能直接認知、解讀、回應周遭世界），我們就以自己能動用的資源，創造內容。

本章注釋

1　道得森最後運用從影片「夜襲者之歌」得來的收益（以及相關利益），舉家搬到一個比較安全的居所。

2　特別聲明，「格雷戈里三兄弟」其實沒有噴射機。

3　第三類是色情影片。很多很多的色情影片。但是在這裡，我們跳過不談，因為我媽媽會讀這本書。

4　2017 年初，YouTube 訂閱人數最多的前五十名喜劇頻道，將近有五分之一是以惡作劇為主要內容。

5　說真的，我們都管那棟大樓叫「正義廳」（Hall of Justice），因為它看起來彷彿是從科幻電影裡直接蹦出來的。

6　我知道，又是兄弟檔。手足和 YouTube 之間顯然有些微妙關係。或許是因為兄弟姊妹是我們人生中最早、最心甘情願（或至少是最唾手可得）的創作夥伴。

7　法隆於首演週吸引的觀眾數，是自卡森在 1992 年最後一週以來最多的，而且觀眾年齡中位數立刻下降近六歲之多。

8　我最喜歡的橋段是喬瑟夫・高登李維現身演出「看完牙醫的大衛」（David After Dentist）；雖然沒有人要求他那麼做，但他背下全部的影片，節奏幾乎和原影片一模一樣。

9　例如，開設人氣頻道「傑克的影片」（jacksfilms）的傑克・道格拉斯（Jack Douglass），有個長青系列叫做「你的爛文法」（Your Grammar Sucks），內容就是他在影片裡大聲朗讀粉絲評論。

((3))

重混的創作語法，
飛越太空的快樂彩虹貓

2011 年，二十五歲的克里斯・托瑞斯（Chris Torres）白天在達拉斯（Dallas）一家保險公司擔任行政助理，晚上上網，製作非傳統數位藝術，和他的貓廝混，特別是一隻美麗的俄羅斯藍貓，名喚「馬蒂」（Marty）。托瑞斯幼時從波多黎各搬到德州，沒有受過正式的藝術訓練，自學視覺設計，還創作漫畫，在個人部落格上分享。他有許多漫畫都是以馬蒂貓為主角，貓的名字取自電影「回到未來」的主角馬蒂・麥佛萊（Marty McFly）。

那年 2 月，托瑞斯參加紅十字會勸募活動的直播串流，根據網路觀眾的建議作畫。有人一時興起，建議他把馬蒂畫成土司餅。「結合兩者真的是一念之間的決定，聊天室裡的每個人都覺

得很開心，」托瑞斯後來解釋道。於是，一個粗略的圖像就這麼跳出來：有著俄羅斯藍貓的頭和腳、向四面八方綻放彩虹線條的早餐土司。

等到托瑞斯後來開始自學像素畫，他又回頭繼續畫那幅畫。2011 年 4 月 3 日，他在網站上發表了重新創作的八位元版動畫影像。有個粉絲把它轉貼到當時極具影響力的部落格「每日新鮮事」（The Daily What）。「每日新鮮事」又分享了托瑞斯創作的影像，透過 Tumblr 傳遍全國網路阿宅。

馬蒂土司餅的像素畫最後傳到一個名叫莎拉・蕾哈妮（Sara Reihani）的學生手裡。她和托瑞斯不曾見過面。把圖畫拿給莎拉看的是她的朋友 PJ（也是 Tumblr 的網路阿宅一族）。PJ 喜歡網路上千奇百怪的東西，不久前還曾告訴莎拉，有一種用「博歌樂」（Vocaloid）技術製作的日本風音樂（這個類別下多半是日本音樂）。想像一下，把歐洲流行樂用非常複雜的合成器做出笑氣版樂曲，博歌樂大部分的音調聽起來就像那樣。PJ 最愛的博歌樂歌曲是「Nyanyanyanyanyanyanya!」，它的原作者是一個叫做「daniwellP」的日本創作者，不過 PJ 喜歡的是初音未來唱的版本。初音未來是個有著松綠色髮辮的十六歲女生。[1] 不管怎麼樣，2011 年 4 月 5 日，托瑞斯發布馬蒂動畫圖案後才兩天，蕾哈妮就把 PJ 最愛的那首不停重複的歌曲，配上托瑞斯不斷循環的圖像。接下來，她把整個作品上傳到 YouTube，根據她有次告訴我的，「這樣一來，PJ 不必按兩次切換鍵就能同時欣賞它們」。

不知怎麼地（連蕾哈妮也不確定究竟是怎麼一回事），她的

YouTube 頻道上的「彩虹貓」（Nyan Cat）影片，和 PJ 的個人 Tumblr 網頁，火速轉載到各個論壇和網站。這段 3 分 37 秒的影片，就像托瑞斯有次對我說的，是「單純的快樂……飛越太空的貓咪」，一開始只是兩個大學朋友之間開玩笑的奇特數位「藝術」創作，後來卻變成不折不扣的迷因，在網路上掀起病毒式流行，成為發燒影片。突然間，到處都有人在播彩虹貓影片。有人製作自己的變化版；有人表演彩虹貓；有人甚至打扮成彩虹貓；還有人製作了不同的旗幟版本，配上博歌樂式的國歌，幾乎全世界各國都榜上有名。那一年，這支影片的觀看次數超過 8,000 萬次，名列 2011 年觀看次數排行榜的第五名。數千種其他版本也很受歡迎。2017 年時，YouTube 有超過 10 萬支與彩虹貓有關的影片，總觀看次數超過 12 億次。（精采影片裡有一支是反覆 10 小時的版本，觀看次數超過 5,000 萬）

　　隨著時間推移，彩虹貓成為網路的象徵，出現在各個地方，從螢幕桌布到「占領華爾街」（Occupy Wall Street）集會的海報，都能看到彩虹貓圖像的蹤影。甚至在 YouTube 辦公室的二樓，有間大型會議室就是以它命名。[2] 它象徵了論壇和社群平台那種原始而民主的文化，任何聲音或構想，不管有多荒誕，都能憑著自己的本事與眾人的意志名揚國際。

　　彩虹貓的名聲傳揚開來之後，托瑞斯接到許多商業代理的詢問。他申請了彩虹貓圖像的專利，辭掉在保險公司的工作，變成彩虹貓人，授權玩具、運動衫、電動玩具等商品。有意思的是，daniwellP 當時並不想要他的歌曲用於商業用途。蕾哈妮告

訴我，有人以為她因為她創作的影片大賺一筆，但事實並非如此。雖然蕾哈妮是這個奇特三角組合的一方，但她無法主張任何權利，因為影片元素的智慧財產並不屬於她。[3] 托瑞斯是圖像的權利人，但他說這股風潮不是他推動的。誰才是推手？圖像的創作者？音樂家？重混創作者？張貼它的部落格和網站？自行製作其他版本的那些人？

　　有一天，我搭機前往 YouTube 總部所在的舊金山，飛機停在紐約甘迺迪機場的停機坪準備起飛時，坐在飛機裡的我，腦海裡翻轉的全是這些問題。像彩虹貓這樣的重混創作，挑戰了我從小到大一直抱持的假設：藝術和娛樂是專業人士團隊精心合作的成果，彩虹貓卻不是這樣。它是由各自獨立創作、卻又以某種方式合作的個人所創造的流行文化。彩虹貓這個符號之所以有意義，是因為大眾以各種方式透過它來表達自己的構想。這個後來成為網路標誌的圖像，不是由單一個人所創造，它的誕生背後有數千隻推手。

　　官方授權的彩虹貓動畫出現在達美航空最新版的飛行安全影片裡，我看著牠舞動橫越螢幕，心想，這真是個怪奇新世界。

⏮ ⏸ ⏭　　　　　　　　　　　　　　　　　　□

重混創作顛覆了原創作者的穩固權力，可能在專業創意社群間造成混淆、衝突和商業難題。過去，想要表現的人，大多會避免重混創作，以免難堪。法律教授勞倫

斯‧雷席格（Lawrence Lessig）在他的新書《REMIX，將別人的作品重混成賺錢生意》（*Remix*）裡寫道，「重混不是什麼新鮮事，但在我們的歷史上，長時間處於被消音的狀態。它之所以默默無聲，並非內容審查使然，也非邪惡資本主義者的陷害，甚至不是良善資本主義者所為，而是因為重混創作的成本效益低到讓它變得不可行，至少在大部分情況下是如此。」

因為網路不介意亂糟糟，在網路影片的世界裡，重混自然成為創意表現手法中最早蓬勃發展的形式之一。麥特‧梅森（Matt Mason）在《盜版的兩難》（*The Pirate's Dilemma*）寫道，「重混一開始是音樂的快樂偶然，後來演變成爭議觀念，最後成為大眾運動。」在這一世紀，重混從風格的刻畫，演變成獨特而深具影響力的傳播模式，它的蓬勃發展全是受惠於現代科技的發展。

我記得早期的重混影片裡，有一支名叫「閃亮亮」（Shining）的仿電影預告片。它把史丹利‧庫柏力克（Stanley Kubrick）的驚悚經典之作「鬼店」（The Shining）重剪成喜劇，配上彼得‧蓋布瑞爾（Peter Gabriel）的「索斯伯利山丘」（Solsbury Hill）做為背景音樂。影片的創作者是位名叫羅伯特‧萊恩（Robert Ryang）的年輕剪

輯師，這支影片是獨立創意剪輯師協會（Association of Independent Creative Editors）所舉辦的「預告片公園」（Trailer Park）的參賽作品。2005 年，「閃亮亮」贏得紐約分會的競賽，當時還是助理的萊恩，剪輯職涯因而跨進一大步。但這支影片的成就不只於此。萊恩低調地把作品上傳到公司網站，與幾個朋友分享。結果，他的「私密」連結引來的流量，差點讓網站掛點。那一天，他接到華納兄弟（Warner Bros）副總的電話。「我以為這是一通制止電話，」他說。結果，那位電影公司高層主管只是和其他人一樣，對這支令人噴飯的短片感到好奇而已。萊恩每天都接到數百封影片粉絲寄來的電子郵件。那支影片好笑又簡單，就是那種大家都喜歡轉傳的東西。但是，它有一點讓我讚嘆不已，就是它的新鮮、離經叛道：他居然拿這樣一部長青的經典電影開刀，然後把它變成自己的作品。

「閃亮」持續啟發了少說數百項（如果沒有數千項）來自業餘玩家或專業人士的類似創作。「2001 太空漫遊」（2001: A Space Odyssey）變成暑期強檔片；「十誡」（The Ten Commandaments）變成青少年喜劇；電影「巧克力冒險工廠」裡的人物威利・旺卡（Willy Wanka）變成患妄想症的精神病患；「歡樂滿人間」的瑪麗・包萍（Mary

Poppins）小姐，變成有超自然能力的女巫 …… 一個創意新世界就此開啟，這裡有一套截然不同的運作規則。

這裡談的「重混」，採取最寬廣的架構，指的是挑選、操縱、重組或重建現有的媒體素材，以表現自己的創作。重混成為網路上最受歡迎、最重要的新傳播形式，讓我們能藉此與影響我們文化的人物、觀念和符號互動，而採取的互動方式也反過來有獨特的影響力和價值。網路影片的酷（無拘無束，採用新製作技術，因對創作專心致志、執迷的追求而來的新奇感），正是重混的酷。重混是網路獨有的第一種回應和發聲方式。以下就是我們的語法。

▶︎| 網路的母語

　　藝名「庫提曼」（Kutiman）的歐菲爾・庫提爾（Ophir Kutiel），是爵士／放克／搖滾音樂家和製作人，在人生將要邁入三十大關時努力找工作。他發行了一張受到樂評高度讚譽的完整專輯，也曾在以色列和其他藝人合作。但是，工作短缺。就在這時候，事情出現轉折。「我發現了 YouTube 這個東西，我激動不已，」他說。「裡頭多半是貓影片，或是有人跌個倒栽蔥，沒什麼創意。

可是裡頭也有很多（樂器）教學影片。」庫提爾偶然看到一支傳奇放克鼓手貝爾納・帕爾迪（Bernard Purdie）的演奏影片，決定跟著他的演奏彈吉他。在對方不知道的情況下與對方合奏，他覺得這個構想很迷人。然後，他想出一個更大膽的構想，把兩段不同音樂家的影片組合在一起。「從我動工的那一刻，我有兩個月都黏在椅子上，」他告訴我。「我什麼都不做，就只做這件事，在 YouTube 搜尋、剪貼。第一天，我找到這個貝斯手和這個鼓手，把他們剪輯起來，讓他們一起演奏⋯⋯我不敢說以後還會不會有像現在這麼興奮開心的時候。」他的作品層次愈變愈複雜，產出一系列的樂曲和影片，他把它們總稱為「ThruYOU」。第一支影片「放克和弦之母」（Mother of All Funk Chords），以帕爾迪開場，全曲揉和了 22 位音樂家的演出。

　　有些朋友協助庫提爾為這個計畫設計了網站，他把所有的影片都上傳到 YouTube。「我把網址傳給 10 個朋友，還特地交待他們不要分享出去，因為網站還在測試確認中。但是，其中有一個不聽我的話，結果網站就擠爆了。」他把網址傳給朋友的那一天，庫提爾看到他的 MySpace 帳戶（嘿，那可是 2009 年）裡有上百則訊息，以為系統故障了。不久，網站掛了，他花了好幾個小時讀傳送進來的電子郵件。讀完信箱的信件後，他開始讀YouTube 帳戶的訊息。讀完 YouTube 訊息，再回頭看信箱時，信箱又滿了。

　　「ThruYOU」不只是病毒式流行影片，它在創作社群裡也掀起狂潮，為許多專業人士開啟機會，並促成他們的合作。「我

住在一個小國家的一個小城市裡的一個小地方的一間小屋子裡，」庫提曼當時告訴《連線》（Wired）雜誌，「我沒有預料到事情會這麼快就搞這麼大。身在台拉維夫，要觸及世界的音樂圈，有時候感覺是一件不可能的事，但是現在一切都沒問題。」雖然庫提爾當時在國際流行音樂圈還算不上一號人物，他所收到的訊息裡，有許多來自其他音樂家，其中包括一些真正的名人。「我問我的經理波雅思（Boaz），『你知道一個名叫「魔力紅」（Maroon 5）的團體』嗎？」

　　庫提爾不用「重混」一詞描述他在做的事。「我會說，我把幾支 YouTube 影片放在一起，創作音樂，」他如此解釋。在他看來，這是再自然、清楚不過的事。庫提爾從來沒有打算做重混，但是他在別人上傳的影片裡，看出別人沒有看出來、但有意義的關聯。他的創作感覺像是網路媒體的原生作品，不過仍然可以為廣大閱聽觀眾所欣賞。五年後，他發表了一部續作，名為「Thru You Too」。兩部作品相隔的五年間，他也製作了許多接受他人委託或自己原創的作品，包括魔力紅請他製作的彩排片段組合影片。（那時庫提爾已經知道魔力紅是何方神聖了）

　　「遠在我出生之前，大家就已經在做剪貼，」庫提爾承認，但他的創作在 2009 年極具一種當下感。影片剪輯工具變得簡單而價格親民，網路上儲藏了無窮的照片、聲音和影片，全部都可以做為素材，即使最嫩的生手都能信手捻來，表達自己的觀點和反應。

　　在網路上，重混成為一種溝通形式，一種能讓我們表達自

我的語言,而且表達方式是傳統的影片創作所做不到的。庫提曼在 YouTube 發布的重混影片,比它所包含的任何原作更能點出各項上傳內容之間的關聯,甚至能反映人類對於音樂演奏技藝的普世熱情。

隨著可以取用、探索且易於操作的媒體出現如此多的類型,重混的形式也能無限衍生。最有趣的重混,是那些以具體而個人化的方式賦予素材新意義的作品,反映的是重混者的觀點,而非原創者的觀點。事實上,庫提爾告訴我,這種創作令他為之著迷的原因,在於他取材的對象甚至不知道他們在合作。

我猜想,發現自己是一項合作裡不知情的原創者,感覺應該滿怪異的。發現有人重混你的語言文字和喜好,感覺甚至更怪。關於非預期的重混,一個更有趣的案例研究來自網路世界許多奇聞異事的源頭:俄羅斯。

呃,其實呢,嚴格來說,那裡當時究竟算不算是俄羅斯,是地理政治學上的辯論,而我對這個議題不夠資格定奪。不管如何,2014 年 3 月,娜塔莉雅·波克隆絲卡亞(Natalia Poklonskaya)被提名為克里米亞自治共和國(Autonomous Republic of Crimea)的檢察總長。克里米亞位於烏克蘭境內,當時正要簽訂合約加入俄羅斯。派任令發布當天,在一場正式記者會上,波克隆絲卡亞發表了一番高度爭議的親俄分離主義言論。(那年稍晚,美國財政部點名 24 名人,指稱他們是背後有俄羅斯支持的分離主義者,「要為威脅烏克蘭的和平、安全、穩定、主權或領土完整而負

責」，而在那張 24 人名單裡，她是唯一的女性）

　　俄文發音的記者會影片在國際社會曝光，而且相當出乎意外地在日本引起共鳴：三十三歲的波克隆絲卡亞尖細的聲音及姣好的五官，讓許多觀眾聯想到受歡迎的可愛日式動漫美學。由動漫得到靈感的波克隆絲卡亞粉絲創作從各地湧進網路，經過「重混」的波克隆絲卡亞變成動漫巾幗英雄，一個以她為中心的粉絲社群也儼然成形，但她本人渾然不覺。4 月中，一支獻給她的 MV 在俄羅斯和烏克蘭成為最熱門的影片，人氣維持數週不墜。

　　這不是波克隆絲卡亞尋求或想要的成名方式。為了回應外界不斷徵詢評論，俄羅斯檢察總長辦公室發表聲明，解釋道，「娜塔莉雅・波克隆絲卡亞不曾在推特或部落格發表任何訊息，也不曾在社群媒體網站註冊」。可是，這不重要；她所啟發的創意回應，把她變成全國辨識度最高的官員。在俄羅斯的 Google 人名搜尋排行榜上，她名列第七，緊排在 2014 年冬奧花式滑冰冠軍阿德琳娜・索特尼科娃（Adelina Sotnikova）之後。一群興奮的觀眾（一般來說是男性）私自把波克隆絲卡亞塑造成一個角色，以許多人的標準來看都太過火（包括我在內），但是這件事卻展現了重混的能耐能延伸到什麼程度。

　　原初內容是一起外國事件，與許多後來做重混的人毫不相干，但是波克隆絲卡亞這個人成為一種「波克隆絲卡亞」概念，成為許多人以自己的方式表達自身想法的憑藉。

　　許多熱門重混作品意不在傳達特定的訊息或論述，純粹是為了博君一燦。幾年前，我曾大聲提出以下這個問題：

　　「歐巴馬總統唱過『或許打個電話給我』（Call Me Maybe）嗎？公開唱嗎？」[4] 結果發現，他真的唱過──呃，算是啦！他也唱過「上城放客」（Uptown Funk）、「走了運」（Get Lucky）和「不准碰」（U Can't Touch This），更別說還和米特‧羅姆尼（Mitt Romney）對唱「美國派對」（Party in the U.S.A.）。在田納西大學修生物化學的十九歲學生法帝‧沙勒（Fadi Saleh），仔細地爬梳總統在電視上的評論，不但從裡頭挑出歌詞裡的字，甚至還仔細地掌握了精準的節奏，然後把它們配進音樂，這一系列影片在YouTube 上更為人知的名字是「歐巴馬之音」（Baracksdubs）。我第一次看到沙勒最受歡迎的影片「歐巴馬唱卡莉‧蕾‧傑普森的或許打個電話給我」（Barack Obama Singing Call Me Maybe by Carly Rae Jepsen）時，那奇特的拼貼讓我看得目瞪口呆，而製作這段影片顯然要下的苦功，也讓我極為嘆服。我不是唯一，小賈斯汀和笑本部（LMFAO）都曾興奮地推文，提及他們歌曲的「歐巴馬之音」版。由於沙勒的影片觀看次數已經超過 2 億次，你可能已經有相同的體驗。一支「歐巴馬之音」影片很少超過一分半鐘，但可能要花沙勒長達三週才能拼組完成。那些影片無疑要高強的剪輯功力，才能把每個片段連綴起來。沙勒的專注和精細做工，比任何技術或創意大師更讓人驚豔。

　　這類的趣味創作在網路上俯拾皆是。你或許看過代稱「動物機器人」（AnimalRobot）的班哲明‧羅伯茲（Benjamin Roberts）的作品：他有次從 DJ「姊妹悄悄話」（Girl Talk）得到靈感，把家庭電視節目仔細地配上嘻哈歌曲。想像一下，「芝麻街」裡的

大鳥（Big Bird）對嘴唱著饒舌歌手「替天行道大老」（Big Pun）的
「我不是感情玩咖，只是經常被煞到」（I'm not a player I just crush a
lot），或是在贏得威比獎（Webby Award）的神來一筆之作裡，情
境秀「恐龍家族」（Dinosaur）裡的艾爾・辛克萊（Earl Sinclair）對
嘴唱「聲名狼藉先生」（Notorious B.I.G.）的「催眠」（Hypnotize）。
羅伯茲曾說，他花在剪輯的時間是 10 到 100 個小時。

　　「歐巴馬之音」和「動物機器人」確實相當新奇，這類影片
的獨特風格，或許也確實禁不起時間的考驗。但是，單純為了娛
樂目的，而讓別人說（或唱）他們沒有說過的話，彰顯了一股更
重要的趨勢：我們已經習慣先斷章取義，再移花接木，配合我們
自己的目的而轉移內容的意義，而且通常是彼此合作。

　　姑且不論唱歌的總統、芝麻街大鳥等看似無關緊要的小趣
味，重混已經成為二十一世紀重要的自我表達方式。重混把不同
人的構想和觀點交織在一起，而且是透過富有創意的互動，賦予
影片新的意義與目的。

　　事實上，一段媒體素材從可塑性衍生出價值的例子，在
YouTube 俯拾皆是。為什麼這支影片或那個迷因受歡迎？這個問
題的答案，或許和任何藝術特質關係不大，重要的是它有多少彈
性，能成為容允他人參與的工具。影片和圖片之所以熱門，不見
得是因為能在藝術層面引起觀眾共鳴，而是它們能讓觀眾也變成
藝術家。其實，在與觀眾互動或有觀眾參與之前，創作完全沒有
任何真正的價值。

倫敦中央聖馬丁藝術與設計學院（Central Saint Matins Art School）的 150 名學生，在 2015 年的畢業演出前，接到如下的指示：「繳交一段長達 30 秒或不超過 100 個字的短文，詩意、抽象或具象都可以，隨你喜歡，重點是要表達作品的感覺和調性。」這是一項合作計畫，合作對象是英國藝術家路克‧透納（Luke Turner）、芬蘭藝術家娜絲提雅‧莎德‧容柯（Nastja Säde Rönkkö）以及一直與這兩位共事的洛杉磯演員。那位在加州的演員，會在一面綠色布幕前，為中央聖馬丁畢業展拍攝學生作品簡介，讓學生可以加工那段影片，做為集體創作。這個三人組對《衛報》（Guardian）闡述道：「打從一開始，我們的合作就是關於⋯⋯在這個相互連結的世界，事實上⋯⋯我們都在共同經驗裡、在誠摯表達自我與詮釋自我的途徑裡，尋找人性感受。」他們在一天裡錄製了 36 段影片，從安靜呼吸、朗讀書中片段，到朗誦詩句和廣告文案，無所不包。這項計畫名叫「#INTRODUCTIONS」（介紹）。那位演員是西亞‧李畢福（Shia LaBeouf）。

這支長達半小時的集錦影片，8 分 58 秒處有段 1 分鐘的獨白，寫作者是喬書亞‧帕克（Joshua Parker），他所探究的是公眾健康如何走向企業化。「做啊！做就對了！」李畢福大叫，帶著機械化又狂野的手勢。「別讓你的夢想只是夢想！昨天，你說明天。所以，做就對了！」在一場訪談裡，帕克解釋道，他的靈感來自於大眾日益仰賴科技的輔助，以支應積極活躍的生活型態，卻弱化了我們對其他科技的運用。那段影片流傳出去後，許多人都以為李畢福瘋了。「讓你的夢想成真！做就對了！」李畢福咆

哮著，「別人放棄的地方，你應該要奮力抵達，而且不會在那裡就停下來！絕不！你還在等什麼？去做啊！」

　　他們在 Vimeo 發布完整的 31 分鐘集錦影片。由於李畢福生動的表演，帕克的部分吸引了大部分人的關注。「它得到的反應震攝人心，」帕克說。影片的綠色背景就是為了易於加工而設計，於是來自全球的專業重混創作者，紛紛採取行動。幾天之內，冒出數百支粉絲影片，許多都極富創意和娛樂性。一支名為「西亞，對不起，我恐怕做不到」（I'm sorry Shia, I'm afraid I can't do that）的影片裡，李畢福對著電影「2001 太空漫遊」的人物哈兒（HAL）大吼，要它打開艙門。「李畢福版蘋果手錶」（Apple Watch Shia LaBeouf Edition）把他刻畫成全像術的迷你啦啦隊，你可以在健身時對著手腕呼叫他。在影片「西亞靈思行者」（Shiawalker Inspirational）裡，路克天行者想要用念力將 X 戰機抬離達可巴沼澤時，他是那個在一旁大吼大叫的激勵員。[5] 咆哮的「西亞・李畢福」發表過 TED 演說，曾出現在「復仇者聯盟」（The Avengers）遭「刪剪」的友情客串片段，而且還成為格雷戈里兄弟重混的 Auto-Tune 影片主角，影片的觀賞次數超過 1,000 萬次（帕克說這是他最喜歡的影片之一）。我們在製作 2015 年的 YouTube 年終精采回顧大賞時，我唯一的要求是設法邀請李畢福，可惜沒有成功。不過，我們有 45 個 YouTube 網紅引用那段演說，還有超模卡莉・克勞斯（Karlie Kloss）、歌手提潘和電視主持人約翰・奧利佛（John Oliver）。李畢福的咆哮到處都是。

　　表面上，大家看似都在嘲弄李畢福。在圈外人眼中，他看

起來就是個過去一、兩年完全荒腔走板的名人。但是李畢福、透納和容柯，還有中央聖馬丁學院的學生，一開始就把這段影片當成重混創作的工具。帕克稱之為「某種遠距合作」。三位合作的藝術家在訪談裡也提到，「我們的計畫和體驗的觀眾，和我們創作者一樣，都是作品的一部分，作品因為有他們才完整。從這個概念出發，人人其實都是藝術家。」原初的介紹影片並沒有打算走幽默路線，但是搞笑的重混，是大眾選擇「讓作品變完整」的方式。

原版的李畢福咆哮影片或許人氣普普，但是那段短片真正的價值是它很容易進行改作。「西亞・李畢福」迷因的獨特在於，它是在藝術框架裡建構的產物，而這個框架又同時認知到其所處的流行文化具有高度互動性。但是迷因並非只是一種重混形式，迷因代表的是集體參與創作史詩般藝術作品的新機會，這些作品集合起來的意義大於個別的總和。只看一支李畢福影片，可能會覺得一頭霧水，但是連看六支就是相當奇妙的經驗，部分是因為當中的趣味，部分則是因為它們突顯了現在科技能做到的事，對我們有更多啟發。「人人其實都是藝術家」若屬實，那麼網路已經開始幫我們充分實現藝術潛能。

▶| 不只是剪剪貼貼

「這段影片是我和前室友、祕密戀人愛麗歐諾拉（Eleonora）一時興起的完美合作，當時我們住在倫敦紹迪奇區

（Shoreditch），浪費太多時間在客廳上網，」亞歷山卓·格雷斯潘（Alessandro Grespan）在他於 2011 年上傳的混搭（mashup）創作影片「YouTube 二重奏：邁爾士·戴維斯與 LCD Soundsytem 樂團即興演出」（YouTube duet: Miles Davis improvising on LCD Soundsystem）的描述裡如此寫道。「沒有剪接，沒有花招，只是同時播放兩支 YouTube 影片。」（音樂混搭是一種重混，就是讓兩首可辨認的歌曲相互唱和）那支影片創作的立足點出奇簡單，就是把「紐約，我愛你，但你讓我憂愁」（New York, I Love You But You're Bringing Me Down）的影音，同時配上邁爾士·戴維斯的即興演奏影片。連它的創作者都承認，談到創作時，一般人會聯想到的任何技巧或做工，這支影片幾乎全都用不到，然而它後來卻被娛樂及流行文化網媒 Uproxx 封為「音樂混搭的頂尖之作」。基本上，這是個精采的構想，運用了簡單的音樂直覺和基本的技術能力，為 LCD Soundsystem 這首獻給「大蘋果」紐約市、情感濃烈的頌歌注入新生命。網媒「高客」（Gawker）有則報導的標題便滑稽地宣告，「整個網路都是這首 LCD Soundsystem 和邁爾士·戴維斯混搭音樂的序曲」。

在許多方面，重混都挑戰了我們對於創意演出的想法和理解。一直以來，我們以製作、燈光、剪輯、表演、劇本等，評判影片的品質。但在網路影片的架構裡，我們重視概念和觀點，勝於製作美學。沒錯，這些源自「即興隨機的完美合作」的作品，有些儘管不需要什麼做工或技術能力，網路上還是有許多受歡迎的重混風格，完全與此相反。重混為那些運用不同技巧、不同類

型的創意人才，為那些在夜晚不只是和「祕密情人」廝混的藝術家，廣開大門。[6]

有好幾年的時間，每當有人要我告訴他們 YouTube 的新鮮酷事，我的答案只有一個詞：「波哥」（Pogo）。

南非出生的尼克・柏特克（Nick Bertke）還記得，在他成長的過程裡，母親播給他看的那些經典家庭電影，讓他陶醉不已。他高中畢業時，和家人搬到澳洲，開始接受平面設計和影片剪輯師的訓練。十七歲的柏特克偶然接觸到加拿大電子音樂藝術家阿古芬（Akufen）的作品。阿古芬最知名的作品是 2002 年的極簡浩室音樂專輯「我的道路」（My Way），裡頭包含超過 2,000 個廣播片段取樣。「我不敢相信我的耳朵，」柏特克說，「我想，要是我也做類似的東西，只不過是用一部電影、遊戲之類的，會是怎麼樣。」

聲音拼貼（sound collage）的基本概念，可以追溯至 1949 年。當時，皮耶・薛佛（Pierre Schaeffer）和作曲家皮耶・亨利（Pierre Henry）發展了一種實驗風格的音樂，名為「具體音樂」（musique concrete；又稱「具象音樂」），以火車、鋼琴、鍋子等聲音作曲。「在紙上用唱名符號記下音樂構想，並交由廣為人知的樂器來表現，這不是問題，」薛佛說，「如何蒐集具體的聲音，不管聲音從哪裡來，並擷取它們蘊藏的音樂價值，這才是問題。」他是運用磁帶操作、創作音樂的先驅。自那時起（尤其是在過去的十五年間），用來進行這類創作的工具愈來愈先進，愈來愈親民，如今，視聽素材可以達到的速度和繁複程度都超乎薛

佛的想像。「現在有了電腦和音序器，你的取樣可以多到……讓你創作的拼貼作品精細繁複到完全偏離原來的內容，」柏特克說。「如果我們回到 90 年代初期，我不知道能不能做到。」

柏特克只要動動手指，就可以用軟體分解、重組迪士尼1951 年的卡通電影「愛麗絲夢遊仙境」（Alice in Wonderland）的聲音和旋律。他製作出來的聲音拼貼作品，「棒呆了，」他說。他幾乎每天早上通勤的路上都會聽，最後花了幾天串連動畫影像，配上這段重混音樂，以「波哥」之名把影音上傳到 YouTube。

甚至在波哥還沒有注意到之前，他的「愛麗絲」（Alice）影片就吸引了數百萬觀看次數。「我完全不知道發生了什麼事，」他說。「我還沒有理解到，我一次與這麼多人建立了連結。」雖然展開了新工作，他仍然用「國王與我」（The King and I）、「巧克力工廠」等影片製作更多混搭作品。他把音聲做得更細緻，講究到區分主角聲音的音節和音符，而不只是字或句子，因而程序變得愈來愈精細繁複。最後，迪士尼有人直接和他聯絡。「我以為是有人故意尋我開心，」他說。三週後，為了實現成為拍片人的目標而學 3D 動畫和劇本寫作的柏特克，搭機到加州見皮克斯的主管，包括創意長約翰・拉塞特（John Lasseter）本人。「我只不過在自己的房間裡做了一些音樂，居然能和這些了不起的人物握到手，一想到這個，我就興奮極了。」這些會面為他帶來他的第一件委託工作案，就是為「天外奇蹟」（Up）藍光片的發行，製作一支宣傳用的重混影片。柏特克的創作在創意產業打出響亮名聲，因此他不需要積極推銷自己，事業會跟著機會找上他。他

擱下其他的職涯志向，專心接案，專心創作原創音樂，並透過各種平台銷售作品。

「『愛麗絲夢遊仙境』是陪著我長大的電影，在我甚至還不會說英語之前，我就深深為它著迷，」柏特克說。「我當時不知道那部電影在講什麼，但是它的音樂和創造的氛圍，讓我看到出神。」這些童年時期的影片，以及從中得到的體驗，成為他的創意靈感來源，促使他發展出獨特的「波哥風格」。據他自己的描述，那是一種「喜樂、夢幻、飄緲」之音。

「除了音樂，我想不到任何一種更快速、更有效的方式能表達自己，」他說。「這多少像是把我的一小片靈魂放到網路上。」即使柏特克是在操作別人的原創作品，即使在他最知名的創作裡，沒有任何聲音是他的原創，他仍然有種獨特而鮮明的個人風格。「我會從聲音裡擷取單一音符，把它們當成某種鋼琴來運用，我其實是用它來編寫原音的旋律，」他對我解釋道。「我會從一首音樂裡擷取出音符，把它們疊加在一起，創造和弦及和弦結構。接著，我會從電影裡擷取打擊樂聲，建立打擊樂音序器和鼓樂音序器。所以，在某種意義上，它的難度高於用合成器或樂器製作樂曲，因為我必須用非常不傳統的素材，建立那些樂器和合成器。很多人看到它都會這樣想，『噢，你只是用一部電影剪剪貼貼。裡頭有多少真正是你的作品？』這個嘛，我會說，全部都是。那種話有點像是對某個寫了一首曲子的人說，『噢，那些只是小提琴的聲音。那只是銅鈸或定音鼓的聲音。你的音樂不就是那些樂器設計者的作品嗎？』」

　　儘管依賴其他人的原創作品，波哥、庫提曼和其他類似創作者的作品，絕對是他們的創作無誤。不管他們使用的素材源自何處，他們的藝術包含了個人的觀點，也捕捉了他們對來源作品的情感。

　　YouTube 上有很多重混作品不但表現了創作者的觀點，也蘊藏了創作者和重混素材之間的聯繫。有些最上乘、最令人讚嘆的重混作品，引領我們更親近能啟發我們的藝術和創意。我喜歡這類影片，因為它們體現了網路影片如何開闢出一個空間，供大家探索個人無比熱衷的志趣，並與其他也擁有這份鑑賞力的人，以更深入的方式交流。YouTube 到處都有人投入心力經營粉絲社群，包括很久以前在遙遠的銀河系裡誕生的那個……。

　　其實，真正的時間是 2008 年，地點是紐約的布魯克林區。凱西‧浦優（Casey Pugh）是星際大戰的鐵粉。當時的浦優是 Vimeo 的開發人員，正在絞盡腦汁，想辦法讓拍片人透過虛擬方式合作。前一年，伊凡‧羅斯（Evan Roth）和班‧恩格布瑞斯（Ben Engebreth）發起一項名叫「白手套追蹤計畫」（White Glove Tracking project）的開放資料藝術運動，在網路上號召陌生人協助，在麥可‧傑克森那首著名的「比利‧珍」（Billie Jean）電視錄影表演多達 10,060 格的畫面裡，定位白手套的畫素輪廓，讓這項資料可以轉用於其他創意創作。這項計畫，以及當時其他尋求群眾外包的活動，給了浦優靈感，探索一個類似的概念，那就是把電影切分成片段，邀請他人重新製作。要用哪一部電影呢？

「當然是星際大戰，」浦優說。「這是最知名的電影，我也愛這部電影。」經過六個月的腦力激盪後，他把「星際大戰四部曲：曙光乍現」（Episode IV: A New Hope）以 15 秒為單位做分割，切成473 幕場景。接著，他耗費兩週，架設了一個「完全沒有經過盧卡斯影業許可」的網站，讓粉絲可以自由認領、製作並上傳他們的場景。

接下來的幾個月，有將近 1,000 個人合作，揉合電腦動畫、現場演出、逐格動畫和其他形式，重新創造了這一部他們喜歡的電影。大家為此投注的心力，讓浦優不敢置信。「有人花了好幾週拍片、取景、剪輯一幕只有 15 秒的場景，」他說。「有人為了螢幕上的半秒鐘畫面，從無到有地做出精緻逼真的黑武士服裝道具。」作品從毫不保留的致敬到開放的惡搞都有，範疇超開展，讓星戰粉絲有機會能在這個他們熟知、熱愛的文化象徵裡留下自己的印記。

浦優的計畫獲頒 2010 年葛萊美的虛構類互動媒體傑出創意成就獎，這個獎項在當時才設立了兩年。我認為，「未修剪版星際大戰」（Star Wars Uncut）及它的續集、應盧卡斯影業要求而籌畫的「未修剪版黑金帝國」（Empire Uncut），是組織化群眾外包重混製作早期的出色案例之一。當然，它觀賞起來可能有零碎之感，但觀眾的體驗與創作者的熱情已經難以區分。

重混創作多半是關於重混創作者與重混素材之間的關係。「極短版」（supercut）是重混影片裡產出最豐富的次類別之一，這類影片往往介於粉絲藝術的致敬影片和尖刻酸評的範疇之間。

2008 年，部落客／科技人安迪・貝伊歐（Andy Baio）在某次與網路設計師萊恩・岡茲（Ryan Gantz）一起腦力激盪時，貝伊歐注意到「一股如著魔般的趨勢，那就是從電影／電視單獨擷取出特定字彙或特質，拿來剪輯成影片」，因而想出「極簡版」這個名詞。他寫了一篇部落文，描述這個現象，說它是「一個有強迫症的超級粉絲，從他們最愛的節目／電影／電玩裡，挑出某一集（甚至整個影集），蒐集裡面的每一個詞組／每一個動作／每一套陳腔濫調，剪輯成一支規模龐大的影片蒙太奇。」有時候，他們會挖苦某些老套路：宣稱自己「不是來這裡交朋友」的實境秀明星；改善監視畫面的電視偵探；或是被鏡中人影赫到的恐怖片主角。有時候，他們會嘲弄明星：阿諾・史瓦辛格尖叫鏡頭的剪輯；或是大衛・卡羅素（David Caruso）在電視影集「CSI 犯罪現場：邁阿密」（CSI：Miami）裡戴上、摘下太陽眼鏡的鏡頭剪輯。即使是高素質的藝術社群也欣然接受極短版創作。克里斯蒂安・馬克雷（Christian Marclay）編排了 1 萬段電影片段而成的「鐘」（The Clock），可能是最讓人印象深刻的極短版創作。馬克雷借助於出現在電影裡知名的、晦澀的各種鐘錶鏡頭，在長達 24 小時的影片裡，配合實際時間剪輯那些片段，紀錄時間的流逝。這支影片不在 YouTube 上；我是在它成為紐約現代藝術博物館陳列的裝置藝術時才看到的。

　　觀點或批判結合執著不懈的努力時，就會激盪出一些最精采的重混作品。「索金主義」（Sorkinisms）是我最喜歡的極短版作品之一，作者凱文・波特（Kevin T. Porter）是劇作家艾倫・索金

（Aaron Sorkin）的粉絲。他剪輯了這位得獎劇作家在不同作品裡
重複用過的對白和情節。影片原作的編彙花了波特兩年的時間，
儘管他寫道，「這不是影評，而是在索金精采的語彙世界裡做的
一場有趣的小旅行」，但是如果你看這段影片，很難覺得它一清
如水，甚至能感受到一股濃厚的尖酸味，批判索金的寫作。我之
所以喜歡這支影片，不只是因為我喜歡索金的敘事手法，也不只
是因為有人居然花兩年做一支 YouTube 影片，讓人嘖嘖稱奇。
真正出色的極短版超越了創作本身的枝節（讓人為之讚嘆的心力
投注），引領我們對於文化的運作做出稍微不同的思考，讓我們
質疑媒體的傳統、我們所吸收的資訊背後的動機、我們所觀賞娛
樂的意義和價值。

　　當然，迴響最熱烈的重混創作，是那些不只能博君一燦、
也能觸發爭議的作品。

▶︎│ 重混影片：希特勒專題

　　現代流行文化的重混運動根源於嘻哈和雷鬼混音，並非偶
然。這兩項運動都誕生於消權（disempowered）群體。「早期的混
音電子樂是個過渡空間，被強迫接受殖民意識型態的人反過來利
用這個意識型態。」艾杜瓦多・納瓦斯（Eduardo Navas）在《重混
理論：取樣美學》（*Remix Theory: The Aesthetics of Sampling*）裡如此寫
道。「理解這點至關重要，因為重混作品帶有這種殖民反抗的重
要痕跡。」重混創作成為我們回應所處世界的理想憑藉，不只提

供娛樂，也是顛覆流行文化的一注活力。

　　影響最為深遠而知名的「評議重混」（remix as commentary）之一，出自一個極其意想不到的來源：2004 年一部講述希特勒領導納綷德國最後 10 天的電影。評論家說，電影「帝國毀滅」（Downfall；德文片名「Der Untergang」）「可能是希特勒末日和第三帝國毀滅的最佳記述」。但是這部奧斯卡入圍影片最知名的，或許只有其中一段 3 分 50 秒的情節。在那一幕裡，體認到戰爭就要結束的希特勒，憤怒地咒罵他的官員，斥責他所認定對自己的背叛行為。我猜，大部分人其實並不理解這段情節在全部電影裡的前後脈絡。我自己看過這幕上演數百次，但是在為了寫作本書而做研究之前，我其實從來不曾真正看過配上原作字幕的版本。

　　「帝國毀滅」的惡搞影片很容易製作，只需要把希特勒火冒三丈的咒罵換上你自己的字幕就可以，事實證明，這是彈性奇佳的素材。

　　希特勒已經咒罵過的事情包括被 XBOX Live 禁用、歐巴馬總統的連任、朋友臨時爽約而沒去火人祭（Burning Man），還有文法警察的專橫（「我的元首，您，呃，您剛剛在句尾放了介係詞」）。「帝國毀滅」的惡搞影片估計至少多達幾十萬支，而且自這股風潮初現之後，每年仍然增加超過 1 億次觀看數。「我想，我已經看過大約 145 個版本！」「帝國毀滅」的導演在 2010 年的一場訪談裡坦承。「當然，我在看那些影片時必須把聲音調低。很多時候，字幕的台詞實在太有趣了，讓我不禁放聲大笑，笑我

自己做的這一幕！身為一個導演，沒有比這更好的恭維了。」

最尖銳的「帝國毀滅」惡搞影片是希特勒對文化上某些荒謬或不公義發展的反應，而我們發現自己可能（倒抽一口氣）認同……希特勒。這些影片的主題從「希特勒得知他的披薩會延遲送達」，或「希特勒發現 iPod Touch 沒有相機功能」，到較為嚴肅的問題，如「希特勒對禁止網路盜版法案的反應」或是和房屋市場崩盤有關的「房市毀滅」等，包羅萬象。這些簡單的迷因借用歷史上最邪惡的壞蛋之一，在風趣裡表達憤怒，顛覆文化裡某些神聖不可侵犯的結構。為本書研究素材時，我重看了許多「帝國毀滅」惡搞影片，我可以告訴你，一整個下午都在笑希特勒，實在是詭異的經驗，這種事絕對不是下班後和別人喝一杯時的好話題。但儘管始料未及，「帝國毀滅」惡搞影片迷因之所以禁得起時間考驗，部分原因是它極端而超現實的特質。

這是最好的重混，也是最壞的重混。在 BBC 的「帝國毀滅」現象報導頁，我看到有位用戶的評論，或許正好總結出重點：「這段影片的流行，清楚點出科技普及如何推動資訊傳播的全民化，以及我們現在有能力為自己發聲，為此，政治人物、大企業、教師、機構和既有的媒體產業都要戒慎恐懼。」[7] 這話說得中肯。重混能顛覆、甚至削弱某些我們最崇敬或最恐懼的符號所蘊藏的力量。

網路上容允立即、半匿名回應的論壇多如海沙，無疑是酸民的空前福音。此外，沒有幾種傳播風格比重混更能如此恰如其

分地表現酸民的觀點。只要運用得宜，它能顛覆文化裡的嚴肅觀念和人物。當批判或幽默透過我們想要擊倒的真實人物或符號，直接以影片巧妙呈現，這時最能突顯重混的顛覆能力，效果遠勝過模仿和其他戲謔的惡搞形式。

　　我對於重混藝術的喜愛，起於我在紐約的第一份工作，也就是參加赫芬頓郵報集團（Huffington Post）旗下一項名為「23／6」的政治與新聞諷刺計畫。計畫全名為「23／6：大部分時間裡的部分新聞」（23/6: Some of the News, Most of the Time）。2008 年美國總統大選的暖身期間，我們解構了政治人物，以及報導他們的新聞媒體，精心製作了各種諷刺和戲謔內容。我寫了相當多東西，也做了很多美術設計和影片剪輯工作，完成我們所說的「1分鐘」版式，藉由新聞影片的極短版和混搭，突顯當時那些浮誇言論的荒謬可笑。我最喜歡的是 CNN 的「1 分鐘情報室」（Situation Room in a Minute）：我可以透過剪輯，嘲諷沃夫・畢禮策（Wolf Blitzer）沒完沒了的平淡語調，還有約翰・金（John King）對選情「魔法牆」（觸控式螢幕）所顯露的執迷，讓人愈來愈有違和感。[8] 我最受歡迎的作品是一支包含所有三場總統候選人辯論的混搭影片，影片重點是當時的歐巴馬參議員和麥肯參議員重複說了多少次自己的話。

　　在我製作這些影片時，我的同事也在與尤金・米爾曼（Eugene Mirman）、H 約翰・班哲明（H. John Benjamin），以及其他當時還是新起之秀的喜劇演員合作，製作別出心裁的原創短片。然而，不知怎麼地，我笨拙的「1 分鐘」剪輯作品人氣壓倒

了他們匠心獨運的諷刺影片，我對此感到非常困惑。好幾年後，我才明白，聽新聞笑話是一回事，看新聞變成尖銳的諷刺漫畫又是另外一回事。2007 年時看似新奇的事物，十年後已經變成我們對時事習以為常的回應方式。

到了 2016 年大選的競選週期展開，重混已經是用於批判、戲謔候選人的常用工具，川普尤其是嘲諷混搭影片最愛取材的目標。創作、觀賞、分享川普的重混影片，成為現代人的活動，我們對於這場因網路煽風點火而變得如火如荼的競選，因此得以抒發自己的感受。有些重混影片是他自相矛盾的陳述；有些是他重複使用的字眼或詞彙的剪輯，例如有一支極短版是拿他說「China」（中國）時的奇特發音做文章，觀賞次數累積超過千萬次。音樂製作人安德魯・黃（Andrew Huang）甚至以川普在第二場辯論的吸鼻音創作出嘻哈節奏。

批判或嘲諷公眾人物是一回事，而完全用自己的言詞或影像傳達那份輕蔑又是另外一回事。在表達異議和鄙夷時，這種操作是極具殺傷力的工具，尤其是面對道貌岸然的人事物時，不論拆穿偽善或是一針見血的尖銳褻瀆，很少有比嘲諷重混更理想的方式。

2011 年 2 月 22 日，北非開始感受到後來成為所謂「阿拉伯之春」的效應。利比亞的穆安瑪爾・格達費（Muannar el-Qaddafi）上校穿著他的招牌奇裝異服，在電視上發表慷慨激昂的的演說，誓言要「一吋土地接著一吋土地、一間房子接著一間房子、一個

家庭接著一個家庭、一條小巷接著一條小巷」驅逐異議分子。

在以色列的製作人、DJ 和音樂記者諾伊・阿路許（Noy Alooshe）接到一通朋友的電話，要他打開電視。阿路許在前幾年因為一首鐵克諾（techno；高科技舞曲）歌曲「Rotze Banot」而出名。他稱那首歌為「『江南 style』之前的『江南 style』」（雖然這個說法有點牽強）。他和一個朋友在 30 分鐘內錄製完成那首歌曲，並在那一年成為小有名氣的流行之星。「在那之後，我開始領略到網路的力量，」他說。幾年後，他從在美國瘋狂流傳的迷因「歐巴馬女孩」（Obama Girl）得到靈感，以類似的前提，借以色列外交部長齊碧・麗芙妮（Tzipi Livni）創作了「麗芙妮男孩」（Livini Boy）這首歌，號稱是以色列第一支網路熱門惡搞歌曲。後來，阿路許在二十幾歲時，想要製作更正經的作品，但隨著他追蹤埃及和突尼西亞（他的家族原籍）的事件，加上阿拉伯之春成為該地區最重大的新聞事件，他找不到適當的切入點。直到他接到那通拜託他開新聞來看的電話，事情有了轉折。

阿路許看著格達費在空中揮舞的手勢，以及不斷重複的咆哮，聯想到一場鐵克諾音樂會。「我看著新聞心想：『好，我只需要在裡面放進一個節奏，就會很棒。』」他回想到。阿路許從「嘻哈鬥牛梗」（Pitbull）和提潘最近的合作歌曲（還有比這個更好的合作嗎？）擷取一個節奏，並把重點放在演說的切分及自動校音。格達費公開露面時的招牌陣容，就是有一群女性護衛隊隨側在旁。為了增加幽默感，阿路許在格達費兩側各加上一個旋轉、衣不蔽體女性的半透明影像。他承認，他認為這麼做有助於

刺激他的觀看次數。結果他創作出「嗨，寶貝（徹底放手）」
〔Hey Baby（Drop It to the Floor）〕的格達費上校咆哮加舞群版。

阿路許把它稱為「Zenga Zenga」（「zenga」是利比亞語的
「小巷」）並在網路上分享，尤其是阿拉伯世界年輕革命者的社
群媒體帳號。那首歌在網路竄紅，快速累積數百萬觀看次數，還
有粉絲寫信給阿路許，稱他為英雄。[9]阿路許收到夜店裡有人隨
這首歌起舞的影片。他記得曾有位記者打電話給他說：「我現在
就在敘利亞的市集裡，有人用擴音器放這首歌，每個人都隨著音
樂起舞。」兩個埃及饒舌歌手錄製了它的現場版；台拉維夫有
DJ播出這支重混。阿路許的名字登上報紙，被稱為「創作革命
之歌的以色列人」。他必須說服他的朋友暫時放下工作，幫他處
理所有的媒體要求。「這種情況很像韓國電視劇『我家也有大明
星』的一集，」他說。他最後用自己原創的節奏，創作了另一個
版本，並做成來電答鈴放在iTunes銷售。他說，第一週光是在
以色列就讓他進帳了6萬美元。

最引人注意的是格達費母國利比亞的反應。活動分子告訴
阿路許，即使利比亞境內的網路普遍斷線或封鎖YouTube，他的
創作還是變成了熱門歌曲。有時，大家直接傳影片檔，更常見的
是傳聲音檔。一名實地在利比亞現場的BBC記者告訴阿路許，
他攔下一個在車上大聲播放「Zenga Zenga」的人，問他從哪裡
拿到這首歌。原來是有人把歌曲燒進一張CD給他。「它不只在
虛擬世界瘋狂流傳，也在實體世界瘋狂流傳，」阿路許開玩笑
道。因為有這種難以追蹤的分享，YouTube上的官方觀看次數，

其實只反映了與這支重混影片相關的一小部分活動。

「Zenga Zenga」的顛覆本質，年輕世代一看就懂，[10] 但不是每個人都能理解影片的哏。據說，利比亞國家電視台在播放了那支影片幾週後，才發覺它是在嘲諷他們的國家領導人。

「它改變了大眾對格達費的想法，」阿路許說。格達費以他的古怪荒誕聞名，阿路許相信這是他的號召力來源。「在『Zenga Zenga』這支重混影片出現之後，情況完全逆轉……他變得像是一個卡通人物，你知道嗎？」這種類型的公開嘲諷，在當時非常、非常罕見。「在那一年之前，很少有人公開批評他，或批判他四十年的統治，」2001 年，以阿布達比為基地的英語報紙《國家報》（National）寫道。「然而，2 月的『Zenga Zenga』演說，可能標記了一個轉捩點。當利比亞爆發叛亂，這首曲子算得上是反政權的代表歌曲。」在自動校音年代，倉促製作的重混影音不能真正算是開創了新音樂領域。但是，它的主題可以，這正是它的力量之所在。一個自稱「非洲萬王之王」的軍閥頭子，在此被矮化成一個粗俗舞廳的獨裁者。這是讓全國都看到的嘻哈鬥牛梗式嘲諷。

格達費死後，阿路許看到新聞報導裡有人高舉著已故領導人的照片，高喊「Zenga！Zenga！」記者封他為「格達費殺手」。但是，那支影片在阿拉伯世界得到的迴響，從利比亞延展到其他國家。在那些國家，阿路許的重混影片證明了沒有不能戳破的領導者神格化假象。在敘利亞，巴沙爾・阿薩德（Bashar al-Addad）成為到處流傳的「Zenga Zenga」改作版影片的主角。

　　阿路許繼續製作以政治人物或時事為主題的在地熱門影片。就像他在其他各地的同好，他也開始接品牌和媒體公司的案子。「不管你給我什麼，我都可以重混，」他告訴我，像汽車銷售員般呵呵笑著。他和他的以色列夥伴庫提曼通常會遇到相同的機會找上門。他說，到了下一輪選舉期間，每個政黨都想要雇用他製作候選人的「正面」重混影片。在以色列，重混已經成為活動主義語言的一部分。

　　但是那些借助他的力量的人，並非每個都是為了做好事。阿路許告訴我，他拒絕了首相辦公室發的一個案子：對方要他製作一支重混影片，抹黑政敵。他從過去幾年的經驗學到，除了娛樂價值，重混創作對於世界有實質的影響力，能改變大眾對事件和領導人的觀點，這是他現在不敢掉以輕心的部分。

◀ ‖ ▶	☐

重混不只是網路上隨便一種影片次類別，它們是一種完備的傳播方式。這個世紀以前，不管創作者或觀賞者，大眾還無法運用自如。

我們在網路上的行動，賦予我們以自己的觀點形塑文化的能力，而要發揮這項能力，重混是我們所能採用的最有效、最現代的創作語言之一。阿路許的「Zenga

Zenga」、萊恩的「閃亮亮」和波哥的「愛麗絲」都源
自同一個互動性高於以往的流行文化，也影響了這個文
化。三位創作者和我一樣，都成長在一個創作、發行娛
樂成本高昂的時代，他們運用原始素材的戲謔創作，根
本得不到傳播的機會。但是，科技帶來重大轉變。「數
位科技現在排除了單純的經濟因素考量，」雷席格在
《REMIX，將別人的作品重混成賺錢生意》裡寫道。「有
更多人可以運用更多樣的工具，以不同的方式表達觀念
和情感。至少在法律能有效防堵之前，有更多人可以、
也有更多人會這麼做。」

重混藝術不只是一時的風潮，而是被廣為採用的有效表
達格式。重混形式的回應方式，已經成為許多人的第二
天性，因此即使以保護智慧財產權之名，要防堵它也有
相當的難度（如果不能說是不負責任又不切實際）。「幾
個月前，我給三年級小學生看我的作品，」庫提爾告訴
我，「我只給他們看某支影片裡的 1 秒鐘畫面，然後問
他們，『你們了解影片在播什麼嗎？』」結果，小學生們
秒懂。「他們就是懂，你知道嗎？他們理解這個語言。」

在一個各類型媒體充斥飽和的流行文化裡，重混的快速
興起，是因為人類日益渴望能更主動、集體參與這個流

行文化。重混是一種創意工具，能夠改變我們與電視、電影、音樂、人群、影像，以及影像所代表事物之間的關係，讓每個人都能分享我們對日常所接觸符號和概念的獨特觀點，讓我們能夠從照片、歌曲、人物等熟悉的媒介取材，伸張我們的觀點。由於人們能夠直接參與，生活裡的視聽媒體因此成為發聲場，也變成顛覆的對象。有時，它實在是蠢到不行；有時，它卻又犀利到具有毀滅性；有時，它會扯到希特勒抱怨他的披薩晚到了。但是，它永遠不會和個人無關。

重混創作讓我們不得不思考，對於大眾的娛樂和製作內容，我們的觀點有多狹隘。根據過去的所有規則來看，「彩虹貓」的存在完全不合邏輯。但是，我們的網路行為已經構成新邏輯，它因此能夠盛行。下一隻「彩虹貓」勢不可擋；它是你躲不掉、毛絨絨的土司餅。

本章注釋

1　初音未來是虛構人物，是日本札幌的軟體公司克里普敦未來媒體（Crypton Future Media）所開發的聲音合成器應用程式所創造的人物。任何製作人只要用適當的軟體，就能讓「她」唱出他們的樂曲。初音未來唱了多少歌曲，我不知道確切的數字，但似乎超過 10 萬首。克里普敦表示，「初音未來」的意思是「來自未來的第一道聲音」。

2　　從「魔耳牛鈴」（More Cowbell）穿過大廳到另一頭，它就位在「蜂蜜徽章」
　　（Honey Badger）的對面。

3　　不過，她確實和托瑞斯達成協議，因此得到購置攝影機、製作影片的經費，還
　　自己付錢領養了一隻貓。

4　　因為歐巴馬是人類，我認為他私底下在某個時候，真的唱過「或許打個電話給
　　我」。

5　　我認為有一條科學定律是，所有網路現象一定會在某個時點與星際大戰的宇宙
　　有所交集。

6　　我還是不明白「祕密情人」的意思是什麼，但我猜測，格雷斯潘先生的那句話
　　簡單扼要地總結了，他的生活可能遠比我的精采。

7　　顯然，在 BBC 上發表評論的觀眾，層次遠高於我瀏覽的大部分網站。

8　　讓我不敢置信的是，凱斯‧奧伯曼（Keith Olbermann）和瑞克‧桑切斯
　　（Rick Sanchez）雙雙在自己的 MSNBC 和 CNN 的節目裡，播放了我的嘲諷
　　混搭影片。奧伯曼評論道：「這位先生或女士，您實在是吃飽太閒。」我一定會
　　把這句話刻在我的基碑上。

9　　一開始，有人得知阿路許是以色列人後，就指控他是以色列情報特務局的特務
　　人員。但是這股反彈聲勢很快就消退。「兩天後，沒有人在意這個，」他說。
　　「很多人寫信給我說，『我恨你。我恨你的國家。我恨猶太人。但是這真的太爆
　　笑了，我一定要轉傳分享出去。』」

10　在那些想要把影片分享給父母的年輕人的要求下，阿路許做還了一個沒有跳舞
　　女郎的版本。

（（4））

熟悉的陌生樂音

▶|

人稱「魯米納提」（Lunimati）的吉安尼・尼卡西歐（Gianni Nicassio）在為樂團找尋靈感時，經常會搜尋其他國家的熱門音樂排行榜，尋找可能最後會打進北美的歌曲。他最新發現的歌曲，還沒有在美國或加拿大流行，但是在比利時和澳洲已經得到一些關注。他一聽就立刻愛上那首歌。「吉安尼走進房間後說，『你一定得聽聽這首歌。它和時下電台播的所有音樂真的都不一樣。它實在很酷，』」他的團員莎拉・布萊克伍德（Sahrah Balckwood）回憶道。「『它會紅，我們一定要翻唱它。』」

魯米納提和音樂夥伴萊恩・馬歇爾（Ryan Marshall）在2006年創立地球漫步樂團（Walk Off in the Earth），並在安大略省伯靈

頓市精挑細選了頂尖音樂人組團。魯米納提和我說，「我們就像那種稀鬆平常的地方派對樂團。」他們是經驗老到的表演者，但在白天都有正職。馬歇爾的正職是銷售衛浴配件和馬桶。

　　魯米納提曾遇過一名歌手，用重金屬音樂翻唱女神卡卡的歌曲，雖然他的表演不是很有創意，卻在 YouTube 上吸引了大批觀眾。地球漫步樂團也在 YouTube 發布表演影片，但是得到的關注卻差得遠了。那名歌手告訴他，粉絲對於他們喜歡的音樂，會去找不同的版本來聽，藉此與愛曲深深連結。「這話讓我靈機一動，」魯米納提說，於是，他們開始上傳熱門流行歌曲的非傳統演奏版本。他發現，翻唱曲想要吸引注意，需要找到一個原創角度。例如他有個構想就是，改天他們錄一首歌時，全部的人都同時彈同一把吉他。

　　他把那首會紅的歌的事告訴布萊克伍德和其他團員，是2012 年初的事。那首歌是澳洲的高堤耶（Gotye）的作品，歌名叫做「熟悉的陌生人」（Somebody That I Used to Know），這時魯米納提終於找到可以實現構想的歌曲。樂團花了一週左右作曲、編曲，用一天練習各人的分部，然後拍片。魯米納提夾在負責主歌和其他吉他分部的布萊克伍德和馬歇爾中間，高聲唱著副歌。在最外側有喬‧卡薩迪（Joe Cassady），負責打擊，敲打或拍打吉他的桶身，還有後來以「大鬍子先生」這個名號而小有名氣的麥克‧泰勒（Mike Taylor），面無表情地撥著吉他琴頭上的弦。五個大人同時彈奏一把木吉他是艱鉅的挑戰，那支影片拍了 30 個鏡次，一直錄到凌晨兩、三點。「情況非常讓人氣餒，」魯米納提

回憶道,「就像大部分影片,最後氣氛變得火爆或類似那樣的感覺。尤其是要像那樣你擠我、我擠你地緊挨著。」

按照魯米納提的標準,那場錄音「有點草率粗糙」,布萊克伍德還說,如果你仔細聽,甚至可以聽到完成版背景有打字聲,但他們還是把它發布在 YouTube。不到六個小時之後,樂團一覺醒來,發現晨間廣播節目正在播放他們的翻唱歌曲。那一天,影片的觀賞次數將近 100 萬。樂團因為太快就上傳音樂,甚至來不及完成歌曲上架銷售的註冊書面作業。一陣慌亂之間,魯米納提打電話給幫他們處理發行事務和其他多如牛毛瑣事的那家公司。「我是那支你可能剛剛已經看到的影片裡的人,」魯米納提這麼對接電話的那個人說。對方確實已經看過那支影片。那首單曲很快就在 iTunes 上架銷售,一週後登上加拿大的熱門歌曲排行榜首,影片觀看次數在第一個月就翻了五十倍,成為該年度最受歡迎的翻唱曲,以及 YouTube 熱門影片第二名。

人氣飆升五、六天後,樂團接到高堤耶本人的電子郵件,恭喜他們有這麼酷的影片,並提議一起寫首歌。這位在比利時出生的澳洲音樂家正要迎接他自己的熱潮。在接下來的幾週,「熟悉的陌生人」在超過二十國登上熱門音樂排行榜第一名的寶座,人氣一路延燒,最後成為 2012 年的暢銷單曲。亮眼的成績背後,當然有網路瘋潮幫忙推一把。

在淹沒 YouTube 的許許多多「熟悉的陌生人」翻唱裡,地球漫步樂團的版本是最早的一支,而粉絲的創意已經成為這首歌的部分傳承物。那一年,高堤耶甚至發布一支影片,彙集這首歌

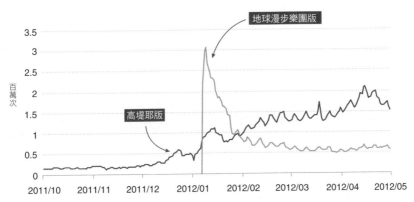

「熟悉的陌生人」每日觀看次數統計表

所有受歡迎的翻唱版本，影片標題為「這些人：YouTube 管弦樂團」（Somebodies: A YouTube Orchestra）。

　　地球漫步樂團以更多配器奇特、概念異想天開的翻唱曲和原創影片，擄獲了數百萬閱聽觀眾，親自與他們龐大的網路粉群建立關係，而不同於魯米納提所說的「唱片公司樂團」，完全仰賴唱片公司的發行和宣傳。「我們可以在全世界任何國家，號召2,000 人齊聚一堂，做巡迴演出，這實在很棒，因為其中有很多國家，我們的歌不曾在當地電台播出，」魯米納提說。我們在電話上時，魯米納提和布萊克伍德正坐在豪華禮車裡，要前往機場，搭機到魁北克演出。他們最近才從丹麥、比利時、法國和英格蘭的巡迴演出歸來。那時，樂團的每個人早已辭掉白天的全職工作。尤其是馬歇爾，他不再賣馬桶了。

　　網路環境把他們推進人生完全不同的一幕，現在的地球漫

步樂團可不再是「那種稀鬆平常的地方派對樂團」了。雖然他們也不是你所想的那種主流搖滾樂團。他們成為另一種難以形容的類別，但在這個粉絲與藝人的創意界線已然變得模糊的音樂新世界，他們卻能悠游其中，渾然有如天成。

在愛迪生發明留聲機之前，要在音樂會現場以外的場合重製音樂體驗，看似是不可思議的事。甚至，按照愛迪生原來的想法，他的發明是為了記錄口述文字之用，用以改進我們聽打文字的能力。在那之前，音樂只能在交響樂團、歌劇院、土風舞會和教堂現場演奏。人是音樂演出的出席者和參與者。美國民謠之父史蒂芬‧佛斯特（Stephen Foster）的音樂很少有專業演出，像「康城賽馬」（Camptown Races）和「肯塔基老家」（My Old Kentucky Home）等歌曲，必須透過鋼琴、吉他或人聲重新演繹，但在美國各地卻是家喻戶曉。[1] 這種感傷輕音樂類型歌曲是透過樂譜和手寫方式流傳，以確保業餘者在演唱或演奏時聽起來有模有樣。在那個時代，音樂的現場表演與音樂本身是分不開的。

錄製音樂的出現改變了一切。有了留聲機，任何人都可

以欣賞最出色的表演者和作曲家的作品，雖然不是人人都樂於見到這樣的發展。1908 年，約翰·菲利普·蘇沙（John Philip Sousa）發表了〈機械音樂的威脅〉（The Menace of Mechanical Music）這篇相當驚人的文章，宣告音樂體驗的死亡，死因是大眾參與的式微。音樂裡沒有人。「音樂帶我們領略這個世界的美，」他寫道。「我們不要讓一部機器扼殺了音樂，不要任它日復一日地講述故事，沒有變化、沒有靈魂、全然缺乏人類天生獨具的喜樂、熱情和真摯。」

儘管蘇沙如此憂心疾呼，錄製於實體媒介的音樂仍然很快就打開市場，但也隨之出現其他限制。七十八轉黑膠唱片（以及取代七十八轉的知名四十五轉唱片），每面只能儲存大約 3 分鐘的音樂，因此二十世紀初期的流行歌曲，長度大部分都短於 3 分鐘，以利發到電台和點唱機播放。

「音樂」的定義取決於音樂得以發行流通、籌措資金的時下技術和經濟因素。如果歌曲的定義是能夠反覆重現的 3 分鐘聽覺體驗，這樣歌曲現在還是體驗音樂的理想方式嗎？或者只是音樂技術百年發展的產物？我們正在尋找答案的路上。今日的視聽影音平台廢除了過去的限

制，技術如何改變音樂的體驗，再次在我們眼前上演，但這次是在 YouTube 上。MTV 是在 1980 年代起頭的事物，由網路影片接力，自然發展，最後讓視覺與聽覺緊密結合，無法切割。但是，把數位時代的音樂簡化成 MV 的演化，嚴重低估了目前發展的影響力。我們創作、流通影片的新方法，讓我們回復音樂參與者的身分，這才是數位時代的音樂真正重大意義所在。

▶| 不由得你不信

2001 年，搖滾樂團 OK Go 舉辦了巡迴演出，發了熱門單曲「忘了吧」（Get Over It），還準備與鼎鼎大名的 MV 導演、後來執導電影「飢餓遊戲」（Hunger Games）的法蘭西斯・勞倫斯（Francis Lawrence）合作，親自演出 MV。「我想，我們的拍攝檔期就擠在威爾・史密斯和小甜甜布蘭妮之間，也有可能是紅粉佳人（Pink）之類的，」OK Go 的主唱達米安・庫拉什（Damian Kulash）告訴我。「這是不得了的大事。能請到他，簡直是石破天驚。砸大預算，花兩天拍攝，那部攝影機還得過某座奧斯卡獎項。這是大張旗鼓的大事件。」那將會是他們的第一支 MTV 熱門歌曲，但是他們最有名的影片，看起來一點也不像是法蘭西斯・勞倫斯的製作。

　　在他們拍攝「忘了吧」之前，庫拉什已經算得上是拍 MV
的老手。他和妹妹翠許‧西耶（Trish Sie）在華盛頓特區成長，他
們用爸媽的攝影機為喜歡的歌曲自製 MV。「我記得我曾幫『嗆
辣紅椒』（Chili Pepper）的『血糖性魅』（Blood Sugar Sex Magik）專
輯裡的某首歌拍過影片，」庫拉什說。「我們帶著攝影機在街上
到處轉，然後說『去站在那個信箱旁』或之類的，反正就是到處
閒晃瞎混。」他們按照劇本的場景順序錄下所有誇張的表演，等
到要為影片配音時，庫拉什就把音響放在攝影機旁邊播音。[2]庫
拉什也喜歡和他最好的朋友提姆‧諾德溫（Tim Nordwind）一起拍
片。這對好麻吉十一歲時參加夏令營結識彼此，在學校休假期
間，諾德溫會從他家所在的密西根州卡拉馬朱市（Kalamazoo）來
到華盛頓特區，和庫拉什廝混，一起製作各種愚蠢的影片，其中
也有 MV。

　　幾年後，庫拉什和諾德溫、丹‧柯諾普卡（Dan Konopka）、
安迪‧羅斯（Andy Ross）在芝加哥成立 OK Go 樂團。他們在出
道早期得到一個好機會，芝加哥公共電視台節目「芝加哥衝衝
衝」（Chic-a-GoGo）邀請他們上節目，表演當時唯一的歌曲「肉
桂唇」（Cinnamon Lips），那是首曲風輕快的歌。問題是，「芝加
哥衝衝衝」做不到真正的現場演出，樂團必須對嘴。「我們認
為，如果一定要對嘴，我們就要豁出去，奮力一搏，」庫拉什
說。他們聚在他的公寓，借助租來的一些「超級男孩」
（NSYNC）影片，挖空心思，編排了一支最荒謬的男孩團體舞
蹈。[3]為了第一張同名專輯巡迴演出時，他們經常用這首歌曲做

為壓軸，用來轉換因為獨立搖滾的嚴肅樂風而凝結的現場氣氛。

2005 年，等到他們為第二張「噢，不」（Oh No）巡迴時，每個人都熱切地想要保留這個招牌橋段，但他們不想用前一張專輯的歌曲為表演壓軸。於是，庫拉什請他那當時是專業國際標準舞者的妹妹翠許，來到洛杉磯助陣，為他們的單曲「百萬種方式」（A Million Ways）設計「更荒唐的舞蹈」。編舞耗費一週。這支舞，他們想要只用於現場表演，但大約在同時，他們從熟人那裡聽說，知名的法國導演米歇·龔德里（Michel Gondry）正為了某支影片來到城裡工作。「那個叫做肯伊什麼的饒舌歌手⁴，我們根本沒聽過這個人，龔德里為他做了那支驚人的大型舞蹈表演影片，」庫拉什回想道。「我們當時想到的是，『搞什麼？我們才是跳舞樂團！』不誇張，我們的『百萬種方式』影片根本是為了龔德里而拍的。」他們決心要讓龔德里捨那個叫肯伊的傢伙，來製作他們的影片，於是大夥兒在庫拉什的後院架起攝影機，表演翠許和他們一起編的舞。他們總共試了 4 次。「我們一直跳得不太好，到了第四次，還滿像樣的，於是我們說，『好了，這應該足以讓他認清，他應該和我們合作才對，』」庫拉什告訴我。他們把影片請朋友轉交。沒有人知道龔德里是否看到了影片。

相較於庫拉什和他的妹妹、好朋友小時候做的那些短片，那支一鏡到底、低解析度的影片，並沒有非常不一樣。目標觀眾的規模也相當類似。「我們本來不認為它是 MV，」他說。「我們認為它是一支為了好玩而做的荒唐粗濫影片。」樂團把影片附在電郵裡，發送給朋友，後來有人把它上傳到 iFilm.com 這個早

期的影片平台網站，影片立刻在網站上大紅大紫。於是，樂團有
了一個頓悟：「噢，我的天啊，這是 MV！」只是沒有人知道接
下來要做什麼。他們滿懷興奮地把它帶去唱片公司，卻被退件，
因為影片不合播放規格。「基於種種原因，它不符合電視的播放
規定，尤其是它的內容實在是太怪異了，」庫拉什說。與此同
時，它在網路上卻大受歡迎。[5] 很快地，粉絲開始製作自己的「百
萬種方式」影片版本，在自家後院、車道和學校體育館等地拍攝
自己模仿 OK Go 團員跳舞的影片。在今日，這種事相當稀鬆平
常，但在當時可是前所未聞。「我們的管理公司接到數百支影
帶，寄件人有的是『我住在巴西；這是我在我的婚禮上的影
片』，或是『這是我們學校在懷俄明州的才藝競賽』。影片來自
各地，」庫拉什說。「我們為了拍這支影片投入了時間、學了
舞，他們也為此投入時間學習，感覺就像是聲氣相通。」這些影
片有許多都上了網路，OK Go 最後透過 YouTube 舉辦了一場比
賽，選出最佳影片（優勝者是聖地牙哥的四個少女所組成的團
體）。當然，樂團心中最大的疑問是：他們意外創造出一支網路
熱門影片，如果換成刻意為之的話，也能成功嗎？

　　樂團想要為影片的無厘頭加碼，於是在翠許位於佛羅里達
州的家裡閉關，他們有八台跑步機為伴，目標是在沒有預算的情
況下，為「又來了」（Here It Goes Again）這首歌創作一支俏皮的
MV。他們拍了 17 次，可能還受了幾次傷，才完成繁複的舞蹈。
影片在幾個月後上了網，成為網路影片世界發展初期最熱門的影
片之一。沒有人敢相信觀看次數的數字。「我們做了跑步機影片

後幾個星期,還在想,『噢,可惡!我的墓碑上會刻著:那些踩跑步機的傢伙。』好像我們永遠甩不掉這件事,」庫拉什笑著說。已經搞懂如何因應病毒式流行場面的唱片公司,現在大力推他們的電台表演,接下來有如超現實般,MTV 邀請 OK Go 樂團在音樂錄影帶大獎(Video Music Awards)頒獎典禮現場表演那支舞碼(現場有跑步機)。「我記得我們坐在彩排現場,賈斯汀·提姆布萊克(Justin Timberblake)在台上演唱,我們就在空空如也的觀眾席等待我們的彩排時段,」庫拉什回憶道。「有個人坐在我後面,他一定是提姆布萊克的唱片公司的人,他傾身向前,對我說『好傢伙,我不知道我是該感謝你或是揍你。你們這些人他 X 地改變了整個產業。』就在那個荒誕的一刻,突然間,那成為 MV 的製作方式。」

他們成本低廉的自拍自製影片,一登場即轟動武林,改變了遊戲規則。但是「百萬種方式」和「又來了」所引發的迴響,也為藝術家點出重大新機會,讓他們的表達方式容允粉絲與作品產生更具意義的連結。或許,MV 不只是為了宣傳歌曲的行銷附屬品,MV 本身就是主要活動。

「又來了」發行後的幾年,OK Go 製作了揉合視覺幻象、機器人、一具龐大的魯布·戈德堡機器的影片,拍了 60 次才成功;以「不讓你失望」(I Won't Let You Down)為例,在日本拍攝超過 2,300 次,才完成無人機空拍艱難而漫長的拍攝任務。這些影片的感覺開始變得比較像表演藝術,而不是音樂影片。每一支都吸引了龐大觀眾,而他們喜歡觀賞、討論製作的精細繁複之處。在

我們談話之時，OK Go 剛發行「上下顛倒內外翻轉」（Upside Down & Inside Out）影片；這支影片是在以拋物線飛行的減重力飛機裡拍攝的。「十年來，每當我有機會為影片構想提案時，我都會講述三個構想，講完之後說：『或者，如果你想拍全世界最讚的影片，試試零重力，』」庫拉什說。可想而知，那支影片還是由庫拉什和他妹妹翠許執導。[6] 不過，比起與信箱糾纏，他們已經是不可同日而語。

　　OK Go 的影片，不管是外觀或感覺，都在在突顯了音樂錄影帶如何演進。從「百萬種方式」的偶然成功開始，貫穿樂團作品的美學就是，不管他們的影片有多麼特異或視覺表現多麼複雜，你都可以扎扎實實地感受到一個事實：庫拉什、諾爾溫、柯諾普卡和羅斯都是真人，影片內容都是他們親身去做的事。「我發現，我們真正需要的是對抗觀眾看影片時只管欣賞、不追究真假的心態，」庫拉什告訴我。「這愈來愈難做到，因為數位科技愈來愈精良，真實世界和電腦繪圖之間的界線已是如此模糊。我們必須非常努力留下線索，顯示這是真的，這是真的，這是真的，這樣大家才會有種驚奇感。」讓他的完美主義攝影團隊沮喪的是，庫拉什下達指示，允許像燈光和攝影機移動軌道進入畫面。在二十一世紀，特效和電腦製作的魔法，可以讓任何想像的構想在視覺上栩栩如生，有如真實世界。「如果沒有規則，沒有任何事值得嘆為觀止，」他說，「因此，如果我們能一清二楚地證實，『這是真實發生的事』，就能讓大家把奇觀看成一種可能

性，而非理所當然。」

　　樂團後來的 DIY 影片，層次已經大幅提升，相較於法蘭西斯·勞倫斯在 2002 年（就在他們展開網路影片冒險的三年前）所拍的那種簡單影片，即使相隔十年，勞倫斯的影片感覺還是大手筆而缺少人味。突然之間，為了光鮮亮麗而光鮮亮麗的製作，看起來相當……不酷。

　　人人都是 OK Go，我的意思是，沒錯，他們是不折不扣的搖滾樂團，但是 OK Go 粉絲與樂團影片互動的數位環境，與粉絲自製影片的地方是同一個。規則已經改變。OK Go 意外地向音樂世界證明，「音樂錄影帶」可以不只是宣傳品；它可以成為一種有機素材，在粉絲與音樂的互動交流上、粉絲對音樂的體驗裡發揮作用。庫拉什的作品證明，在一個人人都可以製作 MV 的世界，為自己的歌曲製作 MV 的樂團，以及為自己最愛的歌曲製作 MV 的粉絲，兩者之間並沒有寬到無法跨越的鴻溝。OK Go 製作的 MV，人人都做得出來，或至少人們會想像自己可以做得到，但是 MV 的創意水準和複雜度，卻是樂團匠心獨具。「要在任何地方一次蒐羅八台跑步機，都是一件困難的事，但重點不是我們拿到八台跑步機。重點在於如果你剛好有八部跑步機，你也可以做到這件事，」庫拉什說。「這仍然像是在說，如果你弄得到蘇俄太空人訓練機，你也可以做得到。」

　　曾經是尋常搖滾樂團的 OK Go，搖身一變成為多媒體創作者團隊，為我們的音樂體驗指出新方向。他們為粉絲建構的體驗，超越了 3 分 30 秒的立體聲錄音。沒錯，他們仍然是搖滾樂

團，但藉由設計，他們沒有搖滾天團給人的那種距離感。

　　新科技的運用驅使藝術工作者的創新策略保持切題，也讓音樂重新聚焦於一個特質：讓聽眾成為其中的一部分。事實上，這是音樂一開始在大眾生活占有特殊地位所憑藉的根本特質。

▶| **弗瑞沙普雷奇達奴麻，奴麻伊耶**

　　2004 年 12 月，在 YouTube 開站前將近六個月，紐澤西州馬鞍溪市（Saddle Brook）的十九歲青年蓋瑞・布洛斯瑪（Gary Brolsma），錄下自己跟著一首特異歌曲又唱又舞的影片。那首歌是他在某個網路論壇發現的。年份是 2003 年，源於羅馬尼亞，第二年即傳遍歐洲。雖然歌曲真正的名稱是「Dragostea Di Tei」（意為「椴樹之戀」），但是在網路上，不會說羅馬尼亞語的人都叫它「奴麻奴麻」（Numa Numa；意為「不想不想」）。

　　在很多人的記憶裡，布洛斯瑪的「奴麻奴麻」是最早的病毒式流行影片之一。在超過十年後的現在，它有時候仍然會冒出來，可能是因為有廣告導演懶得尋找更現代、更罕見的迷因，或是在有人需要快速理解早期網路世界時派上用場。例如，電視影集「重返犯罪現場」（NCIS）裡，團隊裡的年輕幹員熱心地把「奴麻奴麻」給他們頭髮灰白的主管吉布斯（Gibbs）看，解釋網路影片是怎麼一回事。吉布斯不覺得怎麼有趣。在當時，它就像一種啟示、一扇探見新事物的窗。道格拉斯・沃爾克（Douglas Wolk）在 2006 年的《信徒》（*Believer*）裡寫道：「人人都嘲笑扮演

星際大戰角色的小屁孩，人人都想成為唱『奴麻奴麻』的那個傢伙，享受那股渾然忘我的快樂，坐在椅子裡胡擺亂動，對嘴唱著一首他自己也不懂在唱什麼的愚蠢流行歌。」

O-Zone 的「Dragostea Din Tei」不曾登上美國流行排行榜，但是某個年齡層的年輕人都認得這首歌，這都要歸功於布洛斯瑪。這首摩爾多瓦語歐陸舞曲甚至出現在饒舌歌手 T.I. 一首蕾哈娜客串演出的歌曲。蕾哈娜在「過你的人生」（Live Your Life）裡的合唱，大量取材自「Dragostea Din Tei」。我第一次聽到時，幾乎要從椅子上跌下來。2008 年的兩位頂尖藝人合作一首歌，影響最鉅的，居然是一個在自己房間裡對嘴唱歌的十九歲年輕人？在當時，那感覺很怪異，今天看來卻非常合理。

布洛斯瑪在影片裡做的事，不是什麼驚天動地的創舉，它的開創性在於人人都可以觀賞並分享。在自己房間裡跟著一首歌熱情高唱，是樂迷的共同經驗，而現在這種經驗可以出名，與我們心中的某段音樂永遠結合。流行音樂文化現在取決於專業音樂圈之外的創意。YouTube 擷取個人熱愛音樂、享受音樂的小確幸，讓它們變成那一曲音樂普世體驗的一部分。

你可能很早就感受到，像 YouTube 這樣的平台，具有一股強大的力量，能把尋常的粉絲行為變成可以重製的藝術形式，例如對嘴配唱成為自製音樂錄影帶之王已經多年。技術上來說，「對嘴」的聲音是在後製階段時混入。不過，大部分人想到對嘴，想到的是在精心編舞、一次到位的布景下，有一群不同的人

出現，唱一首歌的不同部分。這種對嘴表演源自 2007 年時聯合
事業（Connected Ventures，旗下包括 CollegeHumor 和 Vimeo），
員工下班後在辦公室閒來無事，出於好玩，創作了第一支對嘴影
片「哈維危機」（Harvey Danger）樂團的「旗桿」（Flagpole Sitta）。
他們的對嘴影片給了企業、高中和大學裡數千人靈感。2011 年，
密西根州大急流城（Grand Rapids）封閉市區，讓 5,000 個人對嘴
演出唐‧麥克林（Don McLean）的「美國派」（American Pie），這
項創下紀錄的對嘴表演，是對《新聞週刊》（Newsweek）報導的回
應，因為它把大急流市封為美國「垂死城市」之一。那支影片裡
有警官、消防員、體操選手、一場婚宴、一座冰雕、美式足球
員、啦啦隊員，和一支軍樂隊，納涵了這座城市及其他類似城鎮
諸多的生活面向。影評人羅傑‧伊伯特（Roger Ebert）稱它是
「史上最偉大的音樂錄影帶」。

　　我想，人類對嘴唱歌以娛樂彼此，應該有幾千年的歷史
了。這是一項廣受歡迎的國際消遣，而為了減少異國文化的影
響，前土庫曼總統（在瘋狂名人堂裡也是一號人物）尼亞佐夫
（Saparmurat Niyazov）甚至真的曾經禁止在公開場合、電視上、婚
禮裡對嘴配唱。我至少從九歲開始就在對嘴唱歌，為了在我的四
年級班上大出鋒頭，背下「標籤天團」（Tag Team）的「唉唷！
（這就是了）」〔Whoomp!（There It Is）〕全部歌詞。我不確定自己
是否曾贏得任何小學同窗的愛慕，但這項招牌秀讓我得以透過我
所熱愛的音樂表現自己 [7]，即使我本身沒有什麼音樂才華。

　　影片平台讓所有人都能把這個概念提升到另一個層次。

十五歲的芝加哥少年基南‧卡希爾（Keenan Cahill）對嘴唱凱蒂‧佩芮（Katy Perry）的「青少年之夢」（Teenage Dream），是我在 YouTube 負責追蹤動態時期最早的熱門影片之一。卡希爾用筆記型電腦的攝影機，在家裡為他喜歡的歌曲製作影片。他天生患有罕見的第六型黏多醣症，而他誇張的五官，以及鏡片後面的凝注眼神，讓他對流行熱曲的熱情演繹魅力無法擋。凱蒂‧佩芮親自推文道：「@KeenanCahill，我聽到你的歌了。」很快地，藝人和他們的經紀人開始直接傳訊給卡希爾，於是有了後來的合作，像是饒舌歌手五角（50 Cent）和卡希爾一起對嘴唱他在傑雷米（Jeremih）的「Down on Me」裡的部分。接下來的幾個月，卡希爾在不同的臥房、旅館房間和客廳，與小賈斯汀、笑本部、傑森‧德魯羅（Jason Derulo）、里歐‧強（Lil Jon）、大衛‧庫塔（David Guetta）、舊金山巨人隊、尚恩‧金斯頓（Sean Kingston）一起拍片，有一段影片是和電視影集「玩咖日記」（Jersey Shore）裡的 DJ Pauly D 同台，或許可以做為流行樂文化年表裡卡希爾旋風興起的標記。

對嘴及一般的粉絲音樂錄影帶，成為網路低傳真音樂體驗和主流音樂娛樂世界的奇特交集，而且融合程度正在逐漸增加。

在卡希爾首度展開對嘴冒險後將近五年，有線頻道史派克（Spike）首次推出「對嘴大賽」（Lip Sync Battle），這個節目系列是根據吉米‧法隆的「今夜秀」節目裡一個非常受歡迎的單元而來，也就是由名人登場的流行歌曲對嘴表演。史派克頻道的「對

嘴大賽」是該電視網有史以來評分最高的無腳本首映節目，推出超過十種國際改版。

「對嘴大賽」的構想來源是，演員約翰・卡拉辛斯基（John Krasinski）、他的妻子女演員愛蜜莉・布朗特（Emily Blunt）和喜劇演員史蒂芬・默錢特（Stephen Merchant）有回一起搭車，那時卡拉辛斯基即將上法隆的節目亮相，於是他們一起為他想點子。「要是我們演出『街頭痞子』（8 Mile），不過是用對嘴呢？」卡拉辛斯基問默錢特，默錢特建議他們在車子裡先試試看。在試演過萊諾・李奇的「漫漫長夜」〔All Night Long（All Night）〕、威爾・史密斯的「轟！震撼全場」（Boom! Shake the Room），和黑街合唱團（Blackstreet）的「無所疑」（No Diggity）之後，節目構想就此誕生。「儘管聽起來很老套，但是神奇的事發生了，」卡拉辛斯基告訴《紐約時報》關於他在「今夜秀」初登場的表演。「吉米轉過來對我說：『噢，我的老天鵝，這會很轟動。』」

卡拉辛斯基沒有發明什麼新花樣；他只是找到一種方式，把對嘴表演的網路熱度引入電視。「網路盛行的對嘴表演文化，和『今夜秀』完全沒有關係，」節目執行製作人凱西・派特森（Casey Patterson）在《娛樂週刊》（*Entertainment Weekly*）上表示。「泰勒絲會發布她在車上對嘴唱別人歌曲的影片。人人都喜歡。總之這就是流行文化的一種現象。」

布洛斯瑪、卡希爾、卡拉辛斯基分享的藝術（它確實是藝術）一開始聽起來或許是模仿，也沒有原創性，事實上極具表達力，又個人化，讓我們與音樂的個人連結，變得幾乎和音樂本身

一樣銘刻在記憶裡。因為對嘴不只是關於我們，也不只是關乎音樂，同時涵蓋了我們對音樂的體驗。它們提供了一種機制，以更深入的方式，把我們熱愛的音樂引入生活。要做到精準對嘴或配音，需要大量的聆聽和跟唱，從這點來看，這類影片是我們與來源素材之間關係更深進的真實體現。

YouTube 對嘴影片受到高度歡迎，背後隱涵的是大眾在網路上藉熱愛音樂以表現自己的方式，出現更大的轉變。YouTube 把這些表現從個人臥房、教室和社區舞蹈會堂，搬到流行文化舞台的中央。閱聽觀眾對音樂的回應，變得和音樂本身一樣重要。不久之後，音樂的成功將取決於前者。

▶| 「熱門」的定義

編舞家緹安・金恩（Tianne King）在做舞蹈教學時，學生的目光通常會在她和她兩歲的女兒哈雯（Heaven）之間來回切換。在教室角落的哈雯，似乎學會了全部的舞步。緹安開始在她的YouTube 頻道發表她和哈雯共舞的影片，觀眾幾乎也和她的學生一樣，都喜歡看哈雯跳舞。她的影片吸引了許多觀眾，她們後來還接獲艾倫・迪珍妮的邀請，上節目表演。那段表演的觀看次數累積將近 1 億次。不過，哈雯和緹安在流行文化上最大的貢獻，出現在幾年之後，那就是與亞特蘭大的十七歲饒舌歌手瑞奇・霍克（Ricky Hawk）的合作。

霍克當時仍在就讀高中，在歌唱和舞蹈頗負盛名。2015 年

1 月，他和他的製作人「波羅達製作人」（Bolo Da Producer）在網路上發表一支單曲，曲中引用了幾種流行舞步。藝名 Silentó 的霍克，把歌曲取名為「看我的（啾／不要不要）」〔Watch Me (Whip/Nae Nae)〕。有別於一般慣例的是，霍克有長達六個月的時間沒有發行真正的 MV。他沒有必要製作 MV，因為有很多人代勞。

霍克慣用的獨立發行商，合作對象是 DanceOn。DanceOn 成立於 2010 年，是由大 1,200 名 YouTube 舞者所組成的網絡。它舉辦「#WatchMeDanceOn」活動，祭出獎賞，號召「有影響力的」舞者，為這首歌曲製作影片。專業舞者與業餘舞者紛紛以這首歌為主題製作影片，吸引了數億次觀賞次數，這首歌也開始變得活躍。Silentó 的官方 MV 終於在 6 月問市，霍克和他的團隊融合了所有舞者製作的影片，包括由緹安編舞、當時五歲的哈雯演出的版本。霍克甚至邀請哈雯與他一起入鏡。小哈雯版「看我的」MV 成為 2015 年 YouTube 最熱門的發燒影片，反觀 Silentó 的官方版 MV，只排到突破 10 億觀看次數門檻的第二十九名。霍克認為，歌曲的成功有部分要歸功於 DanceOn 活動的推波助瀾。為這首歌創作的所有舞蹈，都讓這首歌變得更加壯大，遠遠跳脫地下嘻哈歌曲的格局。

儘管以舞蹈基礎的娛樂在主流媒體史上有它的光輝時刻，網路影片輪番加碼出頭的競爭氛圍（所有人的舞步都看得到，因此可以分享、模仿和改良），把這項藝術形式推到潮流最前線，創造新星，而最值得注意的是開闢出一條新徑，讓我們能夠以更

積極活躍的方式，形塑、參與流行音樂。「看我的」就是這類熱
門音樂中的一首。[8] 今天，一支流行舞蹈不只能賦予粉絲參與的
管道，幫助他們與新歌建立連結，也能發揮推榜的實質作用。

　　《告示牌》（*Billboard*）雜誌與 YouTube 的關聯，始於 2011 年
開設的 YouTube 專屬排行榜；直到 2013 年 2 月，串流資料才引
入著名的「告示牌百大單曲榜」（Billboard Hot 100）。這是個耐人
尋味的時刻：新的音樂排行方法開始融合網路影片活動。
　　幾週之前，一名十九歲的大學生（YouTube 代稱為「Filthy
Frank」）與朋友在一起閒混，有人開始播放布魯克林某位不知
名 DJ 所播出的一首重低音舞曲。節奏一落，他們全都開始瘋狂
起舞。不用說，在他的一支影片裡，他和他們的朋友都穿上色彩
繽紛的彈性連體衣，重現那一刻。在看過 Filthy Frank 的影片
後，澳洲有一群玩滑板的年輕人，創作了自己的演出版本。其中
一個站在房間中央，戴著摩托車安全帽，扭腰擺臀，與此同時，
其他人安靜地散坐在各個角落。突然之間，節奏戛然而止，鏡頭
跳接到全屋子的人瘋狂擺動的畫面。有個人只穿著內衣盡情揮
舞，還有人站在椅子上扭屁股。於是，「哈林搖」就此問世。模
仿者紛紛出現，包括自造者工作室的共同創辦人羅安・艾瑞克森
二世（Rawn Erickson II），他硬逼著同事一起在寬敞的洛杉磯辦公
室製作了哈林搖影片。一週內，幾乎矽谷裡的每一家公司都上傳
了類似的影片，而且一支比一支令人犯尷尬癌。[9] 我是「哈林搖」
影片狂潮襲捲 YouTube 的目擊者。（在此特別一提，讓我的紐約

友人大失所望的是，影片裡真正在跳正宗哈林搖舞蹈的人非常少）到了 2 月中，每天大約有 1 萬多支哈林搖影片上傳。有大學游泳隊，有的是軍校生，有的是婚宴現場。音樂二人組「麥特與金」（Matt and Kim）還在一場音樂會裡，與所有樂迷創作了一支哈林搖。最受歡迎的影片是由一群挪威阿兵哥所拍攝，觀看次數破 1 億次。就連籃球巨星詹皇（LeBron James）、韋德（Dwayne Wade）也和整支邁密熱火隊在更衣室裡拍了哈林搖。我看過來自各大洲的哈林搖影片。（呃，幾乎是每一洲啦，如果我們把在南極洲的南冰洋岸上拍攝的影片也算進去的話）不少人因為拍哈林搖被炒魷魚，包括被指控違反安全規定的一群礦工。今日，YouTube 上有超過 200 萬支哈林搖相關的熱門影片，總觀看次數累計超過 30 億次。

　　對這一切可能最傻眼的人是誰？正是創作那首歌曲的布魯克林 DJ 鮑爾（Baauer）。當時二十三歲的鮑爾，真名為哈利・羅德里格斯（Harry Rodrigues），是位音樂製作人。這首歌對鮑爾來說，算是「驚喜的插曲」。他在威廉斯堡（Williamsburg）的私人公寓裡創作了這首歌，並上傳到網路。這首歌後來被迪波洛（Diplo）的唱片公司 Mad Decent 旗下品牌挖掘，在某些社群引起不小的騷動。但是鮑爾不知道，從饒舌樂團 Plastic Little 十年前一首歌擷取的「現在就來哈林搖」這句指令，會吸引數百萬名追隨者。與其說他創造了「哈林搖」現象，不如說「哈林搖」造就了他。但他並沒有打算一夕成名，也沒想過自己會上「早安美國」（Good Morning America）節目。「我淺嘗到在同溫層裡有一首

歌的感覺，但我真心告訴你，我很慶幸它只發生一次，」他告訴音樂網站 Pitchfork，「我並不想要沾惹這一切。」

　　無論鮑爾是否想成為迷因，從 YouTube 化的新版百大單曲排行榜開張第一天以來，他的單曲就直衝冠軍寶座，讓他成為第一個首次位居高榜位的無名藝人。這首歌上榜長達 36 週。「近來，『暢銷金曲』的精確定義不斷在變化，」《告示牌》雜誌編輯總監比爾・維爾德（Bill Werde）在該公司的聲明裡表示。儘管《告示牌》計算排行方法的變動，是為了更適切反映大眾尋找熱門音樂的新方法，它在第一週便展現了：大眾參與音樂的方式已經開始重新定義流行暢銷金曲的特質這個事實。

　　說來奇特，「看我的」和「哈林搖」的樂曲本身變得不那麼重要；重要的是它們啟發粉絲創作的那股強大風潮。它們已經不只是歌曲，而是平台，讓粉絲能夠憑藉創意參與一項更廣大的運動。[10] 這種種趨勢不只讓我們看到，今日運用影片參與音樂的微小舉動，能發揮多麼強大的影響力。即使是像跟著音樂唱和、或是隨著音樂起舞這樣的小事，都是在創造新的音樂體驗（或許是重溫舊體驗），而這些都不再屬於周邊活動或對音樂的回應，而是音樂體驗的核心。如今，最耀眼的明星運用我們在網路上自由分享的影片、圖像和對話，與我們共同創造了本世紀最具決定性的音樂群像。

▶| **超級女生：一人撐起一片天**

有五位超級女星運用了藝人、粉絲、音樂和數位時代藝術之間的關係，建立了她們所處時代最經典的音樂體驗。關於粉絲創意和互動如何改造流行音樂體驗，她們都有不同的課題讓我們學習。

女神卡卡

稱霸 2004 年的冠軍單曲，全曲幾乎是亞瑟小子不斷唱著「Yeah！」（好耶！），而他的搭檔則在背景大叫「WHAT！」（什麼！）和「OKAY！」[11]，若從這點來看，一個人如果想要同時變成流行天王巨星和前衛藝術家，這個想法似乎相當不靠譜。但是，女神卡卡找到方法，借助於新社群媒體和她的粉絲大軍「小怪獸」（Little Monster），成功實現這個目標。

2008 年，女神卡卡發行第一張單曲和第一張專輯的那一年，召集了一群人，一起做腦力激盪。「我找來所有最酷的藝術家朋友，我們齊聚一堂，」她後來回想道，「我說我想要我的臉發光，或是說我想要讓我的手杖發光，或是我想要做一副呆呆的太陽眼鏡。」這群人後來成為女神卡卡的個人創意團隊「卡卡之家」（Haus of Gaga），團隊成員包括設計師、造型師和藝術家，從女神卡卡世界巡迴演唱會令人嘆為觀止的布景，到 2010 年 MTV 音樂錄影帶大獎頒獎典禮上，她登台時身穿的那件荒唐的生肉裝，都出自他們之手。

2009 年的「羅曼死」（Bad Romance）音樂錄影帶，裡頭的奇裝異服和設計是卡卡之家第一件真正的傑作，那支音樂影片成為該曲發行當月網路上觀賞次數最多的影片。它完美地總結了女神卡卡結合藝術的視覺元素與實際音樂的能力。「2008 年夏天，我的高一剛結束，在某人家裡的派對上，我聽到『舞力全開』（Just Dance），」2016 年，一個標榜自己是老骨頭的「小怪獸」在流行雜誌《Nylon》的訪談裡說，「我當下就知道我喜歡這首歌，但是一直等到我在 YouTube 看到 MV 之後，我才真的迷到走火入魔。」但是，這不只是 MTV 2.0。在社群媒體的年代，卡卡之家製作的所有事物，都餵養著女神卡卡網路世界的大批軍團，還有他們狂熱、全年無休的聯絡網。尤其，影片會一再被分享、解構和重看。女神卡卡的粉絲成為合作夥伴，用她最新的創作在粉絲的社群媒體上洗版（尤其有許多小怪獸天生喜愛創作藝術），或是把她的美學和音樂放進他們自己的影片、藝術作品或設計，快速而頻繁地讓大眾接觸到女神卡卡的藝術。「在我眼中，我的作品是一系列的影像，就像時尚採集，就像一部電影，但沒有故事，」女神卡卡在 2011 年一場關於卡卡之家的訪談裡說到，「故事不重要；故事是你，粉絲才是演出的故事。」

粉絲回應女神卡卡的詮釋，成為網路上最強大的粉絲團之一。它不同於在我中學時代流行的男生團體狂熱；她的小怪獸不單把她當偶像，還以她、她的藝術和驅動她的創作的觀點為中心，打造了一個社群。女神卡卡的卡卡之家和粉絲結合了音樂、視覺藝術和社群媒體的力量，創造出一種體驗，挑戰社會規範，

接納門外漢的身分，並讓她的音樂感覺像是一場更為盛大的運動裡的核心。要複製女神卡卡旋風幾乎是不可能的事，不過多年之後看來，粉絲與藝人，以及粉絲之間，透過影片和媒體在網路建立連結，或許當時看似只是一時的風潮，現在卻成為流行音樂恆常的固定條件。女神卡卡手臂上的「小怪獸」（Little Monsters）刺青，彷彿更進一步伸張了這個觀點。

凱蒂・佩芮

講到創作大眾喜愛的 MV，很難有人能與凱蒂・佩芮相提並論。自 2008 年以來，她的官方影片累計的觀看次數超過 100 億次。關於如何運用影片、社群媒體建立音樂和粉絲之間的關係，佩芮是最早理解箇中門道的明星之一。她會主動分享幕後花絮、直接回應粉絲（和討厭她的人）、為理念挺身而出，她會讚揚她喜愛的音樂和影片，也會講笑話。她之所以能成為推持上最多人追蹤的人氣女王，是有原因的。

在 2010 年代，粉絲與音樂最顯著的連結方式，也因為佩芮而蔚為風潮，那就是專業歌詞影片（lyric video）。歌詞影片（即影片畫面會隨著歌曲的播放打出歌詞）一開始是由樂迷上傳，做為與他人分享自己喜愛樂曲的工具，例如在無法取得官方影片之時，或是做為個人的致敬形式。最早採行這種做法的藝人，通常是宗教音樂的樂團和歌手，佩芮是第一個發行官方歌詞影片的一線歌手，最早可追溯至她早期的熱門金曲「花漾年華」（Teenage Dream）、「加州女孩」（California Gurls）。[12] 之後，佩芮和她的團

隊的創作已經是創新、獨樹一幟的娛樂，最重要的是成為一項工具，讓粉絲能深度參與她的音樂。

官方歌詞影片是一項完全與網路行為相投合的創新，在現今流行單曲的週期裡，扮演了重要角色。當歌曲一開始受到注意，藝人和他們的唱片公司在投入完整 MV 製作之前，會先推出官方版歌詞影片。它們有助於維持話題的熱度，並讓粉絲易於轉發並討論歌曲。到了 2015 年，藝人為歌詞影片發行預告片已經不是什麼稀奇事。小賈斯汀的「什麼意思？」（What Do You Mean?）甚至在預告片、歌詞影片和官方 MV 之間，穿插發了 5 支短片。

歌詞影片還有另外一個目的：幫助粉絲學會歌詞。（各位，那些對嘴歌者是不會無師自通的）就像佩芮自己在某支歌詞影片裡對粉絲說的：「唷！學會這些歌詞，讓派對一直熱下去，不管你是誰，全都能表演！」一點也沒錯。

歌詞影片也是為了促進大眾對喜愛歌曲的參與，在字義層面如此，在數位層面亦如是。歌詞影片曾經只是粉絲活動，現在已經成為現代音樂的必備元素，這都要感謝有個人，打從一開始就理解，大家想從流行體驗得到什麼。

碧昂絲

關於碧昂絲的 MV 和它們的影響，從史詩敘事的視覺專輯「檸檬特調」（Lemonade），到象徵經典的「玩美無罪，單身萬歲」（Single Ladies），真要細數起來，講都講不完。但是，我想要

特別指出，當大眾能接觸到全球各地的創意表現，對於流行文化所產生的形塑力量，影響所及甚至包括最主流的表演者，而碧天后正是一個例子。

　　許多藝人都在 YouTube 蒐羅創作的靈感，碧昂斯是擅於此道的高手。例如她和她的編舞者小法蘭克・蓋森（Frank Gatson Jr.）花了兩個月，追蹤她在 YouTube 發現的莫三比克舞蹈團體「Tofu Tofu」。她請 Kwela 和 Xavitto 這兩名舞者親自教她，並邀請他們在「女人我最大」〔Run the World（Girls）〕的 MV 中演出。潘蘇拉風格（Pentsula；南非街頭舞蹈，為祖魯語，意為「搖擺如魚得水」）的舞步成為那支 MV 的主調。「大家都說，『分享光亮讓你加倍閃亮』，我們與許多新興創意人分享我們的光亮，」蓋森告訴 MTV 台，「我們真的做到了。我要再次向 Tofo Tofo 致敬，因為我們沒有人可以模仿他們的舞蹈。」

　　在我看來，碧昂絲的傑作是 2014 年的「7/11」。不同於法蘭西斯・勞倫斯「女人我最大」的壯闊沙漠場景，也不似創作、掌握「玩美無罪，單身萬歲」需要動用到四十人製作團隊，「7/11」是用智慧型手機拍攝（具體地說，是三星 Galaxy Alpha 手機）。那支影片由碧昂絲和她令人驚艷、才華洋溢的舞群主演，一伙人在洛杉磯的閣樓公寓裡閒晃漫遊，它最終的核心也是在向 YouTube 致敬。

　　那年稍早，碧天后和我一樣，都深受嘉布里耶・瓦倫切亞諾（Gabriel Valenciano）在影片的大膽嘗試所吸引。布里耶來自菲律賓，是一名專業舞者／表演工作者，他是音樂家蓋瑞・瓦倫切

亞諾（Gary Valenciano）之子。布里耶在為他要分享的超級極短片尋找新構想，於是在住家創作了一系列經電腦剪輯的傻氣影片，將他的個性和舞蹈風格表露無遺。這些一如他自己所稱呼的「超級自拍照」在 YouTube 和 Instagram 上走紅。碧天后的團隊和他聯絡，說她想要依樣畫葫蘆拍一支，於是他們延請他擔任顧問，協助創作後來許多被公認是年度最佳 MV 之一的這首歌。

雖然「7/11」是從別人已經發明的方法汲取靈感，但它最終成為碧天后個人風格和個性的完美展現。這個看似極不可能的合作下的產物，雖然是一種衍生，但仍讓人耳目一新。它超越了簡單的製作風格，創造出人人都能製作、但沒有人可以真正複製的成果。和碧昂絲素有的高品質製作相比，它或許顯得特異，但仍然給人百分之百、原汁原味碧天后的感受。

麥莉·希拉

麥莉·希拉從一開始就懂跨平台名人的遊戲規則，或許因為她是 YouTube 世代首位一線流行明星。回看 2008 年，在變成染金髮的瘋女之前，希拉正要從迪士尼人物孟漢娜（Hannah Montana）轉型，成為有獨立自我的表演者。她和她的朋友曼蒂·吉羅斯（Mandy Jiroux）在 YouTube 開了一個名叫「麥莉和曼蒂秀」系列節目。就像當時其他青少年的影像網誌，她們的影片多半在臥室拍攝，內容包括說笑話、回答問題和跳舞。那一年，她們接受來自電影「舞力全開 2」導演朱浩偉和演員兼舞者亞當·賽凡尼（Adam Sevani）發出的軋舞挑戰。這項挑戰後來醞

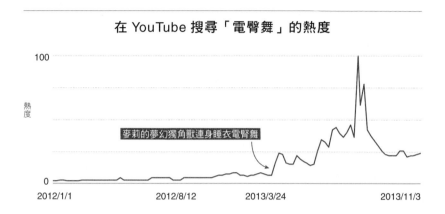

在 YouTube 搜尋「電臀舞」的熱度

熱
度

麥莉的夢幻獨角獸連身睡衣電臀舞

100

0

2012/1/1　　　　2012/8/12　　　　2013/3/24　　　　2013/11/3

釀成好幾回合的影片熱潮。隨著大批青少年觀眾在網路上追蹤影片，他們的舞蹈動線也變得更精細繁複，小小的競爭變成名人才藝大對抗，由各路當代巨星擔綱演出，包括查寧‧塔圖、亞當‧山德勒和琳賽‧蘿涵。

希拉對軋舞的安之若素、渾然天成（基本上，它最終是一部電影的宣傳活動），代表一種新類型主流藝人，他們不需要去推敲如何運用新媒介，而是憑著本能適應。你或許可以說，軋舞大戰預示了希拉在後續幾年間所發揮的奇特數位影響力。她獻給我們許多富創意的創新，甚至連網際網路的電臀舞瘋潮，都可以追溯到希拉小姐。2013年3月20日，希拉發布了一支黑白影片。影片中，她身穿著夢幻獨角獸連身睡衣，扭腰擺臀，隨著饒舌歌手佛羅‧里達（Flo Rida）和 J. Dash 的歌曲「WOP」起舞。

那年稍晚，希拉以最具說服力（也最令人不安？）的方式展現她打進網路世界的技巧。你或許還記得，她在「鐵球」

（Wrecking Ball）MV 裡全裸上陣，跨坐於建築工地機具。那支
MV 在發布的 24 小時之內，觀看次數就破 2,000 萬，成為當時
聲勢最浩大的影片首映。記得我有許多同事評論道，希拉做的所
有事，似乎都是為了創造最高的網路關注度而量身打造。他們說
得沒錯。不管好壞，希拉都示範了數位原生主流名人的力量。

卡莉・蕾・傑普森

2012 年 2 月，「派對男孩」（Big Time Rush）樂團成員與尼可
兒童頻道（Nickelodeon）同名節目藝人小卡洛斯・潘納（Carlos
Pena Jr.），在他的 YouTube 頻道發布一段低解析度的對嘴唱歌影
片，場景多半是在廚房，用的似乎是筆電的攝影機。這不是一支
MV，只是一群朋友的聚會。那群朋友是誰？小賈斯汀、席琳
娜・戈梅茲和艾希莉・緹絲黛爾（Ashley Tisdale）。小賈斯汀在加
拿大的廣播電台裡偶然聽到「或許打個電話給我」這首新單曲，
原唱者是二十六歲的加拿大歌手卡莉・蕾・傑普森。這首歌在美
國還沒有引起太多關注。他把這首歌封為他所聽過「最洗腦的歌
曲」，並轉給他的經紀人史谷特・布朗（Scooter Braun）聽。布朗
後來也成為傑普森的經紀人。

「或許打個電話給我」的爆紅看似莫名其妙，但是這首歌的
高人氣源自它的 MV。雖然這首最後發行了傳統 MV，但是有影
響力的年輕新星的自製影片，像是在對粉絲宣告，這是一首可以
和朋友一起唱的歌。拜網路影片之賜，和朋友閒混時高歌一曲，
有可能成為創意的社交活動。潘納和他的朋友為每個青少年製作

了操作手冊（講得好像這代青少年真的需要有人講解一樣）：找
一群朋友，找一台攝影機，對嘴唱傑普森的歌。在接下來的幾
週，對嘴唱「或許打個電話給我」幾乎成為全民運動。有個瘋狂
流傳的版本來自哈佛大學棒球隊，是在春假期間前往一場比賽途
中所拍攝。邁阿密海豚啦啦隊（Miami Dolphins Cheerleaders）、美
國奧運游泳隊、一群駐阿富汗的阿兵哥、影集「宅男行不行」
（The Big Bang Theory）都來參一腳，還有來自數千人的不同版
本。甚至連凱蒂・佩芮都和朋友拍了一支。

　　「或許打個電話給我」衝上排行榜冠軍，《告示牌》最後宣
布這首歌是 2012 年度總排行第二名，僅次於高堤耶的「熟悉的
陌生人」。傑普森創造了最完美的洗腦歌，搭配如此映襯的迷
因。它是「最洗腦的歌曲」，她是最早紅到這種規模的主流藝人
之一，多半要歸功於這種獨特的粉絲互動形式。在「或許打個電
話給我」之前，很少有歌曲能靠著樂迷的熱心參與，以如此神速
衝上排行榜第一名。現在，這種事隨時都在發生。它證明，只要
環境適當，即使朋友一起打混這樣簡單的事，也能成為音樂文化
裡勢不可擋的力量。

　　為了乘勝追擊，下一張專輯主打單曲「我真的喜歡你」（I
Really Like You）的官方 MV，傑普森想要找男演員來對嘴演出。
她的經紀人在某次晚餐時告訴一位友人這個構想。「你為什麼不
找我？」那位友人說，「我願意接。」那位友人是湯姆・漢克
斯。他真的接了。

◀ ‖ ▶| ▭

結束了在國際太空站長達五個月的工作任務後，指揮官
克里斯・哈得菲爾德（Chris Hadfield）準備返家。臨去
前，他在太空裡做的最後一件事，是上傳一支他在太空
站拍攝的 MV[13]，演出大衛・鮑伊的「太空怪談」（Space
Oddity）。這是第一支來自太空的 MV，MV 裡的加拿大
太空人邊唱這首歌，邊在太空站各個區域飄浮漫步，偶
爾拿把吉他刷個弦，凝視在下方懸浮的地球。這支影片
讓人有種感覺，彷彿大衛・鮑伊在 1969 年錄製這首歌
時，已經預見了這一刻。大衛・鮑伊在 Facebook 上發
表感想：「這可能是這首歌曲最淒美的版本。」這支影片
在 2013 年 5 月發布時，就已經得到許多關注，但是在
2016 年 1 月 11 日，大衛・鮑伊過世的消息傳出之時，
觀看次數超過 100 萬。「他的藝術勾勒出外太空、內在
世界和快速變動的世界，獻給一個在匯流裡尋找自己的
世代，」哈得菲爾德當時寫道，「能夠在太空站裡錄製
『太空怪談』，是為了讓那項藝術作品變得圓滿。即使沒
有明白宣示，它意在讓我們體驗到，我們的文化已經觸
及地球以外。」

哈得菲爾得的粉絲影片賦予大衛・鮑伊的歌曲新的重要
性，儘管這是相當極端的例子，同樣的事情每天都在上

演，只是規模較小，歌曲比較沒有分量。我認為蘇沙不會成為對嘴歌曲或「哈林搖」的忠實粉絲，恐怕所有的協同創作都無法打動他，因為他如此描述留聲機發出的聲音：「全無喜樂、熱情和真心。」不管在任何地方，任何人都可以分享自己對音樂的個人體驗，如對嘴歌曲、舞蹈迷因和女神卡卡妝容教學等，這項能力為音樂灌注了新意義。勇於踏入這個界域的藝人，還有在結合音聲與視覺呈現時已經預想受眾如何分享、重新創作和與之互動的藝人，都已經開始讓這些新體驗和音樂本身變得密不可分。

我並不是在宣告音樂的純聽覺經驗已死，事實上它正在蓬勃發展。根據市調公司尼爾森發布的調查結果，2016年，美國的音樂消費創下歷史新高，大部分是由隨需訂閱的音聲串流服務的增加所帶動。超過 90% 的美國人每週花超過 25 個小時聽音樂，聆賞來源大部分屬於傳統形式，也就是只有音聲的歌曲和專輯。但是，影片的角色已經轉變，從宣傳的附屬品變成現代音樂的必要組成，讓音樂成為粉絲可以參與的音樂，藉此拓展音樂的定義。

音樂產業不是唯一從 YouTube 使用者活動找線索的媒體事業。

本章注釋

1   不到兩百年，我們怎麼從佛斯特的「噢，蘇珊娜」（Oh! Susanna），一路走到小甜甜布蘭妮的「惡女向前衝」（Work Bitch），這仍然是個解不開的謎。

2   我在中學時期也曾和我妹妹克麗絲汀（Kristine）做過一模一樣的事。上帝祝福熱血又互助合作的兄弟姊妹！

3   既然樂團成員要跳舞，所以他們找來一批朋友，在他們身後假裝演奏樂器。電台節目「美國生活」（This American Life）主持人艾拉‧葛拉斯（Ira Glass）還下海擔任鼓手。

4   肯伊‧威斯特（Kanye West）。

5   有一天，庫拉什收到一個名叫「查德」（Chad）的人寫來的電子郵件，請他上傳樂團影片到一個他創設的新網站，網站名稱叫「YouTube」。「我甚至不認為我們曾把這當一回事，」庫拉什說。「我們以為它不過是又一個愚蠢的影片新創事業，你知道我的意思嗎？」

6   庫拉什的合作夥伴妹妹翠許‧西耶，除了是成就非凡的國標舞者，後來也成為編舞者和電影導演，擔任電影「舞力全開」（Step Up）系列某集的導演。我的合作夥伴妹妹克麗絲汀沒有繼續執導任何「舞力全開」系列電影，不過她是成就非凡的小學老師。

7   你要懂得欣賞四年級小學生對歌詞的品味。

8   其他的還有 Soulja Boy 的「Crank That」（Soulja Boy）、MC Federado & Os Leleks 的「Passinho Volante」（Ah Lelek Lek Lek），後者在巴西藉由赤貧的貧民窟居民上傳影片，在主流音樂之外掀起流行。

9   位於加州聖布魯諾的 YouTube 自家總部也出品了 1 支，不過品質奇差，時間又太長，害我要遊說大家，為了影片中人著想，還是不要上傳比較好。

10 這些並不是單一偶發事件。光是 2016 年，至少有 3 首單曲挺進《告示牌》四十大單曲榜，而這都要拜歌曲創造的迷因現象所賜。

11 我的老天，我真懷念出現在每支嘻哈單曲裡的里歐‧強。

12　好吧，你可以主張，嚴格來說，第一支廣為人知的歌詞影片，是巴布・迪倫在四十年前首開先河，那就是他為「地下鄉愁藍調」（Subterranean Homesick Blues）所創作的經典影片。（你知道的，就是他在鏡頭前拿著歌詞字卡的那支黑白影片，想起來了嗎？）那段宣傳影片，源於潘尼貝克的電影「別回頭」（Don't Look Back）的開場，公認是傳統 MV 的先河。

13　影片由他的兒子伊凡（Evan）在地球上編輯。

((5))

你的廣告可以散發這種味道

克雷格・艾倫（Craig Allen）和艾瑞克・卡爾曼（Eric Kallman）這對年輕的廣告文案雙人組，對於異類喜劇很有一套。他們的知名廣告作品中，有一支是艾倫寫的暗黑搞笑情節：有一個人，只要是他碰到的任何東西，都會變成彩虹糖。[1] 最後，他們在奧瑞岡州波特蘭市的威肯廣告（Wieden+Kennedy；W+K）找到工作，接下寶僑家品（Procter & Gamble）的一件案子。2009 年，他們被指派要為一項男性潔身用品製作一段電視廣告。根據寶僑家品當時的研究，購買清潔用品的人多半是女性，因此寶僑要求提案的訴求要直接針對女性，但也不要讓男性覺得疏離。

　　寶僑計畫在 2010 年的超級盃播出這支廣告，他們只有兩天時間可以提草案。當時他們感覺到，所有的廣告都偏重單向對話，或許他們可以創作一支互動性更高的電視廣告，用更俏皮的方式在廣告裡直接對觀眾講話。他們推敲各種點子，後來艾倫對卡爾曼丟出一句他還在琢磨的廣告詞：「哈囉，女士們。看看你的男人。現在，看看我。再看看他。再看看我。」卡爾曼覺得很有趣，於是把它寫下來，又來回討論了一下。第二天，他們把廣告劇本交給創意總監。

　　那支廣告就是寶僑「Old Spice」系列產品的「你的男人可以散發這種男人味」（Man Your Man Could Smell Like）。它現在已經廣為人知，而且大廣好評。廣告在那年冬天開拍，主角是退役足球員伊賽亞・穆斯塔法（Isaiah Mustafa）。根據艾倫的說法，廣告在拍攝時雖然出現了無數意外插曲，包括浴室的布景突然倒塌，差點害死他，但是穆斯塔法的表現全然是專業等級。在二天內，這支繁複的 30 秒廣告，他們拍了超過 60 次一鏡到底的片段。從時機錯誤的道具到不乖的馬，各種技術問題層出不窮。

　　在許多人眼中，這支「男人味」廣告成為第四十四屆超級盃記憶最深的片段，雖然寶僑最後選擇在比賽開始前的廣告時間播出。艾倫告訴我，「我們一向會把東西上傳到網路，但是它流傳的速度之快，是我們當初沒有想到的。我們不認為它會爆紅，不是因為我們不喜歡它，而是因為……你知道的，它是一支廣告。不會有人爭相搶著看一支廣告。」不過，以這個例子來說，大家確實爭相搶著看這支廣告。這支廣告大受歡迎，在播出後的

頭幾週，有數百萬人搜尋、分享。這段影片最後擠進 2010 年
YouTube 熱門影片排行榜。

接下來，大眾開始製作自己的「男人味」影片。即使沒有
數千、少說也有數百支惡搞影片冒出來。從大學生到職業運動
員，甚至連「芝麻街」裡的格羅弗（Grover）都來了，人人都有
演出。「這對我們、對廣告、對客戶來說，都是如此新鮮，沒有
人真的知道該拿它怎麼辦，」艾倫說。這些惡搞影片可以被視為
是對品牌智慧財產權的扭曲，也可以說它們讓注意力偏離了核心
訊息，但是艾倫和廣告團隊說服每個人鼓勵這種現象，而不是對
抗它。「關於 Old Spice，我們有句話說，網路永遠是贏家，」
艾倫告訴我。「不管我們做什麼，網路都會打敗我們。」

接下來的幾個月，Old Spice 沐浴乳大賣。事情進展得如此
順利，甚至當 W+K 團隊提案，讓「男人味」本尊參加社群影片
宣傳活動，親自回應評論和訊息，即使這項活動必須以即時方式
進行，且活動裡的任何事都無法事先徵得寶僑的同意，提案還是
獲得寶僑的首肯。其中一個有力因素是這項活動的成本不高，而
且要是失敗，結果就是在 YouTube 淡出，不會引起什麼人注意。
「我們甚至不認為會有很多人關注這個活動，」艾倫說，「我們
以為：『如果能有 15 個人加入談話，那就很好了。』」要創作這
類直接回應評論和社群媒體貼文的影片，需要完全不同的方法。
「原版的廣告花了我們一個月，現在我們兩天就做出 183 支影
片，」艾倫笑著說。他、卡爾曼和其他劇作家想出一個流程，他
們圍坐成一圈，輪流傳遞筆記型電腦，只要有一個人看到回應並

認為是有趣的提議，就透過電子提詞機傳給穆斯塔法，讓他表演。有些提議，他們只花 5 到 7 分鐘就解決。第一天，他們的起步緩慢，到了第二天，這項活動在社群媒體掀起一股旋風。名人、部落客和許多粉絲紛紛發表問題，Old Spice 先生接招回應。Digg 創辦人凱文・羅斯（Kevin Rose）在推特發文說自己生病了，Old Spice 先生上傳一支影片說：「凱文，哈囉！你好嗎？希望你覺得好多了。我自己從來不發燒，因為我身上有 98% 都是肌肉，肌肉不會生病。我身上不是肌肉的那 1%，是我的耳朵。它們是由軟骨構成的。」[2] 雖然原版的超級盃廣告很吸睛，真正喚起大眾目光的卻是這項互動式活動。自此之後，這類即時演出和任務變得更常見，但在當時，它感覺有點像魔法。

　　艾倫指出，在那之後，過去不肯冒險的客戶也開始體認到，消費者掛在網路上的時間愈來愈多，而如果你想要打進網路世界、觸及網民，就必須找到新切點。Old Spice 後續嘗試了各種非傳統廣告，其中最奇特的是艾倫參與的一項專案：「木桶伯四週半拯救世界」（Dikembe Mutombo's 4 1/2 Weeks to Save the World）。這是一項十六位元風格的分級闖關電玩，玩家用前 NBA 明星球員「木桶伯」的身分接受挑戰，探索一系列的網路笑話。[3]「男人味」廣告大受歡迎，帶動的不只是怪誕的電玩遊戲，也發揮推波助瀾之力，改變了整個產業的思維，讓廣告圈開始把網路視為論壇，有各個類型的廣告創意在此交流激盪。「那是我們第一次看到，娛樂的益處勝過只是直接推銷產品，」艾倫告訴我，「基本上，它改變了我們的一切。」

　　這項活動具體展現消費者與想要與消費者溝通的企業之間關係的轉變。在 YouTube 和社群媒體平台上，有許多品牌處心積慮，想方設法要與我們建立誠實、有意義的連結。「我認為，很多人都不尊重網路，品牌尤其如此，」艾倫說，「品牌會探頭看看網路，但是品牌對網路的反應，感覺就像是一個四十歲的爸爸走進中學舞會。這樣的例子，在網路上不勝枚舉。」艾倫認為，尊重網路就是把網路當成合作的管道，是一個為了互惠而運用創意的園地，而不是產品的通路。「劇組會議有用的原因正是大家彼此尊重，因而能夠共事，合力改善品質。我認為，我們對網路的觀點就是這樣，不是把它當成可以任人剝削的大賣場。」

⏮ ⏸ ⏭   ☐

根據 2014 年的一項研究，美國人一天大約接觸到 360 則廣告，YouTube 就占了其中約 150 則。那是相當龐大的廣告量，因此企業無不積極爭取大眾對他們廣告的關注。企業施展這麼多策略、進行這麼多研究，就是為了行銷活動能在 YouTube 奏效。對於人類的集體心理和社會規範，廣告所透露的訊息或許比傳統形態的藝術和娛樂還多。但是，這些廣告如何誕生、如何觸及我們，以及我們在接觸到這些廣告時，又是如何與它們互動，也都充滿玄機。

不久前，大部分網路廣告都還是種干擾，以強迫收看的影音進廣告（pre-roll ads）或覆蓋網頁的形式出現，成為人們在尋找娛樂時的障礙。近來，我們對廣告的期望變得更高：艾倫指出，現在我們希望廣告主能增添文化內涵，而不是在文化裡樹立減速路障。對此，許多企業和創意專業工作者都在嘗試調和之道。

各種規模的企業及受僱於企業的廣告商，都必須改變思維，以不同的方式爭取群眾注意力，否則就會落伍。他們必須顧及，受眾所扮演的角色是他們所傳遞訊息的觀看者、回應者，甚至是協助傳播者。觸及受眾是一回事，在這個空間有意義地與受眾互動又是另一回事。

▶| 不可跳過廣告

YouTube 首支跨越 100 萬觀看次數門檻的影片，不是貓影片，不是惡作劇影片，也不是出醜影片，而是一支廣告。2005年夏末，耐吉展開一項數位活動，宣傳他們的天寶（Tiempo）系列足球釘鞋。他們拍攝了一支影片，主角是當時名聲響遍全世界的足球天王巨星羅納迪諾（Ronaldinho）。影片中，他利用訓練的休息時間，上演一段特別版的「黃金腳法」踢球秀。這位巴西中

場大將運著球，在離球門大約 20 碼處，大腳一踢，球正中球門
框的門楣，球彈回來時他直接用腳接球，再踢，還是正中門楣，
就這樣一再來回，球完全不落地。這是項運動特技表演，讓人看
得目瞪口呆，但它也有可能是用視覺效果做出來的，怎麼看，取
決於你的懷疑精神有多強烈。在網路論壇上，有人發言如下：

「我分享給幾個朋友看，認為是真的和假的，各占一半。」

「如果這不是特效，什麼是特效？」

「對啦，它有可能是假的，但我賭它是真的。」

「羅納迪諾可是全世界屬一屬二的黃金腳，如果拍個 10 到 15
次，只需要有一次成功，哪能難得倒他？」

「只要是有腦袋的人都知道是假的。影片裡的事，根本不可能發
生。」

　　當然，耐吉很清楚，「真相追追追」是一種網路運動，而這
支廣告就是善用了這股風潮。留言板（還有酒吧、辦公室和校
園）被類似評論所淹沒。這支影片的製作概念包含一個預留伏筆
的辯論，有助於它進一步發酵。這支影片看起來不像是廣告，像
是用手持攝影機錄的影片，時間比一般廣告長，就像是某個耐吉
員工剛好拍到的一幕，而不是事先經過籌劃的正式拍攝工程，雖
然它顯然是行銷巧思的結晶。[4] 它是第一支為了在 YouTube 環境
裡播放所設計的成功廣告。在 YouTube，觀眾的反應能帶動曝
光。沒錯，這是做戲，但當時許多人氣影片都是靠驚嚇值和震撼

值號召觀眾。「黃金腳法」有別於當時的影片行銷，它自然融入我們所觀看、分享一切事物的背景。

　　「黃金腳法」廣告的成功，以及後來跟風的許多「真的？假的？」廣告，點出大眾與廣告的關係在轉變：吸睛力不是從打斷觀眾的體驗而來，而是與觀眾已經在做的事融合一體。

　　隨著 YouTube 等內容平台的興起，企業不再能完全掌握他們所發送的訊息，以及受眾當下所處的脈絡架構。以往，行銷部門不論在電視打廣告，或在雜誌等平面媒體刊登廣告，他們可以掌握誰會在什麼時候看到廣告、與廣告相鄰的內容是哪些類型。今日，數位平台能夠以空前的精細度規畫廣告版位，但是廣告也可以存在版位之外。拜個人化系統和分享工具之賜，廣告主的訊息成為無數情境與對話裡的一部分。廣告版位從受控制的空間轉變成閱聽觀眾的個人空間，這項變動所蘊藏的機會和挑戰，讓許多企業不得不重新省思長久以來所抱持的策略。

　　多年來，大型廣告主對於他們的超級盃廣告向來保密到家，將超級盃視為最盛大、最吸睛的廣告首映盛事，不到比賽日當天不能揭曉。畢竟，高達 20% 的超級盃觀眾是專門為了看廣告而來。說來有理，品牌要善用這個大多數人同時收視的時刻，為自己的訊息爭取最大機會，成為大眾的熱門話題。可是，網路的運作規則不是這樣。

　　2011 年，福斯汽車摩拳擦掌，要推出第一次的超級盃廣告。他們買下兩個 30 秒的時段，一個給 Passat，一個給 Jetta。

廣告公司德意志（Deutsch）為這兩款車都做製作了廣告。問題是，60 秒版的 Passat 廣告真的、真的棒透了，只是時間太長。超級盃廣告時段並不便宜（那年，一個 30 秒時段平均要價 300 萬美元），而且，你知道的，主辦單位對於時間限制有那麼一點嚴格。因此，福斯決定放手一搏，提早在網路上發布廣告「原力」（The Force）。你可能還記得那支廣告：有個穿著全副黑武士服裝的小孩，在家裡到處試著用心電感應能力操作物件，而他最後終於成功了——幸好爸爸暗中按了 Passat 的遙控啟動器。那一年，儘管超級盃的主要廣告商裡也有其他汽車大廠，「原力」成為大家印象最深刻、討論最熱烈的廣告。五年後，它仍然是最常分享的超級盃廣告。

2010 年，Old Spice 證明，超級盃廣告可以做為一個啟動點，引爆更重要的時刻；隔年，福斯汽車讓我們看到，超級盃可以做為宣傳活動的關鍵元素，但不是獨大的廣告發行策略。那支廣告播出幾年後，德意志廣告北美執行長麥克・薛爾登（Mike Sheldon）在《時代》雜誌的訪談裡表示：「在我眼中，超級盃廣告並不是電視廣告。超級盃是社群媒體，也是公關盛典，整合了許多元素，而電視廣告是其中一項。」超級盃從單一播放機會轉變成跨多重平台的媒介，並集合了許多小規模、更個人化的互動。企業不只有機會向許多同時收視的人傳達訊息，也有機會在比賽前後參與對話。有愈來愈多廣告在一月時就出現在網路上。一項產業研究發現，提早上檔的完整版廣告，觀看次數平均是在比賽日播出的 2.5 倍，分享次數也大幅增加。有些小型企業沒有

數百萬美元的財力可以買賽事期間的廣告時段，於是轉而製作只打小型市場的超級盃廣告，甚至選擇不在任何電視媒體播映，但還是能搭上熱門話題的順風車。

我們使用 YouTube 的習慣，讓廣告主不得不重新思考他們的廣告發行策略。超級盃是最顯著的例子。隨著影片發行習慣的變遷，設計廣告的慣例也要跟著改變。

廣告主放棄對背景環境的控制，也從大眾承繼了新規則。廣告必須自然融入大眾既存的網路使用方式，與大眾喜歡的事物連結。我們期待大企業像朋友和娛樂表演者一樣真誠，彼此間對話有來有回，但也要求互動是誠實不虛假的。

2012 年 1 月，我注意到加拿大發燒影片區有一支麥當勞的影片。這並不尋常。影片的標題是「麥當勞產品拍攝幕後」（Behind the scenes at a McDonald's photo shoot）。點開影片時，我本來非常確定，我會看到一支品質一流但是內容浮濫的廣告。這支影片是為了回應一個許多人可能都曾問過的問題，一如在影片中，來自多倫多的依莎貝所問的：「你們店裡的食物為什麼看起來和廣告裡的不一樣？」可是，影片內容和我的預期不同。影片中，加拿大麥當勞的行銷總監霍普・巴哥齊（Hope Bagozzi）帶著我們到麥當勞買了一個漢堡。漢堡大約花一分鐘製作。接著他帶我們造訪麥當勞的創意公司，認識食物造型師諾亞和攝影師尼爾。他們花了好幾個小時，用同樣的材料製作最上鏡的漢堡肉片，最後放上切工完美、修裁整齊的黃瓜片和洋蔥。諾亞彷若外科醫生

般，用溫熱的扁平奶油刀融化起司，用擠筒壓出形狀完美的一小團番茄醬。我們甚至可以看到照片編輯師史都華如何修飾照片。

這支廣告的運作環境，顯然是麥當勞能夠掌控的：他們可以挑選問題，他們可以選擇廣告要納入什麼、剔除什麼。但是，那支廣告感覺很真誠，在企業傳播的領域看起來像個異數。它以一種過去不見得必要的方式，肯定閱聽觀眾的存在。

2015 年，保險公司蓋可（Geico）推出一系列廣告影片，儘管它的概念非常簡單，卻贏得無數獎項，包括《廣告時代》（*Ad Age*）的年度最佳廣宣大獎。那些影片是 YouTube 上可以跳過的影音進廣告，所有動作都在觀眾可以選擇跳過之前的五秒內完成。他們發行的四段廣告中，有一段是擷取自庫存影片。在一個典型的美國小家庭裡，媽媽在晚餐時間為圍坐餐桌的家人盛裝義大利麵，她說：「不要謝我，要謝就謝儲蓄。」接著，旁白響起：「你不能跳過這支蓋可廣告，因為它已經結束了。蓋可保險。15 分鐘為你省下超過 15% 的車險。」「跳過」鍵在畫面上出現，但是影片沒有停。一家人仍然在畫面上保持靜止不動，即使他們家那隻身形龐大的聖伯納犬跳上桌子，吃他們盤子裡的食物，一家人仍然盡量保持原來的姿勢。「在原本創意貧乏的影音進廣告世界，『不可跳過』廣告讓一連串沉悶的日常場景不但變得有看頭，而且趣味橫生，為廣告注入創新，」《廣告時代》如此寫道。除了幽默，這些廣告之所以脫穎而出，是因為它們含蓄地表達對大眾行為的會意。這些廣告的背後有一種自知之明，彷彿在告訴我我們：「嘿，我們知道這是廣告，你也知道這是廣告，我

們也都知道你通常會跳過，所以讓我們開你一個玩笑！」

　　藉由反映、接納群眾體驗廣告時所在的環境脈胳，並對那些經過算計後硬塞給我們的經驗表示知情，廣告的溝通形式開始變得更有人性。行銷專業人員在尋求如何更有效益地觸及受眾，並想與公式化和老套的內容有所區隔之際，需要的不只是更多人性。通常，他們也必須要詭異。

　　2012 年，澳洲墨爾本大眾捷運公司決定減少愚蠢行為所引起的意外事件數。他們想要訴求的對象是年輕世代，但無法有效滲透這個族群。於是，他們給廣告商麥肯（McCann Erickson）出了一道挑戰題，希望他們能提出別出心裁的構想。結果，一支黑色喜劇風的精采廣告於此誕生。那支廣告結合歡樂開朗的樂曲和色調明亮的粉彩動畫人物，人物一個個都在荒謬離奇的血光之災中死亡。「愚蠢的死法」（Dumb Ways to Die）一夕轟動。超級忌諱的主題、可愛的動畫、朗朗上口的歌詞，讓這支廣告在不協調裡有種幽默，有別於任何傳統的安全提示訊息。（廣告歌裡有段歌詞為：「服用過期藥物。用私處當食人魚餌。愚蠢的死法！愚蠢的死法何其多！」在接下來幾年，這支影片的觀看和追蹤人次超過 2 億 5,000 萬，甚至還衍生了童書和電玩遊戲。

　　「愚蠢的死法」風格詭異，但那正是它如此成功的原因，感覺就像是那種未經修飾、無拘束的人際溝通。「科技最好的禮物就是讓我們感受到更豐富的人性，」麥肯的全球執行創意總監、「愚蠢的死法」歌詞創作者約翰‧梅斯寇爾（John Mescall）在

2013 年的訪談裡說到，「為平台創造能炫耀平台能耐的作品，誰
會把這種東西放在眼裡？我認為，你的思維必須人性化，而這必
須回歸基本人性層面。那是低傳真、低科技領域。在發想創意
時，不要思考科技。用人的角度去理解人。

　　換句話說，廣告開始比較像是真實個人創作的內容，而不
是企業的產物。在結構上，它們也開始變得一致。在 2014 和
2015 年，YouTube 年終的最成功廣告排行榜上，所有的廣告都
超過 1 分鐘（2014 年時，平均長度為 3 分鐘）。事實上，今日的
廣告和非廣告已經無法只憑影片標題、描述、標籤或長度等做區
別。不斷演進的不只是創作廣告的相關潛規則，製作方式也在持
續演進。

▶❙ 在攪拌器裡打廣告

　　那是個嚴寒的隆冬，就是那個有極地渦漩來襲的冬季，還
記得嗎？有一支拍攝團隊在紐約曼哈頓漫遊，穿梭於哈林區、下
東城、肉庫區和中城，擺放「被遺棄」的嬰兒車，期待天降鴻
運。「那其實是一次悲慘的拍攝任務，最糟糕的那種，」製作人
山姆・培祖羅（Sam Pezzullo）告訴我，「我們整天在刺骨的寒意、
雨水、凍雨、風雪裡。一整個慘兮兮，但是我們得到的反應極
佳。」在遙控的嬰兒車裡是一具長相恐怖、製作精細的電子偶人
道具，沒有警戒的路人因為好奇而靠近時，就會彈跳出來。道具
功能正常時（低溫會造成偶人故障，需要延長拍攝天數），路人

的反應完美極了，而最後剪接出來的 2 分鐘影片，在網路上發燒，成為 2014 年十大熱門影片之一。「不論我走到哪裡，都有人看過影片，」培祖羅說。這聽起來像是尋常的標準惡作劇影片，只不過是由一支企業化的 YouTube 創作團隊拍攝，可是「惡靈嬰的攻擊」（Devil Baby Attack）其實是由 Thinkmodo 為電影「惡靈嬰」（Devil's Due）製作的廣告。

　　Thinkmodo 是山姆口中的創意公司，畢竟他們多半還是受雇為企業製作廣告，但是網路新聞部落格 Mashable 稱他們是「瘋帽駭客／影片製客／行銷客」，有些人把 Thinkmodo 做的事封為「惡作劇廣告」（prankvertising）。「我們的方法一向是專注於電影或品牌的特定元素，然後找方法擴大那個元素，」培祖羅說。「我們的做法是擷取這個元素，把它置於真實的世界裡。」儘管我很少會知道哪支電視廣告是哪家廣告公司製作的，可是我通常看得出來哪一支是 Thinkmodo 的作品。這家公司成立於 2011 年，創辦人是作家兼電影製作人詹姆士・普希雷（James Percelay）和麥可・克里維卡（Michael Krivicka），他們以在真實世界裡製造做工精細的道具和實體布景而聞名。他們有許多影片感覺更像是瘋狂發明的示範影片，而不是廣告。Thinkmodo 做過最複雜的道具是有機關的自拍神器，裝有燈、風扇和電動延長桿。Thinkmodo 的影片之所以如此吸睛，是因為它把這些事物置於真實世界裡，結合了電影特效和真實生活。創造可以讓人在真實世界互動的實體物件，有助於這些類型的影片走向差異化，不同於傳統廣告創作的人為製造。

　　「內容行銷」一詞已經出現多年，真正成為熱門詞彙卻是在
2011 年左右，當時幾乎每場商業會議都有這個主題的討論小
組，在長得一模一樣、布置沉悶單調的萬豪飯店會議室裡舉行。
這個由佛瑞斯特研究調查機構（Forrester Research）定名的行銷方
法，內涵為「根據顧客的需求製作、策畫、分享內容，並傳遞具
體可見的價值」。在 YouTube 上，內容行銷引爆特別製作的廣告
兼娛樂大量出現，藉以與群眾建立連結。

　　電視廣告在設計上，目標多半是直接帶動品牌知覺，但是
Thinkmodo 的廣告不同，它的主要目的是帶動話題。「它看起來
不像行銷，」培祖羅說。「它看起來不像在配合某項專案或迎合
哪個品牌。它看起來新鮮、自然，新聞媒體可以自行探索。我們
算是誘使媒體幫我們廣告。」出奇招、沒有明顯的品牌，因此部
落客和電視新聞可以特別報導 Thinkmodo 的創作，一如報導其
他獨特的奇聞異事。

　　Thinkmodo 的客戶和許多公司一樣，行銷策略都意在引發
群眾共鳴，就像一般人上傳精采照片和影片時所得到的迴響一
樣。這項傳播方法能讓企業藉由吸引群眾體驗真實的內容，運用
群眾的社群媒體行為，創造熱門話題。有些做得相當成功。但
是，靠這種新傳播方法有可能打造一整個事業嗎？

　　湯姆・迪克森（Tom Dickson）在 1975 年成立 Blendtec 公司，
不過在 2006 年，新任行銷總監喬治・萊特（George Wright）和迪
克森偶遇，兩個人動起腦筋，想點子破壞自家的攪拌機，這時，

一個最新潮的構想浮現他的腦海。萊特花 50 美元買了大理石、耙子、一手六罐裝汽水、一隻烤雞和一件有「迪克森」字樣的實驗袍。他們拍了一系列「這能打嗎？」（Will It Blend?）的遊戲節目。在節目中，幾乎你想得到的任何東西，迪克森的全能攪拌機（Total Blender）都能把它打碎。攪拌機的銷售一飛沖天，突然之間，這家從來不曾花一毛錢在行銷上的公司，開創了網路影片史上第一個成功的行銷宣傳案例。2016 年時，「這能打嗎？」節目累計到 100 集，擁有將近 100 萬名訂閱者，來看 iPhone、奇異筆和高爾夫球在攪拌機裡化為粉塵。

「這能打嗎？」的成功，不只是因為具娛樂效果，也是因為誠實坦白，迪克森怎麼看都不像是怪奇網路實驗系列節目的明星。一個高度重視真誠溝通的世界，不需要名演員，也不需要繁複的製作技巧。正因為迪克森是真實的凡人，和我們一樣樂在其中，散發著拙樸氛圍的影片更能打動人。

一如 Thinkmodo 的客戶，Blendtec 所傳遞的影片兼具娛樂效果與廣告功能。如今，較不傳統、互動直接的企業在網路比較吃香。這些非傳統偽廣告，比傳統廣告更能自然地融入閱聽觀眾在網路上的環境脈絡，創造了話題，甚至建立了品牌。

然而，有些企業更進一大步，結合娛樂和廣告，讓我們不禁思考，現在究竟要如何界定「廣告」。

▶ˈ 我以為我知道什麼是廣告……

「啊，現在有 800 萬人在看了。」2012 年 10 月 14 日星期天早上，YouTube 基礎設施與直播串流團隊的一群工程師，全員從家裡上線，窩進一間網路影音聊天室。（我也從我在皇后區的公寓裡登入）當時，我們還不曾做過這麼多人同時觀賞的直播串流。說真的，沒有人知道會發生什麼事。我負責管理「跑馬燈」，也就是 YouTube 所有網頁都會跑的宣傳連結，通知大家有重要活動正在進行。如果串流當掉，或是那個即將從太空邊緣往地球跳的傢伙，萬一不幸在途中慘死（雖然這一幕似乎不是當下需要迫切擔憂的狀況），我就要立刻把跑馬燈拉下來。

我們和數百萬人在驚嘆中見證菲力克斯‧鮑嘉納（Felix Baumgartner）從 12 萬 8,100 英呎的高空，以超過 800 英哩的時速自由落地，成為打破音速的第一人。謝天謝地，他還活著，直播串流也完美運作。這是歷時五年、動用一支科學家團隊籌備的「紅牛平流層跳躍計畫」（Red Bull's Stratos jump），它究竟是世界第一個膽大包天的特技表演？是科學計畫？還是……廣告？

紅牛是一家能量飲料公司，也是行動運動媒體公司。它展現了廣告世界已有多麼長足的進展。他們一邊賣難喝、大受歡迎的咖啡因飲品，一邊開發、生產、傳播引人入勝的娛樂內容。他們不必尋找目標觀眾，觀眾會主動找上門；他們在數位娛樂站得一席之地，成為 YouTube 上訂閱者最多的頻道之一，觀看次數衝到數十億。因為「廣告」太受歡迎，甚至可以靠讓別人打廣告

賺錢。搞什麼？他們的成就讓滿腦子只有職涯的行銷經理人流口水：品牌超越產品。「我們做的所有事幾乎都回本，而且壯大了我們的產品，」紅牛媒體工作坊的董事總經理維那・布瑞爾（Werner Brell）在 2012 年接受《富比士》專訪時說。「我們做這些事，都是為了品牌。我們用這些活動持續為品牌注入生命。」
品牌

　　為了以有意義、有價值的方式與閱聽觀眾互動，紅牛的廣告娛樂化模式自然而然地往下一步邁進，那就是發展混合型品牌（hybrid brand）：紅牛媒體工作坊是名正言順的製作公司，位於一家主要目標是賣更多能量飲料的企業內部。平流層跳躍計畫或許是他們最精采的創作。那個星期天早晨，一堆 YouTube 員工和全世界數百萬人看直播串流看到聚精會神、神經緊繃時，應該根本沒有人會想到，他們在看的是不是一支廣告。更沒有人會在意這個。

　　企業創造具備廣告功能的真正娛樂時，其中的價值交換也更為對等。觀眾得到他們感興趣的東西，理論上企業能從我們這裡得到潛在的生意。對於每項傳遞到我們眼前的訊息，我們對立即價值的要求愈高，就愈不會因為來源者而對內容有差別待遇。

　　對於提供像極限運動競賽等娛樂給我們的企業，我們顯然覺得自然，但如果換成提供健康祕訣或財務建議的企業呢？如果企業與我們溝通的是社會訴求或政治議題呢？

　　大部分企業都無力砸下重本，製作自己的原創娛樂，必須

另外找方法與閱聽觀眾建立連結。為了在更個人的層面上攫取我們的注意力，有些企業開始運用廣告，企圖與我們就重要事項展開實質對話。

你可能還記得多芬（Dove）的「妳最真實的美」（Real Beauty Sketches）廣告：多芬聘請一位素描畫家為女子畫像，但畫家沒有看到女子本人，而是根據女子對自己的描述作畫，並根據不久前與她相遇的其他女子的描述，另外作一張畫。（根據自我描述而繪成的肖像，比他人描述的差）這是關於身體形象和自我認同的廣宣活動。廣告中完全沒有提到肥皂。女性用品品牌「好自在」（Always）的得獎廣告「像女孩一樣」，也採取類似的手法。這支廣告是 2015 年討論最熱烈的廣宣活動之一。前述兩支廣告都屬於「意義行銷」（meaningful marketing），也就是所謂的「催淚廣告」（sadvertising）。

這股趨勢的崛起是為了因應與顧客建立關係日益升高的門檻：顧客對於粗暴的廣告手法愈來愈不耐煩，例如許多強迫我們看完的刺眼廣告。

問題出來了：我們真的需要賣女性衛生用品的公司與我們對話，討論性別平等嗎？或是讓一家電池公司喚起我們對失聰者的同情？他們是不是應該只解釋產品的好處就好？

事實是，我們或許不需要，但這多少是因應大眾的要求而起。隨著我們尋求更直接、更個人化、與日常溝通方式更緊密連結的娛樂，企業必須調整訊息，才能觸及受眾。或許程度不一，但廣告向來可以反映時下的文化，這點並無二致。

|◀　Ⅱ　▶|　　　　　　　　　　　　　　　　　　　⬜

真實無偽的溝通，難；能提供雙向互惠而非單邊利益的
溝通，更難。但現在這些已變成基本要件。現在的人對
於自己的關注所換取的價值，期望已經變得更高。

過去，企業主要是透過廣告的投放與我們溝通，現在他
們也運用我們用來彼此溝通的論壇、平台和頻道。例
如，當企業可以擁有一個 YouTube 帳戶或社群媒體成員
身分，不管是外觀或運作方式，就和一般人或是我們喜
歡的娛樂工作者或人物沒有兩樣，這時我們會期望影片
和貼文裡所揉合的訊息有相同程度的意義和誠實。

這並不表示企業必須真的像一般人那樣說話。只有天知
道，網路墳場滿坑滿谷都是把流行語當做表現真誠捷徑
的官方推特帳號。事實上，我們的社群媒體動態和熱門
主題標籤，已經過度充斥由知名社群媒體行銷公司而來
平凡無奇、一窩蜂的貼文，因此年輕網路使用者已經開
始偏好無品牌的傳播區間。2016 年，辛辛納提動物園死
去的大猩猩哈蘭貝（Harambe）、911 真相等主題衍生出
陰暗、粗俗的迷因，它們之所以興起，部分原因正是沒
有品牌敢觸碰這些主題。《紐約》（ New York ）雜誌指出，

對很多年輕人和青少年來說，「在網路上，很難遇到沒有沾染企業廣告主或贊助商的文化產品。」

成長於網路時代的人，不見得希望企業用他們的俚語加入他們的所有討論，或壓榨他們所關心的事物。反而只期待企業的溝通能秉持自覺、直接坦白，而且與互動的背景環境相關，不管他們是用付費廣告或是和一般人一樣的帳號來接近我們。

在某種程度上，我們向來都希望廣告能為生活或文化加分，而不是減分。但是，廣告要在未來還能發揮影響力，這或許才是當務之急。

本章注釋

1　他們甚至曾經備妥資料，到「週六夜現場」節目提案，並和卡爾曼的即興創作課同學、當時新加入節目的威爾・佛特（Will Forte）相談，談論他們對演藝事業的抱負。可是，佛特認為他們瘋了。一份好的廣告工作，薪水比做喜劇優渥，雖然深夜電視節目需要犀利詼諧的人才，廣告業對於高明的幽默或許更是求才若渴。

2　是的，我也注意到它們加起來不是 100%。但是，我後來想到，Old Spice 先生顯然凌越於任何科學和數學法則之上。

3　電玩開發者亞當・薩爾茲曼（Adam Saltsman）發給員工的電子郵件，原文內

容如下：嗨，大伙兒，我剛接獲指示。我們要做一種忍者蛙風格的關卡，背著噴射背包攻占美國，途中對著一群在平台上跳「江南 Style」的人丟選票箱，同時躲避迪斯可閃光球，然後才能和俄亥俄州的大頭目對決。有任何問題嗎？

4　我曾經洽詢耐吉，看他們是否願意討論他們的網路發展史，但是遭到他們婉拒。在事件發生超過十年之後，他們仍然想要讓祕密保持神祕。

((6))

全世界都在看

2006 年夏天，參議員喬治・艾倫（George Allen）正要登上他在共和黨的政治職涯之巔。這位作風親民的維尼吉亞州前州長，屬南方保守人士，自 2001 年開始任參議員，看似有望連任。

8 月 11 日那天氣候宜人，艾倫在布瑞克斯州際公園（Breaks Interstate Park）靠近肯塔基州邊境的一個小鎮上，對群眾演講。說到一半之時，身穿藍色牛津衫、挽起袖子的艾倫告訴群眾，「朋友們，我們要用正面積極、有建設性的政見競選，提出能激勵、啟發大眾的訴求，這是當前的重要事務。」二十歲的西達斯（S. R. Sidarth）站在群眾裡。西達斯是維尼吉亞大學的學生，也是

民主黨挑戰者吉姆・韋伯（Jim Webb）陣營的志工。韋伯擁有一支精明的競選團隊，他們指派這位年輕的印裔美國青年擔任政治圈所謂的「追蹤者」（tracker）角色。這是一項艱鉅的任務，要帶著手持攝影機，跟著艾倫的「傾聽之旅」（Listening Tour）跑，全程錄下艾倫說的所有話語。西達斯跟著這項競選活動已經五天。

　　演講說到這裡時，艾倫對西達斯打打手勢，直視著他的攝影鏡頭，說：「大家看看這個小伙子，就是穿著黃上衣的那個『馬喀喀』，不知道他叫什麼名字，但他是我的對手陣營的人。我們走到哪，他就跟到哪。這正好。我們會走遍維吉尼亞的各個角落，而他會把一切都拍下來。有你在這裡真好，你可以把影片給我的對手看，因為那些都是他從來沒有走過、也永遠不會來的地方。」這時群眾開始歡呼，艾倫接下來說的話已經淹沒在歡呼聲裡。艾倫再次打臉韋伯，說他是外人候選人，接著加上一句：「所以，我們歡迎你。來，我們大家歡迎一下『馬喀喀』。」群眾鼓掌。「歡迎來到美國，也歡迎來到維尼吉亞州的真實世界。」

　　「我知道他想說什麼，他故意用帶有種族意味的話貶損我，」西達斯事後回想道。「我知道『馬喀喀』（Macaca）的意思是猴子，而且是用在移民身上。」[1]西達斯的父母在二十五年前從印度移民美國，他在維尼吉亞州出生、成長。幾個小時之後，就在那個週五晚間，他打電話到韋伯的競選總部，讓總部知道發生了什麼事。但是，競選團隊不確定該怎麼處理那段影片，於是他們出去喝一杯，決定等到週一再處理。後來，在《華盛頓郵報》記者咬出這段新聞的幾天之後，競選團隊把影片上傳到

YouTube。艾倫宣稱，那個綽號是他編的，他不知道那是什麼意思，並在聲明裡堅稱，它「絕對沒有種族嘲貶的意味」，而「任何與此背道而馳的曲解，都是徹底的錯誤」。聲明指出，在那場競選活動裡，他因為西達斯頂著一頭龐克髮，所以給他取了「莫赫喀」（Mohawk）這個綽號，結果傳成「馬喀喀」。最後，艾倫終於道歉。至於覺得自己是因為有一張有色人種臉孔才會中槍的西達斯，則登上全國頭條新聞。

這段意外的插曲改變了艾倫參議員席位保衛戰的風向。在這之前的幾個月，部分民調顯示，艾倫領先韋伯多達十幾個百分點。事件發生後的第一次民調，韋伯首次超前艾倫。最後的選舉結果極其接近；艾倫輸掉僅僅 9,329 票，不到總投票數的 0.4%。他的敗選影響深遠，翻轉了整個參議院的權力平衡，席次比成為 51-49，對民主黨有利，讓共和黨痛失對立法機構的控制權。西達斯事件還沒殺出的九個月之前，《全國期刊》（*National Journal*）曾明察暗訪共和黨的「內部人士」，評點共和黨在 2008 年總統大選的提名人選。調查結果，艾倫排名第一，領先麥肯參議員和羅姆尼州長。連任失敗不但讓艾倫與總統大選無緣，還讓他從此政治前途未卜。[2] 艾倫的失態絕對不是第一件、也不是最後一件被拍錄下來的政治意外事件，但它是展現網路影片變成政治利器的第一例。據傳，共和黨的國會領導者在 2009 年的聚會裡，其實曾經檢討在歐巴馬當選之後的重振策略，其中包括游擊戰術，例如出其不意地讓對方上鏡頭，用一連串問題轟炸對手。2010年，北卡羅萊納州民主黨眾議員鮑伯・艾塞瑞吉（Bob Etheridge）

成為犧牲者：有兩名帶著攝影機的「學生」問他：「你完全支持
歐巴馬的議程嗎？」艾塞瑞吉對他們怒目而視，語調惡劣而強
硬，不斷問道：「你們是誰？」還一把抓住其中一個攝影者。灑
狗血的頭條新聞把艾塞瑞吉的行為描繪成霸凌、甚至是攻擊事
件，艾塞瑞吉後來也在記者會裡道歉，但最後還是以 1,400 票之
差，連任失敗。這類在網路上廣為流傳的「逮到你了」影片，羅
姆尼和麥肯都曾經是主角。2008 年，麥肯在南卡羅萊納州的一
次亮相，開玩笑地提到「『海灘男孩』（Beach Boys）的老歌『轟炸
伊朗』（Bomb Iran）」，並用「芭芭拉・安」（Barbara Ann）的曲調
唱了幾句。羅姆尼是在 2012 年的私人募款會上，對一群富有的
捐款人說，47% 的美國人會投票給他的對手，因為他們覺得自
己應該得到政府救濟；他還說，「我絕對不會去說服他們負起個
人責任，照顧好自己的生活。」這兩段影片不斷在新聞網重播，
還在部落格和新聞報導裡延燒了幾個月。

　　「馬喀喀」事件也是權力平衡移轉的早期指標。新聞網站
「會客室」（Salon）封西達斯為 2006 年的年度風雲人物；專欄作
家法蘭克・里奇（Frank Rich）在《紐約時報》一篇標題為
〈2006：「馬喀喀」之年〉（2006: The Year of the 'Macaca'）的評論裡
寫道，「這一刻成為政治活動年的標幟文化事件，因為韋伯競選
陣營把影片上傳到 YouTube 這個高人氣網站，大部分政治人物
為此身陷危境，因為他們還沒有從子女那裡聽過這個網站。」

　　「馬喀喀」影片告訴世人，在全世界，任何人都能藉由記
錄、分享個人經驗，對根基深厚的機構產生廣遠的影響。一名手

持攝影機的二十一歲年輕人，因為讓大眾有那麼一刻能夠設身處地、從他的角度與他一同經歷他的所見所聞，因此發揮了助力，改變了政治發展。

儘管今日的所有事件看似都以某種形式記錄下來，歷史上大部分的重要時刻完全沒有影視資料留存。偶爾，文字精采的歷史文本有效地捕捉了壯烈戰爭的微小細節，或是專制權貴的統治情況，但我們所掌握的通常不夠細緻，不足以讓我們與沒有親身經歷的情感衝擊產生連結。最上乘的歷史畫作或許可以幫助我們具體想見文明的重要轉折點，但可能也存在相當的瑕疵。紐約大都會藝術博物館裡，我最喜歡的畫作之一是洛伊茨（Emanuel Gottlieb Leutze）的「華盛頓橫渡德拉瓦河」（Washington Crossing the Delaware）。許多人認為，這幅畫記錄了備受世人尊崇的建國者英明的軍事領導力。但是，洛伊茨是在事件發生後四十年才出生的，評論家普遍同意，若真要追究起史實紀錄和物理定律，畫中所描繪的景像是不可能成立的。我的意思是，我敬愛我們的國父喬治‧華盛頓，也尊敬與他相關的一切，但你曾經嘗試在一葉扁舟裡起身站立嗎？畫中場景若是放到真實世界，與他同

船的那 11 個人其實會在德拉瓦河冰冷的水裡飄搖震盪，
在革命戰爭裡彼此咒罵。人類歷史重大事件的畫作，絕
大多數都是由事發時不在現場、甚至還未出世的藝術家
所捕捉的。

直到二十世紀，重大時刻精確的視覺呈現才變得普遍。
但是大半個二十世紀裡，攝影器材因為笨重和昂貴，只
有數量有限的鏡頭可以用於捕捉突發的重要事件。我們
仰賴攝影記者，他們的任務就是在對的時機，在現場為
大眾記錄世界的重要事件。只靠記者和新聞媒體記錄、
發布影視資訊，這種方法當然有其限制，攝影記者不可
能無所不在。此外，除了攝影、記者、製作和編輯，還
有無數的中介者橫在閱聽觀眾和事件之間。我們是人在
家中坐、萬事不關己的旁觀者。

1963 年 11 月 22 日早晨，亞伯拉罕‧澤普魯德（Abraham
Zapruder）原本忘記帶著貝靈巧（Bell & Howell）攝影機到
他位於達拉斯的洋裝製造公司辦公室，在祕書的催促
下，他返家去拿。澤普魯德透過他的長鏡頭，錄下了或
許堪稱是二十世紀最令人不寒而慄的家庭影片：甘迺迪
總統遇刺。第二天早上，澤普魯德播放這段八釐米影片
給兩名特勤探員和《生活》（Life）雜誌的理察‧史托利

（Richard Stolley）看。最後，他們看到影片最身歷其境的那一刻，也就是畫面的第三百一十三格。「影片播到那一刻時，」史托利後來記述道，「我們三人當中，兩個是頭髮斑白的探員，一個是頭髮沒那麼斑白的記者，全都『啊──』地長聲驚呼，彷彿我們同時被打了一拳。那段影片我大概看了不下 100 次，但不尋常的是，它的衝擊卻從來不曾稍減。」

在對負責調查的華倫委員會（Warren commission）作證時，澤普魯德崩潰了。「這件事太恐怖了。我敬愛總統，看到那樣的事活生生在我眼前……這對任何人都會留下非常、非常深的情感印記；這太可怕了。」不管是《生活》雜誌最早刊登照片之時，或是後來的數十年間，看過那段影片畫面的每個人，幾乎都有那樣的反應。它糾纏著澤普魯德，也糾纏著我們。「他那段 26.6 秒的無聲家庭影片，成為那詭異的一天美國人集體記憶的焦點，」五十年後，《主機板》（Motherboard）的亞力克斯·帕斯特奈克（Alex Pasternack）寫道，「有許多人，尤其是事發當時還未出生的人，都透過澤普魯德的鏡頭看到那個事件。」

2000 年代初，拜智慧型手機之賜，我們每天都在記錄重

大事件，而大眾現在是透過他們的影片記住所有的社會
運動。這項發展對於新聞業報導事件的方式產生重大衝
擊，更重要的是，它也將大幅改變我們與事件的關係。
我們不只是人類最不可思議經驗的旁觀者，也變成了事
件的目擊者。

▶︎ 把他們的行為攤在陽光下

　　史提夫·葛羅夫（Steve Grove）正要完成他在哈佛甘迺迪學
院的研究所學業時，剛好是喬治·艾倫的「馬喀喀」事件成為全
國頭條新聞之時。「那一刻，YouTube 成為全國政治雷達，也確
實讓我警覺到，它不只是一個挖掘有趣玩意兒的網站，它具有某
些政治意涵，」葛羅夫說。他在 2007 年 2 月加入 YouTube，就
在這個新興的影片網站被 Google 收購的幾個月後。他的職務是
新聞和政治內容編輯，負責在蓬勃發展的網路影片社群裡，辨識
重要的影片及正在形成的意見，做為關注專題。

　　在他上任六個月後，緬甸爆發抗爭，引來該國軍政府的暴
力鎮壓。數千名佛教僧侶加入番紅花革命（Saffron Revolution）。
緬甸統治者的媒體監管惡名昭彰，讓外國的工作者就算不到一籌
莫展，也是綁手綁腳，儘管如此，僧侶的示威影片還是流傳到網
路上。平民可以記錄到記者觸及不到的事件，而葛羅夫追蹤了這

一切。「影片是了解那裡發生什麼事的唯一窗口，」他說。

2008 年，葛羅夫招攬奧莉維雅・馬（Olivia Ma）加入生力軍，一起開創 YouTube 新興的新聞計畫。[3] 她和葛羅夫直接與全球的重要新聞組織合作，挾著 YouTube 的潛能，企圖為那些透過自己拍攝的影片分享個人對全球重大事件觀點的一般人，爭取曝光機會。

接著 2010 年，葛羅夫做了他在 Google 最關鍵的決策：他錄取了我！葛羅夫是我頭一年、也是我一半 Google 職涯裡的主管。在那段期間，他、馬和我鎮守 YouTube 最新新聞事件的第一線，包括阿拉伯之春、日本海嘯和一場總統選舉。

當時，有照相功能的手機已經很普遍，每當有人看到不可思議的事件時，YouTube 就成為他們分享影片的首選園地。葛羅夫和馬認為，真正能彰顯這股趨勢對新聞可能造成衝擊的事件，是 2009 年的伊朗選舉。「這是全世界都在看的新聞事件，而他們其實是透過 YouTube 在看，」葛羅夫說。他們本來就了解，平民透過影片所做的報導和見證，作用舉足輕重，「但是，伊朗是引爆點，」馬告訴我。

2009 年夏天，伊朗總統內賈德（Mahmoud Ahmadinejad）在一場高度爭議的選戰中贏得連任。他的對手，包括改革派候選人穆薩維（Mir-Hossein Mousavi）指稱內賈德違規。「對於許多明目張膽的違紀行為，我個人提出強烈抗議，我不會屈服於這危險的造假，」穆薩維發表聲明。他的支持者湧上街頭，形成知名的「綠色運動」（Green Movement）。示威群眾與鎮暴警察起衝突時，和

平抗議變成暴力事件，死傷者不計其數，數千名抗議者遭到逮捕。儘管社群媒體還屬於新興概念，許多衝突場面被手機拍下來並放上網，讓人不忍卒睹。「逮到某個政治人物失言是一回事，」葛羅夫說，「看到有人在公開場合被警察殺害，或是被建築物頂樓的狙擊手槍殺，或是被警棍痛毆，那是另外一回事。」這些影片描繪事件驚人的現場實況，並讓我們明白，即使只是數位拍攝的短暫片刻，衝擊卻是如何巨大。

二十六歲的妮妲‧阿嘉－索爾坦（Neda Agha-Soltan）並不特別關心政治，但是就像那年許多的伊朗年輕人一樣，受到抗議行動的情緒及理念所感染。6 月 20 日傍晚，她不顧雙親勸誡，和朋友、音樂老師哈米德‧潘納希（Hamid Panahi）動身前往某一場抗議活動。她告訴父母：「如果我不去，像我一樣的其他人也不去，那該誰去呢？」她那部老爺標緻 206 的空調故障，所以車子開到靠近德黑蘭的阿扎迪廣場（Azadi Square）時，她和潘納希決定用走的，呼吸一下新鮮空氣。鎮暴警察騎著摩托車來到，發射催淚瓦斯。一聲轟然巨響，妮妲應聲倒地。一群人衝向她，其中有個人有攝影機。潘納希聽到她說，「我在燒，我在燒。」血從她的胸口、口、鼻流出。她的眼睛已經翻白。一群人圍著她，潘納希在慌亂中拚命安撫她，「不要怕！哦，我的天啊！不要離開我們！活下去！」你可以聽到淒厲的哭叫聲，男女都有，那是一種能刺進你心裡的痛苦哭喊。剛好附近的一位醫生趕來，奮力幫她止血，但妮妲不到 1 分鐘就死亡，這時攝影機還在錄。

　　「看到妮妲的影片，我的第一個反應只有悲傷，」葛羅夫回想。「我深深地被打動，對於這件事有一股憤怒的道德感。我認為，還有很多人也有同感，因為她的名字及那支影片後來成為整起革命的同義字。」我看到那支影片時，也有類似的反應。多年後，那支影片在我腦海裡記憶猶新，鮮明到我可能永遠也不會忘記。馬是在搜尋從那個地區新上傳的影片時發現這段影像的，她幾乎是立刻體認到它會成為重要影片。這段令人揪心的影片快速流傳，「我是妮妲」（I am Neda）也立刻成為號召抗議運動的標語。即使是原本不知道她或她的故事的人，那支影片也觸動側隱之心。「它令人心碎，」歐巴馬總統在看過那支影片後對記者說。「我認為，任何看到這段影片的人都知道，這件事涵藏著根本上的不公義。」

　　此後，「妮妲」影片成為旁觀者影片力量的試金石，鼓勵在地和國際社區公開發聲。據說，這支影片是拍攝者交給一位在荷蘭尋求庇護的伊朗友人，才得以面世。後來，它似乎無所不在，有許多複本從不同的帳號上傳，很少人能確定哪一支是原版。但是這不重要。這段影片贏得喬治波克獎（George Polk Award）的最佳新聞攝影項目，是這項大獎史上首度頒給一群無名者。

　　「妮妲」影片也讓許多 Google 人警覺到，大眾會以無人可以預料的方式運用科技，並對世界造成重大影響。葛羅夫和馬共同著手接洽一些拍攝、分享這些素材的人，有時候甚至指點他們有關影片製作的最佳實務做法，像是如何賦予影片適當的架構和詮釋資料（metadata），對記者會更實用。在影片傳播方面，來自

美國紐澤西州的二十八歲圖像設計師梅迪・撒哈奇茲（Mehdi Saharkhiz），他的 YouTube 頻道「onlymehdi」成為 2009 年伊朗事件實況業餘影片的必訪參考源。活動分子把影片傳給他，讓他公開分享，讓自己仍然保持匿名。「我們能夠指認一部撞過抗議者的警車，」他在 2010 年的訪談裡回想道，「我們也有證據，不是從一個角度、不是從兩個角度，而是從三個不同的角度。甚至連政府都要因此改變，因為每個錯誤行動都有證據。我們正邁向一種新型民主。在看的人，不是 100 萬，也不是 200 萬，而是 60 億的人都在看。」有鑑於智慧型手機無所不在，社群媒體無所不在，我們接觸、觀看重要時刻的能力，前所未見。影視證據能夠啟動真正的變革。

2015 年的起火點事件之一，肇自一盞故障的煞車燈。華特・史考特（Walter Scott），五十五歲，黑人，四個孩子的父親。4 月 4 日，在南卡羅萊納州的北查爾斯頓市（North Charleston），史考特開著他那部 1991 年的賓士車，正要進入汽車零件賣場的停車場時，被警察攔下來。停車攔檢時，史考特逃跑，隨後兩人一陣追趕扭打，最後在附近一家當舖後方的停車場，白人警察麥可・史萊傑（Michael Slager）在對史考特開了八槍之後，終於結束了這場纏鬥，也結束了史考特的生命。事件結束之後，史萊傑立刻對著無線對講機回報訊息：「開槍射擊，對方身亡。」他說，「他搶了我的電擊槍。」在這件槍擊案發生之前，全國已經為數起人心惶惶的類似事件而情緒緊繃。現在，這又是一起沒有武裝

的黑人男子遭白人警官射殺的事件。「根據北查爾斯頓警局發言人史賓塞・普萊爾（Spencer Pryor）所發表的聲明，有個男子從交通攔檢哨逃逸，一名警官動用警局配發的電擊槍，想要制止他，」《信使郵報》（*Post and Courier*）報導，「但警官表示，電擊槍沒有作用，後來男子意欲搶奪電擊槍，兩人發生口角。警官指稱，在爭搶之中，男子奪得電擊槍，企圖用它攻擊警官，於是警官動用了公務槍，朝男子射擊。」史萊傑很快請了辯護律師。「駕駛人企圖搶奪他的電擊槍，以武力壓制史萊傑，」律師解釋道，「史萊傑覺得受到威脅，於是伸手去拿警局配發的槍枝，發射他的武器。」史考特身亡的新聞成為全國頭條，以上是我們得到的合理解釋。

只是，有個人知道那不是真的。二十三歲的費汀・桑塔拿（Feidin Santana）當時正在步行，前往理髮店上班。他看到史萊傑命令史考特「站住！」一路追著他，穿過停車場，最後制服了他。桑塔拿繼續看著，史萊傑電擊了史考特，把電擊槍收回側袋。「我記得警察控制了狀況，」桑塔拿後來回想道。「史萊傑壓制了史考特，史考特想要躲開電擊槍。」史考特溜掉，繼續跑。史萊傑拔槍，從大約二十呎處開槍，射中史考特的背部。「開槍射擊，」史萊傑一邊對著無線電說，一邊朝著史考特走去，銬住他，把看似電擊槍的東西丟在他身旁。接下來的幾分鐘，更多警察和急救小組趕到，桑塔拿還繼續在看。等到警官要桑塔拿留在原地時，他顧慮到自己的安全，所以跑掉了。桑塔拿不只親眼目睹整起事件，還用手機把一切都錄了下來。

直到後來，桑塔拿才發覺他錄到的那個人是誰，也知道他沒有熬過那場槍戰。桑塔拿立刻明白，他的三星手機上那段影片的價值。他害怕惹麻煩，但他知道，如果他是史考特，他會希望自己的家人知道真相。「我看了警方報告，我知道報告是錯的，」他說。「我抓狂了。」桑塔拿看到的是，史考特從來不曾拿到電擊槍，那是警方的說詞；在他看來，史考特不應該落到如此悲慘的結局。於是，桑塔拿透過一些社群媒體的連結，找到史考特的家人，默默地和史考特的兄弟見面，把影片交給他。史考特的家庭律師，把影片交給了《紐約時報》。《紐時》在網站上公開影片，舉國嘩然，眾怒沸騰。

這段影片揭露的內情，引起各方撻伐所有涉案人員。「由於那段影片，以及我們警官做的不良決策，他會以謀殺罪名被起訴，」北查爾斯頓市長啟斯・薩梅（Keith Summey）終於宣布。聯邦調查局、南卡羅萊納地方檢察局和司法部聯合啟動調查。一個月後，一項資助 2,000 副隨身攝影機給州警配戴的南卡羅萊納州議會法案，改以史考特的名字命名。2017 年，史萊傑在聯邦法庭認罪，承認違反史考特的公民權。

史考特謀殺案不是單一個案，其他事件的目擊影片掀起一場運動，把黑人社區和執法者之間的關係放在聚光燈下。在八個月前，藍塞・歐塔（Ramsey Orta）拍下了艾瑞克・嘉納（Eric Garner）在史塔頓島（Staten Island）被控賣散菸後被捕的情形。嘉納被警官用鎖喉扣動作非法壓制，呼叫了 11 次「我無法呼吸」，但是監督警官卻沒有出面為他說情。嘉納死於心臟病發。後來的

追思會上，歐塔受到群眾鼓掌致意。嘉納的女兒在一場訪談裡說，「他向全世界揭露了真相。」

「我們不再讓他們在黑暗的角落裡對我們棍棒相向，」金恩博士在 1965 年宣告。「我們要把他們的行為攤在光亮的電視畫面上。」半世紀後，金恩博士所說的「電視」，涵蓋範圍超越了客廳裡的一個箱型物，而打開明亮燈光的權力在每一個人手裡。影響本世紀最重要文化運動的力量，是我們能夠以可以錄製、觀看和分享的影片形式，直接觸及彼此的經驗。

▶️ 10 億目擊者

我們所攜帶的相機產出我們在二十一世紀所體驗事物的影視紀錄。事實上，我們甚至不是無時無刻帶著它們。例如，在俄羅斯，架設在汽車儀表板的行車記錄攝影機，幾乎已是人車一部，一方面，它讓戒慎恐懼的駕駛人可以事後反訴貪腐的警察或保險詐騙者；另一方面，它讓我們可以任意捕捉莫斯科街道和西伯利亞荒郊僻徑的瘋狂景象。[4]如今人類投注於媒體的時間，比歷史上的任何時期都高。行車記錄器、手機鏡頭、個人安全攝影機、內建於眼鏡的攝影機等等。儘管這些拍攝、分享活動引發一些重大的道德問題，留待我們花數十年應付，不可否認的是，目擊作證的能力已經大幅提升。現在，我們幾乎認為，把重要時刻記錄下來、散播給全球觀眾看，是理所當然的事。但是，影片和照片要能產生衝擊力，絕對不是只有上傳 YouTube 那麼簡單。

這類影片能夠從個人相機進入社群動態，再變成公眾意識核心的
頭條新聞，是相當新近的事，有賴於影音錄製工具的普及化，以
及取得正當性的處理程序。

我們拍攝、上傳的那些深入人心的情景，要能觸動有意義
的反應，就必須具備可信度。專業的新聞蒐集者扮演著重要角
色，藉由查核影片的真實性，幫助大眾理解更宏觀的脈絡，以提
升影片的影響力。沒有第三者的過濾和脈絡化，許多重要的目擊
見證影片力道恐怕會薄弱得多。諸如拍攝地點、拍攝時間、可能
的拍攝者等影片基本資訊如果不可信，影片就難以讓人產生切身
之感。「從某些角度來說，記者於此一切的角色和以往相同，」
馬告訴我。「內容是必須經過調查、核實、查證和脈絡化的原始
報導素材。」

愛爾蘭人大衛‧克林區（David Clinch）在 CNN 工作超過二
十年。2010 年，他成為 CNN 新聞網在亞特蘭大總部的資深國
際編輯。克林區和其他媒體同業看到，網路不只是出版平台，也
有成為新聞蒐集工具的潛力。他把此稱為「社群媒體起義」。
2010 年 1 月，貧困的海地發生強度 7.0 的地震，造成超過 15 萬
人死亡，就在此時，網路的力量達到爆發點。「社群媒體所引發
的高張情緒已經達到巔峰，所有的新聞機構對此都有所意識，都
在網路上尋找內容，如 YouTube 和其他網站。但是，關於核實
或使用權等困難問題的答案，完全無人聞問，」克林區告訴我。
「那是即時社群網路最好的時刻，也是最壞的時刻。」記者可以
取得數量空前的實地探察影片，但沒有人有核實方法。「當時，

真正的影片拍攝者和影片最後如何傳上網之間層層相隔，完全不可能知道影片的真偽，」克林區回想道。「CNN 和其他組織都陷入類似的困境，那就是宣稱是目擊者的人，其實不是真正的目擊者。宣稱自己擁有事件影片的人，其實在撒謊。」這是令人大開眼界的轉型時期，也是不折不扣的一團亂麻。

關於每支影片，克林區都要回答三個問題：它是真的嗎？它屬於誰？新聞出版者可以用嗎？在 2010 年初，回答這些問題的標準程序尚未成形，新聞室一窩蜂報導重要事件時，造成不少混亂。那段時期，YouTube 和傳統媒體經常感覺立場相左。許多組織擔憂，整個新聞產業的財務來源將要崩壞，但全球事件迫使兩者之間形成共生關係。遺憾的是，它們各自的基礎建設會讓對方處境艱難。例如，YouTube 的設計是以最極簡的組織方式接納和呈現影片，而這些影片通常很少有具體的資訊，或經證實的細節；另一方面，新聞室卻是為了追蹤來源、自行記錄事件而設，或許還要遵守自己獨特的審核流程，才能讓讀者看到他們揭發的報導內容。新聞報導產業正站在巨變的轉折點。

我到 YouTube 工作時，新聞媒體和網路 10 億目擊者之間的不協調，甚至變得更加明顯，尋找解決方案是重要關鍵。

2010 年 12 月 17 日，在突尼西亞的西迪布賽（Sidi Bouzid），一個名叫默罕米德・波亞奇奇（Mohamed Bouazizi）的二十六歲水果小販，在前往工作的途中，遭受腐敗的地方官員騷擾。可悲的是，在波亞奇奇的家鄉，這並不是罕見景象；遇到這種情況，波亞奇奇通常必須靠著賄賂才能脫身。但是，在波亞奇奇試圖抗議

他的秤和農產品遭到沒收時，事情演變成肢體衝突。為了購置這
兩項資產，他才剛被迫背負高額負債。不到 1 個小時之後，感覺
屈辱又苦悶的波亞奇奇站在政府首長辦公室外面的街道上，在自
己身上淋了塗料用溶劑，點火自焚。幾個小時之後，城裡爆發示
威抗議，波亞奇奇的姪子阿里用手機拍下抗議實況，發布到網路
上。波亞奇奇的自焚成為一種象徵，代表突尼西亞人對政府貪腐
的失望。後續的抗議示威有時會造成與警方的激烈對峙，而這些
都有影片記錄，並在社群媒體網站上廣為分享，激盪出更深的憤
怒。專家通常認為，這些事件是「阿拉伯之春」的導火線。

　　一個月後的 1 月 25 日，抗議者在開羅與警方發生嚴重衝
突。影片大量湧入，新聞界也展開工作，辨識、蒐集事件發生當
時的合法影片。這對說英語的記者是一大挑戰，因為所有背景資
訊（標題、描述、關鍵字）都是阿拉伯文。影片檔案有時候是透
過電子郵件附件或數位訊息分享才上傳 YouTube，讓諸如地理標
記等其他內嵌資料等變得更不可靠。新聞界需要協助才能解析影
片，因為他們經常遇到看似重大的事件，後來卻發現它是假的，
而假事件有時是無心造成，有時甚或是刻意欺騙。

　　這時，克林區和另一位記者馬克・里透（Mark Little）已經創
設一家名叫「有故事要說」（Storyful）的公司，專門爬梳社群網
路，判別這類素材的真偽，以及原始來源。我們在大半夜打電話
給克林區，問他能不能幫我們解譯阿拉伯之春。克林區問，我們
是什麼意思。我當時的老闆葛羅夫回答：「我也不能確定我的意
思是什麼，但我現在就需要明確的回答，『好』或『不好』。」

他們答應了。「你想想，」2006 年，克林區再次和我談話時說，「那只是幾年前的事。在我們的一生中，阿拉伯之春絕對是重大事件，但 YouTube 是做報導的唯一管道。」

　　我和克林區及他的同事在 2011 年共事，不論阿拉伯之春在地理政治學上的意涵有多麼渾沌難明，它無疑是社群媒體在紀錄事件上的轉捩點，最終塑造了我們對全球事件的觀點，尤其是受到阿拉伯之春影響的國家，許多都有非常嚴格的媒體限制。「對於外來記者所能觸及的媒體，它們若不是全部禁止，就是非常、非常有限度的開放，」克林區說。許多成功進入該地區的記者，只能在旅館陽台上發新聞，報導正在他們腳下全城上演的事件，但是另一方面，捕捉了群眾運動現場實況的影片，從開羅和全埃及的平凡老百姓手中不斷湧入。同樣的情景，在巴林、利比亞、葉門和敘利亞輪番上演。「要不是社群媒體，尤其是 YouTube 影片，我不認為這些革命能有如此大的影響力，」克林區說。「因為政府會想辦法宣稱，『這些事都是子虛烏有』，或是『事情不像你們想的那麼重大』，或是『外國記者誤解了』。唯一能讓世人看到、甚至最終讓在地政府官員看到事件有多重大的管道，就是社群媒體和 YouTube 影片。」

　　在解讀重大事件時，我們能夠取得的全部素材通常就只有這類目擊影片。這個事實只會更進一步強化脈絡和核實的重要。這些影片要取得重要地位，就必須設立機制，確保它們的可信度。在一個擁有 10 億目擊證人的世界，真相與確實再重要不過。

▶| 同理心的一大步

　　喬治·艾倫的失態為何如此有感染力,阿拉伯之春的影片為何如此牽動人心,部分是因為我們目擊這些事件時,是透過他人切身相關而立即的第一人稱觀點。正因為這些影片看似可能出自任何人之手,而且發表和分享的方式類似一般人發表和分享影音、照片的方式,更突顯它們挑動情緒和左右意見的潛力。

　　2011 年,我投入時間研究來自埃及最重要的影片,我從中學到的是,非專業目擊影片的影響力有多大。我當時看過的影像,有些仍然深印在我的腦海。第一天,我看到一段影片:在開羅街道上,有一群人和武裝卡車對峙。警察用水槍阻止抗議者前進自由廣場(Tahrir Square),那裡是示威活動的聲勢愈來愈浩大的風暴中心。粗粒子的影片似乎是從四十層樓高的公寓陽台所拍攝,當武裝卡車的水槍掃向下方街道上的年輕人時,影片裡還可以聽到住戶和圍觀鄰人發出的叫喊聲。有個人走到卡車前方,孤身站定,兩手放在身側,即使遭到強力水柱的掃射,還是拒絕讓開。(這位無名氏成為人稱的埃及「坦克男」,顯然是把他與 1989 年天安門廣場的標幟景象相比擬)。接下來的幾週,隨著抗議活動的激化和蔓延,有更多類似的景象出現。我在深夜回到家時,經常已是身心俱疲。我還鮮明地記得,有一天早上,我看到一段感覺特別難受的影片,是衛兵對著手無寸鐵的布林示威抗議者直接開火攻擊,而我坐在我們紐約市總部大樓十五樓的辦公桌前,眼眶盈滿淚水。

可悲的是，在我的人生裡，這些並不是唯一政府對人民犯下的暴行，但是因為我體驗這些事件的方式，讓它們特別打動我。我不是唯一的一個。即使是 2001 年進駐埃及或其他地方的新聞記者，很多人都是透過 YouTube 影片觀看阿拉伯之春的發展。阿拉伯之春之所以能夠在我們的回憶裡駐足，答案也存於這些 YouTube 影片充滿力量的形式裡。

情感連結是這些目擊影片力量的核心，網路影片的親近感能放大情感經驗。影片能在我們和拍攝者的體驗之間建立一種關係，以此驅動我們的反應。我問葛羅夫，像「妮妲」這樣的影片之所以能夠如此挑動情緒，他認為原因何在。「我認為它把一項危機個人化，而這是新聞報導從來無法達到的境界，」他告訴我。透過旁觀者的觀點看著事件發展，尤其是身歷其境者的視角，而不是專業攝影記者，觀看者對於事件和當事人的經驗都會感受到一種連結。「你幾乎覺得自己參與了那一刻，」他又說。「我認為網路影片在某些層面上，是新聞的同理心長久以來跨出的最大一步。」

這些影片名副其實地深印在我們腦海，甚至改變我們的神經化學作用，足以改變我們未來的行為。科學證據指出，短片的力量能影響我們的大腦、提升我們對別人的同理心。2009 年，克萊蒙研究大學（Claremont Graduate University）的兩位研究人員約克・巴拉扎（Jorge Barraza）和保羅・扎克（Paul Zak）發表了一項研究成果。研究中，他們讓參與者玩一項遊戲，目的是評估善心。在遊戲開始前，他們讓部分參與者看一段 2 分鐘、能引發同

理心的影片，內容是「一名父親對著他罹患末期腦癌的兩歲大兒子，解釋他現在的感受」。看了影片的參與者，有 47% 的人催產素分泌增加（這項人體賀爾蒙最知名的就是它能夠促進人際之間的社群凝聚感），在玩遊戲時表現得更寬厚。這項研究顯示了同理心、催產素和善心增強之間的關聯。

我們身處一個以科技記錄、儲藏人生許許多多重大時刻的時代。這些影片部分是透過這種深度的情感連結，啟發了社會變革。影片能強化觀看者與影片中的人與經驗之間的關係。影片的那股潛能，連同其他種種複雜性，在在都提醒了我，我們在探索這個新現實時，為何必須謹慎小心。

▶| 目擊見證，是一件複雜的事

「他們會駁斥我說的。在這件事之後，他們會給我加很多罪名，」2009 年，阿拉胥・赫賈齊（Arash Hejazi）醫生接受 BBC 專訪時擔憂地說道。那一年，赫賈齊意外成為伊朗最知名的醫生，因為他在參加一場選後抗爭活動時，無意間在「妮姐」影片中參了一角。他從來沒有見過妮姐，但是當他聽到槍響，發現一名年輕女子大失血，於是他盡全力搶救，在她血流不止時施壓止血。之後不到兩週，他擔心自身生命面臨危險，於是從德黑蘭飛往英國，。

我相信，運用現代科技，透過影片和社群貼文分享見證行動，能建立人際連結並傳播真相，在字義和喻意上都是如此。面

臨最險峻而不公義處境的人，可以記錄他們的經歷，與大眾分享。而深受見證者所感動的群眾，可以凝聚成一個同理心的見證社群，改善當事人的處境。那些行動可能讓該負責的壓迫方遭受報應。但是就像大部分事物，事情其實更為錯綜複雜。網路是自由表達的媒介，而伴隨著這份禮物而來的是複雜的道德包袱。

「我深信從觀看、感動到行動的力量，」山姆・葛雷戈里（Sam Gregory）告訴我。葛雷戈里是「見證者」（Witness）組織的專案經理。「見證者」的工作是訓練、支援運用影片從事人權運動的人。1992 年，在爆發羅德尼・金（Rodney King）毆殺事件後，彼得・蓋布瑞爾和他人共同創設了這個組織。[5] 羅德尼・金事件的影響在全國發酵，部分要歸因於旁觀者喬治・哈樂代（George Holliday）把事件拍攝了下來。雖然組織成立之初的工作重點是發送攝影機，在二十一世紀，行動通訊和網路技術已把組織推往不同的方向。「我們的夢想是能讓這個世界的每個人，在遭遇任何這類壞事時，都有機會上傳他們的故事，被看到，被關注，讓他們確知有人能聽到他們的聲音，」蓋布瑞爾在 2006 年的 TED 演說裡如此解釋。

今日，「見證者」的焦點是辨識人權問題的情況，訓練那些受影響的人在符合安全、道德、效能原則下，運用影片記錄他們的經驗，倡議變革。他們的工作包括影片製作基礎教學、建立工具和應用程式、遊說科技公司改善對這項活動的技術支援，並為在自家網路內製作的重要影片爭取關注。據他們估計，他們的影片有超過 2 億 5,000 萬人的收視潛力。但葛雷戈里很快指出，對

廣大觀眾傳播目擊影片，不一定是最佳策略。在很多情況下，還有更好的管道可以將這些影片傳遞給相關的團體，而不是寄望於那數百萬觀賞次數。有時候，把影片交給適當的活動人士或人權律師或政策制定者手中，才是真正啟動變革的主因。「見證者」團隊經常宣揚，關於病毒流傳式成功的夢想，他們採取反對立場，因為病毒式傳播必須小心應對，程度更甚於大部分人所知。

當我們拍到有意義的影片，並想要分享時，我們想要分享的對象是與我們關係最近的社群，也就是與我們的經驗能理解並感同身受的人。但是，事實當然是還有無數其他各有動機的個人也會看到我們的影片。葛雷戈里解釋道，大部分人在發布內容時，都以為自己能掌握情況，都相信自己能明智決斷，但是他們忽略了，一旦其他人看到他們的影片，可能有無數的運用方式，而他們對於影片可能影響的人數也欠缺考慮。即使是清楚明白在記錄權力濫用的影片，情況也會因為牽涉肇事者、其他受害者、甚至敵對的政府單位而更形複雜，有時候影片甚至會進一步削弱力量，而不是賦權（empowerment）。

儘管哈樂代的羅德尼・金影片刺激了警政改革，推動了全國運動，但是有三名被告在後續的刑事程序裡被宣告無罪，至於哈樂代這個小水管行老闆，在碰巧拍到事件經過的第二天早晨，只不過把影帶投遞到 KTLA 電視台，後來卻在 CNN 接受共和黨人派特・布坎南（Pat Buchanan）的拷問。二十五年過去了，哈樂代對於新聞業仍然感到忿恨難平，他覺得自己被新聞業剝削了。拍下嘉納事件的歐塔，後來申訴自己不斷遭到警察搔擾，他引用

其中一個警察說的話:「你拍我們,現在換我們拍你。」他告訴
《時代》雜誌,「有時候,我真後悔,當初不要多管閒事就好
了。」他最後為不相關的罪名進了監牢。

2015 年 1 月,巴黎的工程師喬帝‧米爾(Jordi Mir)拍下一
段影片,他原本以為他拍的是銀行搶案,結果他拍到是《查理週
刊》(*Charlie Hebdo*)總部槍擊案的餘波,而那段 42 秒影片最為人
知的,是拍到警察阿米德‧梅哈貝(Ahmed Merabet)遭到兩名蒙
面槍手冷血謀殺的震撼畫面。米爾在他的 Facebook 網頁上發布
這段影片(後來他稱此舉為「愚蠢的反射動作」)。15 分鐘之後,
他立刻撤掉影片,但是不到 1 個小時,那段影片已經上了電視。
雖然他提出懇求,也拒絕未經編輯的影片供人使用,但影片已經
被一再複製、重播、翻拍,成為這次攻擊事件最具代表性的影
像。有人說這段影片是凝聚法國人的關鍵,但也有人說它造成更
大的傷害。「你怎麼敢公開播出那段影片?」梅哈貝的兄弟對記
者說。「我聽到他的聲音。我認得。我每天都看到他被殺害,聽
到他被殺害。」米爾覺得糟透了。他告訴美聯社,如果可以重
來,他絕對不會發布影片。

壓迫的紀錄也可以輕而易舉地為壓迫者所利用,以遂其邪
惡的目標,有時候甚至是透過規模驚人、經過協調的行動。2009
年,據稱伊朗架設了群眾外包網站,目的是從照片和影片裡指認
抗爭者,好逮捕他們。這就是為什麼葛雷戈里和他的團隊,對於
違反人權的紀錄資料戒慎以對。「見證是複雜的事,」葛雷戈里
說。「我們要如何幫助人們的見證能合乎安全、道德、效益等原

則？」這不只是拍攝者要問的問題，這也是觀看者和分享者該問
的問題。

　　「我把它放到 Facebook 上，讓它快速流傳，讓大家都可以
看到，」戴蒙・雷維許・雷諾茲（Diamond Lavish Reynolds）對站
在明尼蘇達州長官邸的一群記者說。「我要大家評評理，誰是對
的，誰是錯的。我想要大家在這裡做個見證。我們都看到了影
片。你們唯一沒有看到的是他被射殺的那一刻。開槍時，如果我
動了一下，（警察）也會把我給斃了。」就在兩天前，她直播了
她男友費蘭多・卡斯提爾（Philando Castile）被射殺身亡後的情
況。開槍的是警察傑若尼莫・亞內茲（Jeronimo Yanez），當時卡
斯提爾伸手是要掏皮夾。那支影片挑起了全國的怒火；影片中，
雷諾茲的男友就在她身旁的座位上，受著傷，流著血，而她以超
乎尋常的冷靜，敘述事件經過。

　　無疑地，這是 2016 年最重要的影片之一，但也引發更多關
於公開播放和分享一個人生命中這種狂亂時刻的道德問題。在一
個可以立即直播的世界，我們對彼此負有什麼責任？

　　雖然大部分人不會停下來思考，在危機時刻運用網路影片
引發的意外反響，但我們正進入另一個時代，以負責任的方式運
用媒體科技，將成為年輕一代的必要課題。我們在轉寄或評論看
似不公義的影片時，或許不會三思而後行，但是那些行為確實會
帶來新的道德難題。葛雷戈里提到 2013 年在俄羅斯的一起事件：
有一群新納粹分子團團圍住一名青少年，連續 20 分鐘用恐同的

辱罵言詞攻擊他。加害者把影片上傳到一個俄羅斯的社群媒體平台，影片在仇恨網站上流傳。但是，LGBT 活動團體和國際媒體後來也轉貼了這段影片，呼籲大眾關注，駭人的霸凌 LGBT 趨勢正在橫掃俄羅斯社會。「你該拿這怎麼辦？」葛雷戈里問我，「你多少希望大家看到，但是讓大家看到也等於在強化拍攝者的目的；你等於一再犧牲當事人。」

很多人都有過這種經歷，自己或他人出於善意的介入，最後讓問題惡化，而不是好轉。不受限的網路媒體環境，也可能發生同樣的事，只是規模大多了。負責任的媒體運用曾經是大學課堂和企業董事會裡的辯論議題，現在是我們要共同承擔的責任。

每一天都有某個人在某個地方錄製、上傳悲劇、痛苦或絕望的一刻，每一刻都值得我們付出同樣的關注和同情。儘管有像「見證者」這樣的組織輔助教育那些拍攝下那些時刻的人，讓他們了解何謂負責任的做法，影片的正面或負面效應的擴大，卻繫於其他人選擇如何回應。我們的回應就是有那樣的力量。在這個表達的新時代，把這件事做對，或許是我們最重要的責任。否則，後果非同小可。

政府心知肚明，網路影片的力量大到足以影響他們管轄的人口。我們可以直接從 YouTube 平台的資料流入量推知，政府在民間動盪時，所採取直接而具體的行動，就是封鎖 YouTube：

2009 年，伊朗

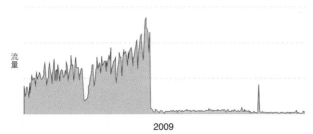

YouTube 個別國家相對於全球的每日資料流量，經標準化與平均（太平洋時間）

2011 年 1-2 月，埃及

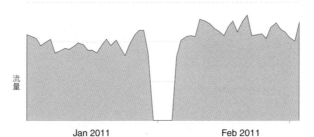

YouTube 個別國家相對於全球的每日資料流量，經標準化與平均（太平洋時間）

2011 年，利比亞

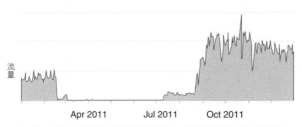

YouTube 個別國家相對於全球的每日資料流量，經標準化與平均（太平洋時間）

2012 年，塔吉克斯坦

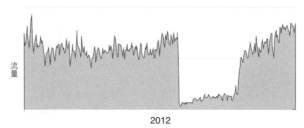

2012

YouTube 個別國家相對於全球的每日資料流量，經標準化與平均（太平洋時間）

2015 年 1-2 月，剛果民主共和國

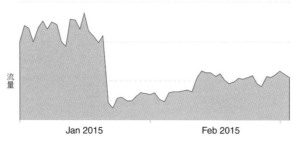

Jan 2015   Feb 2015

YouTube 個別國家相對於全球的每日資料流量，經標準化與平均（太平洋時間）

　　最終，地方獨裁者怕的不是人民看到什麼，而是人民對所見事物的反應。不管是國際壓力、街頭衝突，或是傷害他們的權力，他們害怕的是「攤在光亮之處」可能對他們產生的意義。

YouTube 當初並不是針對支持目擊見證影片、讓掌權者負起責任、記錄權力濫用或記錄大自然的毀滅力量等目的而生。架設伺服器時，我認為沒有人真的想到會有妮姐、史考特、海地地震這樣的影片。這是大眾選擇使用 YouTube 的方式。這項技術的發明不過短短幾年，除了喜劇片段、美容教學和舞蹈潮流等影片，個人拍攝、上傳的網路影片，顛覆了政治活動、讓我們與災難受害者產生連結，並點燃革命。

成為見證者一向是有意義的行動，後果可能很多，有好，也有壞。可能是悲痛、驚奇、無言或憤怒。如甘迺迪遇刺身亡、羅德尼・金遭毆擊等重大事件的「家庭影片」，偶爾會進入主流，但真正開啟目擊影片激發同情心潛能的，是這個世紀的科技，讓我們能夠以極低的成本，跨很遠的距離，以立即的時效，從優越的視角看到堪稱是無限多的人。接下來幾十年，我們都會繼續看到這些效應。

相機會愈來愈好。新的視覺媒介會放大這些激發憤怒、哀傷和行動的時刻。虛擬實境裝置及 360 度環繞相機和

音聲效果，或許會提高經驗的情感精確度，並進一步增加它們的強度。行動直播這項耗費許多年才發展完備的技術，把事件從記錄到散播的時間差縮短到以毫秒計。我們已經走到認為每件重要事情發生時都會有某人拍攝的地步。

這項科技的力量不只來自記錄事件的能力，也來自人際連結的能力。「我拍攝影片，或許這樣能讓他覺得有人與他同在，」桑塔拿告訴 NBC 他為什麼決定拍下史考特與史萊傑的衝突。「我無法分辨發生了什麼事，我只想讓他知道，他不是孤單一人。」人人都成為見證者的最終發展，就是賦權於全民。葛雷戈里對我說，這是一項道德義務，因為一如他所言，沒有行動的目擊不是見證。

本章注釋

1　「macaca」的意義，答案因人而異：（1）生物屬名，包含超過二十種猴子，例如很多人都知道的彌猴；（2）葡萄牙語的「雌猴」；或是（3）比利時統治剛果時期，殖民者用來指稱非洲人的貶義詞所衍生的詞彙，在數個文化裡用於矮化膚色較黑的人。

2　2011 年，艾倫為了收復他的參議員席次，在與未來的副總統候選人提姆・凱恩（Tim Kaine）的角逐中失利。出人意表地，艾倫用來宣布角逐候選人消息的是⋯⋯YouTube 影片。

3　馬在大學畢業後，原本可能會進入新聞業，在像是《新聞週刊》等大型出版集團工作，但是她有個同學建構了一個網站，讓她覺得媒體科技的前景更有吸引力。祖克伯在她的哈佛宿舍創設了 Thefacebook.com，她是第 51 個帳號。

4　多數人都曾透過瞠目結舌的俄羅斯駕駛人用行車紀錄器拍攝的影片，目睹 2013 年 2 月的車里雅賓斯克（Chelyabinsk）的隕石事件。這是目前所知百年來進入地球大氣層最巨大的自然物體。

5　沒錯，就是那個歌手彼得・蓋布瑞爾。

((7))

我在 YouTube 上學的

　　十二歲的班恩‧布伊（Ben Buie）在南韓為摩門教派從事宣教活動時，偶然看到一些廉價領帶。「他們那裡賣的領帶便宜得要命，我們在這裡賣的卻貴得嚇人，所以，你知道，我的生意頭腦開始啟動，」他告訴我。除了在宣教工作上必須經常打領帶之外，布伊對領帶所知不多。但是，他帶著 2,000 條領帶回到猶他州，開始挨家挨戶兜售領帶。「我的好領帶」（My Nice Tie）就這麼誕生了。他把領帶銷售轉為網路事業。2008 年初，為了刺激銷售，他在 YouTube 發布一支影片，示範如何打一個漂亮的雙溫莎領結。

　　他在衣櫃裡錄製影片。若說布伊對領帶所知不多，那麼他

對拍片所知甚至更少。「第一支影片花了整整一週才拍好，」布
伊說。「我上傳了影片⋯⋯沒有人在看。」

　　布伊認定他的影片初嘗試失敗，但隨著時間過去，觀看次
數也逐漸累積。影片上傳的兩年後，觀看次數跨越 75 萬大關，
再經過兩年，是 450 萬次。如今，「如何打領帶：雙溫莎領節的
最佳打法」（How To Tie a Tie: The BEST Video to Tie a Double Windsor
Know）的觀看次數累積超過 2,500 萬次，而且還在增加。偶爾，
單日觀看次數會到達 4 萬次，以一支陳年的打領帶教學影片來
說，這樣的成績還不賴。

　　原來，「如何打領帶」是 YouTube 上最常有人搜尋的「如
何⋯⋯」類字串，而布伊影片的觀看次數，超過一半是來自使用
者的搜尋。每一週，搜尋帶動 YouTube 數十億又數十億的觀看
次數，而有許多這類唾手可得的影片就是那樣被發現的。儘管有
許許多多的影片都可以回答同樣一個問題，布伊的影片通過了時
間的考驗。布伊將此歸功於他的示範動作夠慢，觀眾不必前前後
後重看，可以輕易地第一次嘗試就成功。（他還為重訪網站來復
習的觀看者製作了動作較快的版本）自從那時起，他還上傳了其
他教學影片，示範他學會的幾種領結打法。

　　「我的好領帶」捐出 20% 的營收給微型金融專案 Kiva，這
是布伊在上楊百翰大學（Brigham Young University）的商業課時想
到的。這項慈善行動讓他的事業不會流於空洞，他告訴我，這是
他對於自己的工作最自豪的部分。我們談話當時，他已經資助了
超過 600 筆貸款，受惠者遍布全球各國。想來有點瘋狂，世界上

居然有這樣一家小企業，它的存在是因為有那麼多人對於如何打扮自己的記性奇差。

　　為什麼有這麼多人為了打領帶而苦惱？「這有點複雜，打領帶就是那種你很少做、所以每次都要溫習的事情，」布伊解釋說。在美國，「如何打領帶」的搜尋高峰是每年5月（畢業季），而布伊的影片觀看次數通常會在除夕時衝高一波。[1] 我們需要幫助時，布伊的影片，以及 YouTube 上其他數千萬支「如何」影片，隨時待命。我們為了找樂子而瀏覽影片時通常會隨意跳接，教學影片與此形成對比，構成網路完全不同的另一面，它背後的驅動力是我們的好奇心、我們當下即刻的需求，甚至是我們對未來懷抱的希望。

1961 年，剛被甘迺迪總統任命為聯邦通信委員會主席的紐頓・米諾（Newton N. Minow），對全美廣播人協會發表了詞鋒犀利的演說。「我懇請在場的各位，找一天坐在電視機前觀賞你們自家的節目，」他告訴美國電視業的領導者，「眼睛緊盯著電視機瞧，直到收播。我向你們保證，你們會看到一片貧脊荒地。」米諾之所以有異議，是因為他認為電視台過度依賴空洞的娛樂節目。當時「荒野大鏢客」（Gunsmoke）和「馬車隊」（Wagon

Train）是那一季收視率最高的兩個節目。電視難道沒有
空間可以教導我們、充實我們的知識、拓展我們的視野
嗎？「我也喜歡西部片，但是整個國家的收視內容一成
不變，顯然不是公眾之福，」他說，這還是最近一次有
人以公開表達對牛仔電視節目的喜愛，以贏得一群媒體
專業人士的好感。「我們都知道，人通常偏好娛樂勝於鞭
策自己或追求知識。如果你們只以歡迎度做為節目是否
播出的標準，就不算盡到責任。你們從事的不只是演藝
事業；你們可以讓人放鬆，也可以傳播觀念。」米諾最後
威脅，如果業者不為「公共福祉」多做努力，執照的更
新就可能遭拒。他誓言要盡一切所能，扶持教育類電
視。去他的收視率！

YouTube 是完全不同的媒體，它是個全球各地數百萬人
都來這裡開節目、頻道無數的大觀園。YouTube 沒有前
述的使命；它是娛樂真正的自由市場。如果實用、資訊
豐富的節目不受歡迎，在這裡可能也沒有什麼立足之
地。任何具有教育價值的內容，一定會被那些人人都在
看的貓影片比下去。

不盡然。那就是為什麼我喜歡告訴大家，我們花在觀看
「教育類」影片的時間，整體而言，是「寵物和動物類」

的十倍。[2] 沒錯，就是十倍。我喜歡這個事實。過去，我一定會在訪談和報告裡提到這點，因為聽者無不嘖嘖稱奇。到現在還是如此。我們花這麼多時間看「有用的」內容，大部分成人應該都覺得順理成章——我的意思是，我們都曾看過如何操作某個軟體或如何做某道菜的影片，但這並不因為我們在網路上也會看那些無聊影片而有違和感。

那麼，大家都在看什麼？就是那些解答我們非常基本、有時候到非常奇怪的搜尋影片，從居家修繕到家庭作業等大小事都幫忙的影片，讓人看上癮的輕教育內容頻道。還有那些大部分人可能不認為屬於「教育類」、甚至不覺得有用，但是在對的人眼中卻是無價之寶的內容。

對許多人來說，「YouTube 已經成為學習新東西的同義詞，」一如布伊所說。YouTube 從來不曾為這個目的而設計，但我們都是熱情洋溢、好奇心旺盛的人，而且一如我之前所說的，這個平台會不斷因應我們的運用方式而調適。不過幾年，人類天生的好奇心已經把 YouTube 變成汲取知識的重要力量。讓我先從水果說起。

▶| 尋找答案

我對 YouTube 最早的記憶是一支教學影片:「如何切芒果」。只要是試過切芒果的人都知道,這種水果的形狀笨拙,根本不可能站好,它有一顆很大的籽,果皮薄到可以輕易撕除,卻又厚得不能吃。說真的,芒果們,你們究竟有什麼事?但是,我看到一支影片,有個爸爸在廚房流理台,專業地切好成熟芒果。在二十一世紀,這看似稀鬆平常,但是有個陌生人這樣隻手改變我的生活,還頗為不可思議(儘管是以小小的美味熱帶風格)。

光是在美國,YouTube 每天都有數百萬筆搜尋包含「如何」這個字眼。全球最受歡迎的「如何」搜尋排行榜如下:[3]

「如何畫」

「如何製作」

「如何打領帶」

「如何接吻」

「如何在 3 分鐘內練出六塊腹肌」

「如何做蛋糕」

「如何做史萊姆」

「如何解魔術方塊」

「如何畫玫塊」

「如何做冰淇淋」

「如何摺紙飛機」

「如何快速減重」

「如何畫卡通」

「如何跳電臀舞」

「如何用直髮器做捲髮」

　　這些搜尋或許是有紀錄以來人類好奇心最具體的展現，並描繪出人類的整體肖像：一個努力符合規範、尋求自我表現管道、同時渴望擁有結實性感腹肌的社會。

　　「如何」搜尋偶爾會跟著潮流走，例如曾經有段時間，彩虹編織是「如何」搜尋名列前茅的主題。但是，如圖所示，我們對它的搜尋興趣只是一時的：

彩虹編織主題在 YouTube 的全球相對搜尋熱度

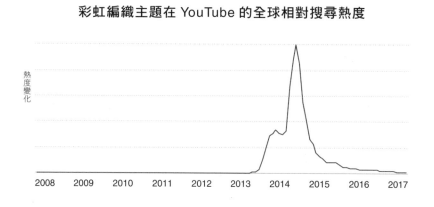

　　有些風潮似乎有些勢頭，例如「如何跳電臀舞」（雖然可能也不會熱太久了），有些則是真正的持久（很高興能看到魔術方塊在問世數十年後還在走強）。在我們的「如何」搜尋行為裡，

受歡迎的次類別也透露了一些訊息。例如，人往往會弄壞很多東西。在 YouTube 上，大家最常搜尋「如何修理」哪些東西呢？目前高居榜首的是刮到的電視遊戲片和裂掉的手機螢幕，跟隨在後的是只有一邊有聲音的耳機、拉鍊、漏水的水龍頭、牆上的洞、破裂的擋風板和裂開的指甲。

我們最想知道「如何煮」或「如何做」的食物是什麼？甜點除外，排行最高的料理是煎餅、披薩、壽司、千層麵和雞肉。若要說資料透露了什麼，那就是大家都是甜食愛好者。熱門影片排行榜不敗的「如何」影片，主要都和甜點相關，例如「如何做氣球巧克力碗」，這道食譜來自日本的「解憂美食」頻道（Mosogourmet），教觀眾如何用氣球蘸融化的巧克力，製作食用的巧克力碗。我看到這支影片時，它的觀看次數已經達 1 億 3,300 萬次。刀削冰、果凍冰棒、冰淇淋杯子蛋糕等等，許多這類影片之所以能累積高人氣，不只是因為它們是有趣的 DIY 項目，也因為它們有會讓人想到點進去看的影像，不但能吸引孩童和家長，也能迎合我們這些只想用眼睛吃甜點、享受那份美好的感覺卻不必承擔卡路里的人。

最常見的「教學」搜尋是化妝和髮型，接下來是鋼琴、Photoshop、吉他和頭巾。有人尋找這些課程或許是為了培養新嗜好，或者……為國際戰事記者的工作做準備。2011 年，以強悍著名的 CBS 新聞記者克蕾麗莎・華德（Clarissa Ward）寫道，她如何從一支 YouTube 的教學影片，學會如何用頭巾完全包住她的金髮，以潛入敘利亞。

　　2015 年，保守估計，我們每天看烹飪影片的時間超過 300
萬個小時，觀看 DIY 或教學影片則遠超過 600 萬個小時。大家
在尋找的事物，會隨著時間演變，不過從量來看，透過網路影片
學習事物的做法，顯然已經觸及我們生活的許多層面。

　　對許多人來說，這些影片解決了一項非常具體而立即的動
機：我想要學怎麼做某件事，我搜尋了一下，有個我再也不會見
到的人向我示範怎麼跳電臀舞最好，完畢。只是，同樣是靠著人
類的好奇心，有些人卻很機伶，能夠以截然不同的創意方式開創
一番成就。

▶️ 我知，故我在

　　還記得前文提到的統計資料嗎？就是那項關於「教育類」
影片的觀看時間遠多過「寵物和動物類」影片的資料。事情並非
總是如此。下列圖表對照了「寵物和動物類」影片與「教育
類」、「科學和技術類」及「如何與造型」的全球每日觀看率。

　　一如圖表所顯示的，那些類別的觀看走勢是在 2011 至 2012
年左右崛起。原因有很多，其中一個重要因素是這類資訊已經從
實用的新鮮玩意兒，轉變為日常習慣。2016 年，我有同事與市
場調查公司 Ipsos 合作，進行了一項研究。研究結果顯示，上網
的 X 世代，有 73% 的人至少每個月都會看 YouTube 影片一次，
學習怎麼做某件事。幾乎是在同一時期，冒出形形色色的頻道，
滿足這些需求類別，而且這些頻道的主事者是活力充沛、魅力十

每月觀看次數比較

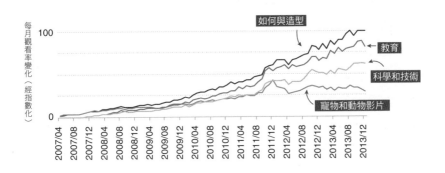

足的……呃，怪咖。

代號「影像網誌客兄弟」（Vlogbrother）的格林兄弟開了「爆裂課」（Crash Course）和「科學秀」（SciShow）兩個頻道，主要是鎖定引人入勝而富教育意義的內容。「我們的目標是讓『爆裂課』成為你最有趣的學習」格林兄弟一開始就如此宣告。在雪梨大學完成物理學教育博士之後，德瑞克・穆樂（Derek Muller）開了「Veritasium」頻道，裡頭有吸引人的實驗、科學家訪談，以及他覺得有意思的主題。之前就已經存在的頻道，觀眾也出現成長，如維多莉亞・哈特（Victoria Hart；別稱「Vi Hart」）經營的頻道，是數學定律和吸睛的筆記塗鴉的組合，饒富娛樂性。

這些頻道的成功，激發了更多類似頻道出現。

格雷葛利・布朗（Gregory Brown）和米契爾・莫菲特（Mitchell Moffit）是大學時期認識的朋友。他們就讀的是位於多倫多市郊的貴湖大學（University of Guelph），學的是生物科學。他們一起學

習，發現彼此都對科學懷抱熱情，因此兩人開始約會。雖然他們
大學都主修科學，但兩個人對創作都有興趣。布朗修習藝術，莫
菲特鑽研影片製作。畢業後，布朗成為教師，莫菲特成為編輯。

　　都不再是學生的兩人，對於科學的興趣找不到什麼出口。
如果你和他們兩人晚上一起出去聚聚，八成會聽到他們滔滔不絕
地對你講一些迷人的科學知識。「我認為我們兩個都喜愛我們的
學校時光，我們一向想要應用知識，像是解釋『人為什麼會宿
醉』，或是『人為什麼會醉』這樣的事，」莫菲特告訴我。
「嗯，」布朗插嘴道，「在我們喝醉的時候。」他們真的很擅長
這種「酒肆教育」，基本上，他們是朋友圈裡的「科學通」。同
時，布朗從他的中學學生身上看到 YouTube 的力量。有許多學
生會拿像 Veritasium 這類頻道裡的影片到班上來，而莫菲特因為
影片剪輯師的工作，認識了一些 YouTube 創作者。他們想到：
「我們可以做那個。」

　　2012 年，他們決定開設「科學極速遞」（AsapScience）頻道，
「每週來一點有趣好玩的科學」。當時只有二十三歲的他們，決
定一週上傳一支影片，為期一年，看看發展如何。「我們的白板
動畫影片風格，把很多人望而生畏的主題變得很童趣，」莫菲特
解釋，「卡通人物或即使只是可愛的小圖畫，都能消除人們的恐
懼。」他們兩人都沒有動畫背景，但是布朗仗著他在藝術學校所
受的訓練，創造了白板塗鴉，莫菲特則負責配音、配樂和剪輯。
一開始，他們把重點放在他們已經向朋友解釋過的主題。他們推
出一支名為「如何看到或聽到大霹靂」的影片，接著很快又打出

「為什麼咖啡和酒精會讓你頻尿？」然後，他們請朋友和觀眾分享有興趣的問題，並篩選建議，找出最好的構想。布朗的母親在提供潛在主題方面尤其有助益。

「宿醉的科學療法」影片迅速捧紅他們，影片在幾個人氣網站上播出後，吸引了數十萬次觀看次數。「我們真正分享的第一支影片是『小睡的科學力量』，」布朗笑著說，「我認為那是完美揉合我們嘗試的所有元素的第一支作品。我們總共投入四個星期。」一年內，他們的 28 支影片累積了 100 萬觀看次數。布朗繼續維持他的教職，但莫菲特把它當全職工作投入。截至我們 2016 年的訪談之時，他們已經打造了完善的企業，全職經營這個頻道，累聚了 5 億觀看次數、超過 500 萬名訂閱者。他們的目標一直是讓科學與日常生活產生交集。這不是直接跳進教科書。「我們談的是大家的生活體驗，」莫菲特告訴我。「睡眠、咖啡、酒精。心理學、金錢……這些大家每天都在想的事，但他們不知道那些是科學。」布朗和莫菲特最受歡迎旳影片包括「如果你斷眠會怎麼樣？」「冷會讓你生病嗎？」和「我們要如何阻擋小行星？」這支影片邀請到本身就是科學家的科學教育節目主持人比爾‧奈伊（Bill Nye）演出。[4] 有時候，這些影片的人氣會立刻竄升，有些則要歷經較長的時間才會累積較多觀看次數。他們最受歡迎的影片是「這件洋裝是什麼顏色？」這支影片解釋了著名的「黑色／藍色 vs. 白色／金色」辯論的科學原理，在 2015 年風靡網路長達數週，觀看次數超過 2,000 萬次，大部分在頭一週內左右。與此同時，人氣第二名的影片是「先有雞，還是先有

蛋？」（在你讀到本文之時，它應該已經超越了洋裝影片）。這支影片在發布後三年，每週仍然有 2 萬 5,000 次的觀看次數。布朗和莫菲特非常擅長根據主題預測影片的表現如何，雖然他們偶爾也有誤判的時候。尤其是他們的影片「怎麼樣才能跑得比屁還快？」表現沒有達到預期。「要解答那支影片的問題，是非常艱難的挑戰，」布朗說。莫菲特表示同意，「沒錯，氣味動力學非常難，也非常有趣。」

在許多方面，對於他們未來扮演科學傳播人的角色，成為酒吧裡的「科學通」或許是最好的訓練。「我們的朋友都不是科學迷，從某個角度來說，這是我們幸運的地方，」布朗解釋說，「我們因此被迫開始思考，『好吧，等一等，我們要怎麼解釋這個，才能說到完全沒有科學背景的人也能懂？』」他們挑選的人氣主題，有些是課堂禁忌，如自慰或陰毛等日常現實，但是在一兩杯酒下肚後，等到我們受到好奇心的驅使，並不會太不靠譜。他們琢磨出來的風格也是針對一個容易分心的環境而做，所有的影片都只有幾分鐘、步調快速、視覺吸睛。

「科學極速遞」出名的時候，正是「解事者」（Explainer）崛起之時。這些用來「解釋」單一主題或問題的影片，通常時間短，並運用動畫或其他視覺輔助工具。最受歡迎的或許是推翻常見的錯誤觀念，或回答在你腦中盤旋不去的日常問題。創作者 CGP Grey 是這類影片的大師之一，作品有「聯合王國、大不列顛和英格蘭的不同」、「日光節約時間解說」，兩支都是早期的人氣影片。TED 在 2012 年開設 TED-Ed 頻道時（該頻道設定

的宗旨是致力於「創作值得分享的課程」），就結合了教育工作者和動畫師，達成類似的效果。

在 YouTube，訂閱者最多的教育和科學頻道，包括「科學極速遞」，能在一個月裡吸引 100 個小時的收視。那麼，像「科學極速遞」這樣的頻道，憑什麼在這個環境裡如此成功？為什麼「解事者」在這個平台如此渾然天成？

「科學極速遞」的那兩個傢伙很早就明白，標題的訂定是關鍵。例如，提問式標題的影片比陳述式標題的影片更受歡迎。「這件事和挑起人們的好奇心有關，」布朗說。莫菲特講起他們早期的一項辯論：「我們想要做一集有關於維他命 D 的主題，因為它可以說是最酷的維他命，它以許許多多神奇的方式影響人體。顯然，陽光在其中扮演重要角色，但是長久以來，我們只是覺得，沒有人會想看一集叫做『維他命 D 的科學』或『陽光維他命』的影片。我們發想的標題就像那樣。最後，我們決定用『如果你就此足不出戶，會怎麼樣？』那支影片的觀賞次數超過600 萬次。」潛藏於這項發現之下的洞見，並不是問句比較能吸引人點閱，而是人對於與自己有關的影片較感興趣。布朗和莫菲特需要賦予他們的影片新的詮釋框架，讓它們與觀看者更切身相關，而不是把焦點放在觀念本身。「人人都在體驗科學，」他們說，「我們必須讓人們知道這和他們有關。」

「解事者」的成功，原因在於它的節目規畫是由人類的好奇心所驅動。問句形式的影片標題，能啟動人類幾乎是制約的反

應。莫菲特解釋道，在網際網路時代，「一旦你被某個問題引進這個環境，就不能不知道答案。」換句話說，我們已經習慣看到問題就要立刻得到答案，但是，「科學極速遞」的創作者發現，最成功的影片是那些能為我們創造主動經驗的影片。他們發現，人類喜歡錯覺或視覺／聽覺測驗，也喜歡所涵蓋主題可以讓我們與別人討論的影片，例如流行文化事件（如那支「洋裝」影片），或是能與朋友分享的驚人事實。

我們不只是觀賞影片，也大量轉寄這些影片。這些頻道不同於「如何弄乾掉到水裡的iPhone」這類我們搜尋一次即止（但願如此）的指導影片，它們是我們會訂閱、轉貼到個人社群動態頁的頻道。它們自然而然地在我們的日常行為裡占有一席之地，這點讓人不禁要問，這些頻道會是我們這個時代的教育者嗎？「我們並不是教師的替代品，」莫菲特對我強調。「我們是概略談論有趣事物的3分鐘影片。但如果你真的想要學習某些事物，你必須投入時間，潛心學習並理解。」

與此同時，布朗和莫菲特做到了我所遇過所有好老師都有的條件：他們讓基本抽象概念的學習變得動人又有趣。他們的影片給我們的是互動式體驗，不管我們自己是否有所體認，但我們的評論和分享意味著主動討論，而這一向有助於我們解讀、記住資訊。布朗和莫菲特所做的，多半運用了人類長久以來處理知識的慣有方式。

出現變化的是我們發現素材，以及與所學習素材的互動方式。我們的觀點、我們的分享、我們的搜尋，以及我們的評論，

對於影片和教育者，都能產生影響力及推廣力。「網路是否已經神奇地改變大家的學習方式，這點我不知道，」莫菲特告訴我，「我倒是認為，透過網路的教育革命之所以能成，幾乎完全是因為知識取得機會的普及化。」

▶| **當知識之門打開一點隙縫……**

1800。這個數字，是「標槍」（javelin）這個詞在 YouTube 上的每日搜尋次數。以 YouTube 平台的整體搜尋量來說，這個數字不算多，但是影片不需要太多觀看次數就能產生重大的影響力。網路影片對世界的潛在影響力，有時候並不是反映於全民普及這個現象，而是某個人如何善用某支影片造福自己。

朱利亞斯‧耶哥（Julius Yego）成長於肯亞中西部。他夢想在運動界揚名立萬，爭取榮光，但他不是出色的跑者，而在肯亞，非跑步項目的運動員很吃虧。這個國家有將近 100 位田徑奧運金牌得主，沒有一塊獎牌是來自田賽。可是，耶哥有強壯、延展性與彈性良好的手，隨著他年紀漸長，開始迷上標槍，並自己練習，儘管他的父親堅持他放棄標槍。

他甚至連教練都沒有。不過，耶哥會走路到當地的網咖，在那裡觀賞知名運動員的影片，如身為三屆奧運金牌得主、標槍史上最長距離前五名紀錄保持人的楊‧澤萊茲尼（Jan Železný）。他研究他們的投擲動作和訓練方法。「我明白，這些人的訓練能讓我進步，」他後來告訴CNN。「我開始採用不同的訓練模式。

健身運動。伸展運動。所有的事都要改變。我的投擲距離一路增加。我的教練就是我自己，還有我的 YouTube 影片。」耶哥贏得2015 年世界錦標賽金牌，締造標槍運動史上距離第八長的紀錄。在他的家鄉，他成為知名的「YouTube 先生」。2016 年的里約奧運，耶哥成為肯亞贏得田賽獎牌的第一人。

　　你現在可能已經想到，即使是極冷僻、用途偏狹的影片，YouTube 都有龐大的片藏，影響力不亞於具普遍性的影片。一如等待研究生來挖掘的晦澀文本，網路上默默無聞的內容，只有人人都有機會接觸時，才能釋放它的價值。兩者非常類似。

　　對大部分人來說，YouTube 的教育影片，只是現代便利的幫手，但當適當的知識能在適當的時刻為適當的人所取用時，可能可以扭轉乾坤。

　　北拉斯維加斯市八歲大的蘿倫・拉蕊・柯林斯（Lauren Laray Collins），聽到她最好朋友的姊姊要接受癌症治療時，覺得很悲傷。「後來我發現還有其他患癌症而掉頭髮的小女孩，」她告訴地方報社。「我想要幫助她們，讓她們多一點女生的感覺。」她告訴爸爸，她要為她們做假髮。爸爸不確定女兒是不是說真的。她之前不曾做過假髮。但是，柯林斯在 YouTube 觀看教學影片後開始動工。「她的第一頂假髮，輕輕鬆鬆就完成了，」蘿倫的媽媽說。不久之後，柯林斯家裡的桌上滿是蘿倫做的專業假髮，她也開始把假髮分送給病患。北拉斯維加斯市長把 2016 年 5 月14 日訂為「蘿倫・拉蕊・柯林斯日」。

　　南非出生的史坦德（CJ Stander）承認，他在選上愛爾蘭國家橄欖球隊時，用 YouTube 影片學習愛爾蘭國歌裡的蓋爾語。蓋爾語的拗口，實在很難第一次講就溜轉。

　　我們因為一時的執迷，在數位兔子洞裡四處探索時所吸收的隨機零碎知識，它們的用處可能不是立即可見。有一次，泰國閣蘭大（Ko Lanta）有個女子的屋外長凳下，出現一條將近 70 磅重的眼鏡蛇，地方主管機構在想辦法處理。五十六歲的沃拉烏‧隆加桑（Worawut Longasan）挺身而出，操起一根棍子及一段繩子，用他說他從網路影片學到的技巧，信心滿滿地捕住這條巨蛇。在世界上的某個地方，捕蛇技巧或許算是普遍的觀賞內容，但是我認為，隆加桑在看「捕眼鏡蛇必看新密技」影片打發時間的當時，並不知道有一天會派上用場。

　　我們指尖下的指導、教育內容，數量空前成長，多到不可思議。人人都能輕易取得，個人層次的教育機會由此開啟，你永遠不知道人們會受到怎麼樣的啟發。這樣一個龐大、組織化的知識庫對未來的意涵，可能遠遠超過我們的想像。

　　好奇心力量的潛在價值，甚至延伸到人類以外的範疇。2015年，由史丹福和康乃爾大學的電腦科學家所組成的研究團隊發現，人類製作的教學材料往往有基本模式可循。於是，他們開發了電腦演算法 Robowatch，擷取大量的 YouTube 影片，分析它們的視覺資訊及字幕。研究人員輸入用「如何」搜尋出現的熱門指導影片，訓練 Robowatch 解析它們在其中觀察到的個別步驟。

如何製作歐姆蛋、如何煎雞胸、如何做果凍酒。機器不但能推知複雜工作的各個步驟，甚至能描述這些活動。我們從中清楚看到，一旦演算法可以分解工作步驟，要創造能夠在真實生活裡實行那項工作的機器人，指日可待。

沒錯，YouTube 龐大的指導教學資料庫，不只能提升我們的生活，在人工智慧機器（我認為它很快就會無所不在）的改良上，也扮演了一角。是奇妙還是恐怖？任君判斷。但願他們真的只會訓練它們製作果凍酒。

|◀ ❙❙ ▶| ☐

大家用 YouTube 的影片學習，應該不算什麼奇事。你可以說，在此之前，我們對於學習的形式，已經被制約了好幾個世紀。視覺學習比其他形式的學習更早，大部分的人在滿週歲時，都能正確解讀圖像。「如果考慮到大腦主要是圖像處理器（大部分的感覺皮質都專司視覺），而不是文字處理器，視覺學習的研究結果完全合理，」在一項 2014 年的研究裡，教育心理學家利雅德・艾薩米（Riad S. Aisami）指出。「事實上，相較於處理視覺影像的大腦區塊，司職文字處理的區塊相當小。」此外，操作影片圖像的能力（停止、重新啟動和控制播放速度）也能讓學生更能完整吸收資訊素材。換句話

說，奇特的是，最適合重複觀看貓影片的平台，也同樣
最適合用來幫助你的大腦取得、處理技巧和資訊。

由於能夠取得涵蓋數百萬個類別的數百萬支影片，從舞
會之王到奧運金牌得主等所有人的日常生活，就此默默
出現重大改變。至少在某部分，我們的文化是由取得、
分享知識的方式所界定，網路影片讓我們在取得知識
時，能夠更平等、更個人化。

當然，我們在 YouTube 上最重要的掌控權，是一開始就
能選擇觀看的內容。隨著在網路上尋找或提供資訊的人
愈來愈多，這個平台儼然變成一座龐大的圖書館，無論
是主題或教學創意，內容都隨著群眾的好奇心與時變
化。那麼，使用者的選擇又透露出關於使用者的哪些訊
息？

除了量化我們對甜點的愛好指數，它們也顯示個人好奇
心的總合力量。網路不需要一位聯邦通信委員會主席來
質疑，它是否有「教化、豐富、提升、伸展、擴大孩童
心智」的空間，或是對其他人也能發揮這些作用。我們
不只有空間給這類媒體，大眾還趨之若鶩，不但塑造了
這個空間，還讓它發展得多采多姿。紐頓‧米諾當年面

對的廣電人，運用收視率為他們的節目選擇辯護，但是米諾辯稱，這些評等無法真正反映知識內容對閱聽大眾的利益，而現在看起來，他是對的。但說句公道話，像是電視之類節目安排必須滿足大眾利益和需求的廣電平台，絕不可能讓影片完全發揮做為學習工具的潛能。

在 YouTube 上，驅動節目的力量是觀眾的好奇心。影片的最高價值取決於觀眾的需求。標槍訓練影片或假髮製作教學影片，或許對大部分人沒有用處，但這類影片不見得沒有用。只是在有人需要它的那一刻，它們必須唾手可得。這就是冷僻知識庫改變人生的潛能所在，也是 YouTube 各式各樣的利基應用開始展露價值之處。

本章注釋

1   我認為正式活動與「如何打領結」影片之間也有接近完美的正相關。

2   我承認這個數字有一點簡化。另一方面，「教育」類別加重諸如 ABC 歌等兒童和家庭影片，有些家長會和孩子反覆觀看這些影片。另一方面，「教育」類別排除了我們可能稱之為「輕教育」的內容，如「如何修水槽」或「Photoshop 教學」，因為這些通常歸為不同的類別，如「如何」類或「科學與科技」類。不管是哪種情況，我都可以有信心地說，大家看 YouTube 影片學東西的時間多於看愚蠢狗把戲發笑的時間。

3   根據 2015 年的一項總和全球搜尋資料，我剔除了一些不完整的搜尋，也排除了特定影片或頻道的搜尋，例如「如何愛」〔how to love；小韋恩（Lil Wayne）

的歌）；又如「如何基本課」（how to basic；一個很驚人的頻道，看起來像是充滿知識內容，但大部分的影片都是有個人把東西全部砸在一起、然後在上面丟雞蛋——非常推薦）。

4 有趣的是，就是在這段期間，像奈伊和泰森（Neil deGrasse Tyson）之類的科學教育者，人氣大幅回升，被捧成社群媒體偶像。

((8))

小眾利基：新主流

　　如果你在洛杉磯遇到喬登‧馬倫（Jordan Maron），你或許不會認出這個二十四歲的小伙子是個好萊塢人物。你絕對料想不到，你可以在玩具反斗城買到他的絨毛玩具或人偶。但是，你真的可以。[1] 他出奇受歡迎的動畫 MV，製作方式非常像好萊塢片廠的做法。他先從分鏡圖開始，因為動畫裡的每一格都需要事先確定。接著是製作數位布景，再把這些「世界」轉到動畫軟體。「然後，我們把它變成動畫，加上效果、完成彩現、配上音樂。這樣就完成了，」他說。然而，所有與傳統娛樂業的類似點僅止於此。

　　馬倫和他的小型團隊所組裝的「世界」，存在於一個由方塊

組成、三度空間的電玩環境裡：Minecraft（中譯「麥塊」、「當個創世神」，也有稱「我的世界」）。雖然 MV 是他最受歡迎的作品，他在 YouTube 上傳的內容，類似其他人氣電玩玩家發布的那種電玩評論影片。馬倫在 YouTube 較為人知的名號是「CaptainSparklez」（史巴克雷茲船長）。他在這些看似小眾的影片所找到的觀眾，讓他在短短幾年裡，從化學工程學生搖身一變成為二十一世紀的娛樂大亨。

　　借用馬倫自己的話，他之所以開始在 YouTube 發表電玩探索影片，是「想要出鋒頭」，但他後來變成不折不扣的娛樂名人。他的頻道有 1,000 萬個訂閱者，對全球許多玩家來說，他基本上算是一個家喻戶曉的名字。除了擁有自己的人偶，他還在 2015 年時成立自己的電玩工作室 XREAL，隔年入選《富比士》的「三十歲以下三十大風雲人物」。

　　馬倫的電玩描述影片是從第一人稱射擊電玩「Call of Duty」開始，雖然他也玩各種電玩，但就像許多人一樣，他認為自己在影片上的最大成就在於 Minecraft。在此對那些不熟悉 Minecraft 的讀者解釋一下，根據 Minecraft 自己的說法，它是一種「關於堆積木、展開探險的遊戲」，包含多種遊戲模式，可以讓玩家探索環境、與敵方戰鬥、以各種材質的方塊塑造地貌。這項獨立公司開發的電玩，幾乎全靠著數位世界的口碑而風靡各地。2014年，Minecraft 的創辦人馬可斯・培爾森（Markus "Notch" Persson）把公司以 25 億美元出售給微軟。例如，馬倫就是透過朋友才發現 Minecraft。「有天晚上，我們在玩電玩，那個朋友說『哦，

我的天啊，我找到一個你應該會喜歡的遊戲，又是敲磚、又是揍
雞的，這是有史以來最棒的東西，』」馬倫回憶道。「這種推薦
實在是再詭異也沒有了，」他想著，「不過，沒問題，我會去試
玩看看。」

　　有些玩家主張，Minecraft 其實連電玩遊戲都稱不上。它已
經變成是數位世界的樂高（LEGO）。[2]Minecraft 最常見的社群活
動是分享玩家在裡面建造的東西。2010 年末，展示玩家繁複精
巧創作的影片開始在 YouTube 大量湧現，例如以原尺寸比例製
作的星艦「企業號」（Enterprise）模型。隨著時間過去，創作也
愈來愈令人嘆為觀止。以歷時超過四年建造的龐大奇幻世界「蓋
爾金王國」（Kingdom of Galekin）為例，它的創作者「Linard」有
時候一天要為它工作超過 8 個小時。「完成它後來變成我的執
迷，」他在 2016 年時在《電腦玩家》（PC Gamer）表示。「我的目
標是創造出 Minecraft 裡最龐大、最精細的地圖。」現在，任何
人都可以下載他打造的這片廣袤綿延的中世紀國度，雖然它的主
要目的或許是透過 YouTube 影片展示。我從來沒有玩過
Minecraft，但是 Linard 傑作裡那些不可思議的細節，以及流露
的熱情，讓我也忍不住為之震撼。隨著時間過去，Minecraft 已
經從電玩遊戲變成自成一格的 YouTube 娛樂類別，有專屬的粉
絲和創作者社群，上傳、觀賞、討論關於 Minecraft 的影片。「要
我說的話，我認為這是一個有許許多多次社群的社群，」馬倫告
訴我。次社群的核心可能是創作者，可能是玩遊戲的方式，或是
影片類型，從角色扮演（有腳本和無腳本）到動畫、密技教學、

遊戲內建模組示範，到像類似播客（podcast）的時事討論，各式各樣都有。

2010 年時，Minecraft 還沒沒無聞，不到一年，它成為 YouTube 熱門主題。2013 年，「Minecraft」是 YouTube 上熱度第二高的搜尋字串，僅次於「music」（音樂）。2016 年，全世界每天大約花將近 2,500 萬個小時觀賞 Minecraft 影片。甚至沒有一項電玩能達到這個數字的一半。它是娛樂怪獸。由於 Minecraft 影片的觀賞者來自各個年齡層（玩家一般是二十八、九歲），對於年輕的觀眾來說，這些影片相當於星期六早上的卡通。TheDiamondMinecraft、SkyDoesMinecraft 等頻道，每天都吸引了數百萬次觀看次數。2016 年上半年，大眾花在 Minecraft 相關頻道的時間，超過 NBA、NHL、NFL 和 MLB 的總和。

這些頻道的收視多半來自創作者錄下自己一邊玩遊戲並敘述的實況影片。由於影片只需要最低的製作條件，因此出現許多多產的創作者。馬倫每天至少在他的頻道發布兩支影片，大部分都與 Minecraft 相關。[3] 但是，以馬倫而言，帶動最多觀看次數的影片是動畫惡搞歌曲和原創樂曲，例如「龍之心」（Dragonhearted），那是一支歡樂的電子舞曲，內容描述一支對抗高壓惡霸的英雄團隊。由於它需要繁重的製作工作，花了好幾個月才發布。在我們談話之時，已有七個人參與他最新影片的製作。模型和動畫多半由一位名叫「Bootstrap Buckaroo」的動畫師帶頭製作，聲音則由「電玩歌手」伊果・戈典科（代稱「TryHardNinja」）處理。影片是團隊合作的成果，雖然馬倫說他最近有興趣擔任更多音樂

製作工作。過去幾年，馬倫的 MV（搞笑仿作和原創作品）已累積超過 5 億觀看次數，他因而成為各種新類型藝人中的一個。新類型藝人的定位更常取決於他們所探索的內容類別和社群，勝於他們製作的影片類型。

　　儘管製作企業號模型的老兄指出，一個獨特的社群正在形成，但讓我相信 Minecraft 可以自成一個娛樂類別的，卻是馬倫的創作背後的製作價值，以及受它吸引的龐大觀眾。我的意見在此不重要；它的妙處就在於，社群之外的人怎麼想並不重要。

　　與大部分人不同的是，Minecraft 在 YouTube 看似不可能的成功，馬倫並不覺得有那麼出人意表。他指出，以全世界的電玩人口數來看，粉絲以他觀看、創造的影片彼此凝聚，只是時間問題。在一個娛樂完全呼應人類興趣的世界，Minecraft 影片類別的崛起，與其說是異數，不如說是不可避免的定數。

「還不是很久之前，媒體未來學家相信，電視轉台器會變成影片版的街角書報攤，」《洛杉磯時報》（*Los Angeles Times*）在 1991 年寫道，「拜有線電視業者提供眾多頻道所賜，觀眾可以選擇的節目多到像雜誌一樣。」《洛杉磯時報》雖然提到「在 1980 年，有線電視網的數量從 27 個飆升到 69 個」（沒錯，它說「飆升」）[4]，卻也

指出電視頻道開始合併，避免爭奪空間和廣告主。沒錯，市場上看似有很多頻道，但控制它們的市場力量仍然讓內容選擇相當有限。

2010 年，探索傳播（Discovery Communications）與歐普拉開設 OWN 頻道，開台的期初資金 1 億美元。但資金到位離成功還差一大截。成立有線電視頻道，節目製作或設備甚至談不上什麼真正的挑戰，真正的挑戰在於如何讓有線業者點頭，讓頻道真正上架。在你家電視螢幕上的頻道指南，頻道清單看似無窮無盡，這看起來或許瘋狂古怪，但要擠進康卡斯特（Comcast）的頻道清單裡占一個位子，有如在搶美式足球的決賽門票：除非有人死掉，不然你還是準備砸下一筆不小的錢，才有可能搶得到。為什麼有許多新開的電視頻道是取舊頻道而代之，這是眾多原因之一。

一個顯而易見的事實是，書籍、雜誌、唱片、電影和電視頻道都要歷經無數供給需求討論才能出線。遺憾的是，關於尚未出現的節目形式和類別，針對其潛在需求而做的市場研究，仍然昂貴、參差不齊，而且相當罕見。[5] 要針對非現有觀眾延伸的新觀眾群創造內容，滿足他們的需求，並不簡單，也不便宜。

我們可以想像得到，不管是在曼哈頓或矽谷，Minecraft
電視頻道、甚至是 Minecraft 節目的提案，只到實習生
的桌上就會被退件。多年來，我們對 YouTube 潛在廣告
主和媒體產業人員做行銷提案時，部分訴求就是有線公
司只能提供數量有限的頻道，頻道數充其量略等於觀眾
的興趣數，但是 YouTube 可以提供龐大的長尾，不管個
人的特定品味有多冷僻偏狹，都能從無限多的頻道找到
專屬節目。有很多人認為，如此影射有線電視，有助於
突顯利基節目的價值，但是我認為，這個比喻其實錯失
了 YouTube 利基體驗的真正價值。

▶︎| 純素料理頻道

　　大約從 2011 至 2012 年，YouTube 的經營管理階層中了純
素料理的魔。一個人彷彿沒辦法一週不聽到有人在工作團隊會
議、或工作近況電郵、或記者訪談裡提到「純素料理頻道」，我
每次聽到，也都毫不掩飾地哀嘆。未來的科技好像不只存在於機
器學習演算法裡，也存在於平底鍋煎的素肉裡。請注意，我個人
對於純素主義、烹飪料理頻道，或兩者的組合，絕對沒有任何異
議。我想我只是對於商業的陳腔濫調容忍度很低。而這正好是倒
盡胃口的一個。

　　純素者或純素料理的專屬頻道，其實是一個更高哲理的縮影：YouTube 在可以提供無可匹敵的節目專精程度，而這樣的廣度讓它變得對觀看者不可或缺（當然，還有那些與 YouTube 接洽的廣告主）。這樣的想法並沒有錯。但我個人認為，只有在節目類別和版式完全與觀眾認為傳統廣電的有趣之處背道而馳時，才能抓住這種小眾利基頻道現象的精髓。

　　我似乎每週都會看到新例子。例如我們發現一個名叫「羅比」（Robbie）的男孩所經營的「抓娃娃之王」（The King of Claws）頻道，我的整個團隊後來也迷上一堆由抓娃娃機迷所經營、人氣高得嚇人的頻道。那一週，我認為我們全都至少花 1 個小時看全世界的遊樂中心有人贏得填充玩具的畫面。我們後來發現，光是 2016 年，抓娃娃機的觀看時數，每天大約是 20 萬個小時。

　　我還有個同事迷上了「吃播」影片。這股風潮起於 2013 年，從南韓的影片網站 AfreecaTV 開始崛起，2015 年時紅到國際。顧名思義，「吃播」就是「吃東西」加上「公開播放」，吃播影片的主角通常是富有魅力的年輕人，吃下多到不可思議的食物量。這裡講的是在 1 個小時的播出時間裡狼吞虎嚥，把無數磅重的麵條、餃子、炸雞塞進肚子。2015 年，超過 4 萬 5,000 名韓國人在晚餐時段同時觀看這些直播節目。吃播明星一個月可以靠這些直播串流影片賺進 1 萬美元。這些「BJ」（broadcast jockeys；節目主持人）在 YouTube 上也變得相當受歡迎。木下佑香在 2014 年開設自己的 YouTube 頻道，在兩年內累積了超過 200 萬名訂閱者、超過 5 億次觀看次數。[6] 有些人相信，吃播表演是一種間

接的飲食體驗。「看我的吃播節目的觀眾，在實行節食，」週間晚上 9 點開直播的安瑞秋（Rachel Ahn，音譯）表示，「因此你可以稱它為一種透過他人而得到的滿足感。」有人則說，看吃播能重新創造在許多文化裡都有的共同／社群飲食傳統，因此有助於擊退孤獨感。不管原因為何，到了 2016 年底，YouTube 的吃播觀看時數大約是每天 5 萬個小時。

和不熟的人聊這些類型奇特的頻道，不失為是維繫一定規模朋友圈的的好方法，但是這些頻道的設立，一開始並非以打知名度為目標。把它們和類別專精的電視頻道相比，是畫錯重點，因為這些利基型 YouTube 頻道超越了所有類別的界線。

我們在 2010 年開設 YouTube 發燒影片看板後不久，第一波發燒現象是從費城的梅西百貨公司開始。那年 10 月，耐特基金會（Knight Foundation）啟動一項名叫「文化打游擊」（Random Acts of Culture）的實驗計畫，目的是讓藝術進入每個人的日常生活。他們策畫了 1,000 場表演（他們也真的做到了），但是最有影響力的一場發生在活動的第一個月，他們在某天日正當中時分，把費城歌劇院的 650 位合唱團員送進梅西百貨公司，演出韓德爾「彌賽亞」裡的「哈利路亞大合唱」。逛街的遊客看得目瞪口呆。許多人拿出手機拍攝。有些人流下眼淚。這支影片當然變成了熱門影片。（2010 年感覺真像是「快閃之年」，不是嗎？）

兩週後，加拿大安大略省有家攝影公司，召集了一支在地社區合唱團，在離尼加拉瓜大瀑布不遠的西衛購物中心（Seaway

Mall）做類似的演出。他們的影片變成那個月觀看次數名列前茅的影片。突然間，全北美洲的購物中心美食街成為歌唱團體週末動員演出的目標地點，在不知情的路人大啖熊貓快餐（Panda Express）糖醋雞之際，出其不意地演出「哈利路亞大合唱」。我無法用資料證明，但我相當確定，北美洲的每個媽媽應該都曾經在某個時候看過某支這類影片。尤其是上教堂的媽媽們。「那就是網路之美，」活動籌畫人丹妮絲・蕭爾（Dennis Scholl）對《紐約時報》表示，「你可以創造一種不是地理界域畫分的社群感。」每天在 YouTube 衝上分享熱門榜的「哈利路亞快閃」影片，許多都是由教會演出。不算真正即興的即興眾讚歌演出，成為教會牧區最熱門的事。

在購物中心唱耶誕頌歌的驚喜活動源源不斷出現，由此流露的真情，除了極富中西部味，也突顯了社群帶動的餘興節目，如何與非電腦阿宅產生深度共鳴。雖然我們在科技公司的這些異教徒／無宗教者不常承認這點，但事實證明，宗教團體其實是技巧最嫻熟的網路傳播者，以他們累積數個世紀宣講訊息和故事的經驗，這點其來有自。

我們也不只是在談隨機的瘋傳影片。雖然不是廣為人知，但一年總有幾次，YouTube 排名最高的直播串流是鹽湖城的耶穌基督後期聖徒教會的轉播。這個事實儘管讓人吃驚，卻完全合乎邏輯。如果你是眾多摩門教徒中的一個，無法親自到猶他州參加半年一度的總會大會，也無法在你所在地的電視上看到轉播，我想 YouTube 是次佳的選擇。許多創作者以外顯或較含蓄的宗教

主題累聚了廣大觀眾。傑佛森・貝克（Jefferson Bethke）以標題為
「為什麼我恨宗教但是愛耶穌」的熱門談話影片在 YouTube 冒出
頭。（貝克現在擁有超過 60 萬訂閱者）隨著全世界不同信仰的虔
誠信眾開始創作回應，那支影片的熱度也跟著水漲船高。突然之
間，穆斯林、基督教徒和無神論者開始觀看、分享和討論宗教
觀，就像一般人討論最新舞蹈趨勢一樣。但是，除了這些熱門影
片，宗教影片和頻道也吸引了穩定的觀眾群。在 2016 年，
YouTube 上的宗教相關影片，觀看時間超過籃球、棒球和冰上曲
棍球相關影片總和的三倍。[7]宗教主題不常出現在大眾娛樂裡，
除了電影「大法師」。其他可能引發爭議或缺乏廣大訴求的許多
興趣領域，也是如此。要找到與流行手工藝相關的傳統節目，如
編織或木工，甚至也很困難。但是，如果你看一下 YouTube 的
資料，大家顯然會朝向自己喜歡事物的影片和頻道聚集。我的意
思是，光是在 2016 年，大家看編織影片的時間就超過 2 億 5,000
萬個小時。

在 YouTube 的多元化世界，只要點幾下滑鼠，就能找到呼
應個人身分認同、個人理念的內容，可能是信仰，可能是政治，
或者只是個人熱衷的嗜好。大眾媒體觸及的是廣大的閱聽群，這
類主題在這個框架下，可能會被認為冷僻或倒胃口。反觀在網路
上，由於娛樂可以獨特而專精，這些主題通常能蓬勃發展。

講穿了，在受眾的理念或目標是挑起敵對或貶低他人時，
分眾的最適化可能會強化負面的表達內容。我看過太多快要踩到

仇恨言論紅線的事物，我認為大家都會同意，即使你相信人人都有言論自由，有些言論還是不應該使用大聲公。

我們不能對數位影片環境的這個層面沒有任何體認，但我真的相信，最常脫穎而出的利基小眾體驗，通常是能幫助你我和其他人對抗疏離感，而不是構築疏離感。這樣的例子包括頌讚天然髮的 YouTube 創作者，他們鼓舞了許多黑人女性，增強了自我認同；還有跨性別創作者，他們發揮了助力，扭轉了關於這個社會裡最被誤解的群體的對話。

帶動這些利基小眾社群和類別成長、繁衍增生的，不是商業策略，而是市井小民的願力和興趣。我們的熱情孕育了編織頻道，還有吃播頻道，沒錯，還有純素料理頻道。雖然它們很多都以保持真正的小而美為目標，有些已然具備突圍進入主流之勢。

▶| 當小眾不再小

數千粉絲爆出陣陣歡呼。坐在我前面幾排處的一位老兄，抓著他的頭髮，對於剛才的發展完全無法置信。麥迪遜廣場花園的票全數售罄，全場觀眾陷入瘋狂，而與此同時，我完全不知道發生了什麼事。

幾年前，在認定這是我們必須親自瞧瞧的事物之後，我的同事傑夫和我終於搶到兩張「英雄聯盟」（League of Legends）世界巡迴賽的門票。英雄聯盟，或稱「LoL」，是在個人電腦上玩的全球多人參賽網路戰鬥競技電玩。在 2016 年 10 月，紐約市主辦

兩個晚上的世界準決賽。南韓隊伍 SK Telecom T1 和 ROX
Tigers 對決，搶奪在洛杉磯史坦波中心（Staples Center）舉行的召
喚師盃（Summoner's Cup）參賽資格。我不確定我會看到什麼，[8]
但是在競技場中央有十部電腦站（五五相對），上方懸掛著四幅
由幕後工作人員操控的巨型螢幕，追蹤廣大奇幻戰場上的行動。
看著十名身材削瘦的玩家在傳奇的美國運動場地競爭，我心中升
起一股特異的感覺（這可是拳王阿里和弗雷瑟的對戰之地，還有
運動史上許多重要時刻的發生現場）。

在 1990 年代晚期，以及大部分的 2000 年代，專業競賽電玩
或稱為「電子運動」（eSports），相對容易被排除在運動項目之
外，甚至還會被取笑。偶爾舉辦的競賽有電視轉播，例如短命的
電玩世界系列（World Series of Video Games），但若要說有很多人認
真把它當一回事，還是太牽強。然而，到了 2010 年代，由於科
技的改良，無論是專業賽事或業餘競賽，全世界玩家都能有可靠
的現場直播串流。2012 至 2016 年，這些賽事在 YouTube 的收視
率大幅增加，銳玩公司（Riot Games）的 LoL、威爾烏（Valve）與
LoL 類似的「Data 2」崛起，成為最熱門的競技場。

在 LoL，每支隊伍的目標是摧毀對手隊伍的基地，雖然這
樣說基本上像是在描述美國足球比賽的目標就是傳球越過底線達
陣，但這其實是一項需要肢體技巧（你要有犀利的反射動作和時
機掌握，才能有完美的點按）和心智敏銳度（要運用大量統計學
相關的策略）兼備的遊戲。一旦你理解到它的運作內涵，觀看比
賽就會變得非常有樂趣（看起來確實如此）。我決心要領略箇中

精髓，於是挑了一個隊伍（SKT）和一名選手（代號「Faker」，本名「李相赫」），為他們加油。ESPN 把李相赫封為「無可否認是有史以來最出色的選手」，還有，「殺不死的惡魔王」，這教我怎麼能不選他？即使拳王阿里都沒有這麼威的封號。許多在職業運動裡的喻意，職業電玩競賽也都有：小兵立大功、戲劇化大逆轉、死對頭等。看觀眾被炒熱也是有趣的景象。我後方有位先生敘述到，在麥迪遜廣場花園的這一幕，若要和前一屆決賽時他在首爾目睹的場景相比，根本是小巫見大巫。

　　球場的吧檯服務人員告訴我，從她在這裡工作以來，這絕對是最奇特的賽事之一，但她很開心，因為大家買的酒比她預期得還多。非玩家可能會預期，參加電玩巡迴賽觀賽的群眾，應該滿坑滿谷都是小屁孩，但我一個小孩也沒看到。90% 的觀眾似乎都是二十多、接近三十歲，而且從洗手間排得老長卻出奇有秩序的人龍判斷，大部分是男性。

　　LoL 恐怕是最主流的電競運動，雖然複雜到可笑（至少在我眼中是如此）。雖然受歡迎的運動多半都有愚蠢的規則，但至少觀眾不用查手冊也可以相當迅速就進入狀況。[9] 但是，LoL 的規則實在是層層疊疊、錯綜複雜。即使是我們堪稱電玩大師的傑夫（估計他這個遊戲至少玩了 100 個小時），對於比賽究竟發生了什麼時，也經常摸不著頭緒。選手狹路相逢、爆發衝突的當下，發生的事情多到難以用慢鏡頭處理。在任何一個時刻，螢幕上至少都有七十項數據指標！英雄聯盟的共同開發者布蘭登‧貝克（Brandon Beck）有次接受訪談，在談到遊戲的起源時說，「在

深度的掌握曲線（mastery curve）上，這是一場超級激烈的競爭，而且毫不留情。你必須歷經一番苦心投入，才能從中得到樂趣或價值。」我猜那是它的部分訴求，因為粉絲在其中探索的深度，永遠深不見底。在某個時候，主持人說其中有一支隊伍以其親和的個性受到群眾喜愛，聽聞此言，我不禁笑了，因為在五戰三勝系列賽的每一場 45 分鐘比賽裡，在我眼中，全部選手基本上都維持一貫的面無表情。

4 小時之後，Faker 和他的 SK Telecom 戰友搶下第五戰的勝利，以戲劇化的方式稱霸賽局，而這場賽事會讓粉絲花好幾天在網路上剖視分析。有那麼一剎那，我誇張地握拳喝采，但下一刻，我就想起來，這不過是一場我幾乎是門外漢的競賽，我不過是在為某支我隨便挑選的參賽隊伍加油。我查看了一下 YouTube 的直播串流，在那一刻，全世界有超過 20 萬人在線上收看。一週後，SK Telecom 打敗三星 Galaxy，在估計超過 4,300 萬觀眾面前衛冕成功，第二次贏得冠軍。這些世界冠軍賽事是那一年在 YouTube 上收視最高的直播串流。

在過去十年間，競技娛樂賽事呈爆發之勢。尼爾森有份報告指出，將近三分之二的美國人口會在某些裝置上玩電玩。2016 年 YouTube 的訂閱者人數排行榜，前一百名的創作者有四分之一都是電競遊戲玩家。電競也發展成龐大的商業活動。2014 年，亞馬遜以將近 10 億美元的價格買下遊戲直播串流平台 Twitch。總之，遊戲已經成為龐大的主流娛樂類別，這是無可爭辯的事實。此外，它是一個主題極為多元的類別。2016 年，相關影片

的觀看時間超過100萬小時的個別遊戲，總數加起來有1萬3,000
種。傳統娛樂平台難以創造出能夠打進如此多元受眾的內容。遊
戲娛樂的爆炸性成長趨勢，需要的是只有網路才能支應的內容寬
廣度。一個原本應該是訴求狹隘的次類別，卻變成龐大的創意機
會，擁有廣大的市場需求。

　　在 YouTube 排行榜上，緊追在遊戲之後的熱門類別是美妝
和時尚的創作者。2016 年，在 YouTube 擁有最多訂閱者的女性，
是來自墨西哥、二十三歲、開朗可人的瑪麗安・卡絲特瓊・卡絲
塔涅達（Mariand Castrejon Castañeda），僅次於蕾哈娜和泰勒絲。
她較廣為人知的別號是「Yuya」。Yuya 的西班牙語生活風格影
片，內容從美甲訣竅、烹飪到居家布置都有，讓她紅遍拉丁美
洲；追蹤她的人超過 1,500 萬人，她發布的任何內容都能累聚數
百萬次觀賞次數。不管是哪個平台的生活風格版主，能夠動員這
種規模的觀眾，實在很難找到幾個。同樣是助長拖拉影片（haul
video，相當於大賣場購物版的開箱影片）流行的貝特妮・莫塔
（Bethany Mota）算是在英語世界與她相呼應的人物。莫塔建立了
規模可觀的粉絲基礎，讓她可以開發衣飾產品、展開歌唱事業、
上「與明星共舞」（Dancing with the Stars）節目、專訪總統，還在
一堆 YouTube 製作的電視廣告和排行榜上插花，而這一切都是
她在滿二十歲之前的事。

　　這些年來，「時尚與美妝」創作者社群，孕育了一些網路影
片的超級網紅。占據這個排行榜的，也並非清一色都是女性。紐

約青少年詹姆士・查爾斯（James Charles）在 YouTube 上觀賞美妝教學影片多年後，自己也開始在 Instagram 上發布照片。他那麼做，原來是要為他在舞會季期間的化妝服務招攬生意，但是他的追蹤人數快速成長，不久之後，他就開了一個引人注目的 YouTube 頻道，示範他有些比較誇張的妝容是怎麼化的。2016 年，查爾斯就以十七歲之齡，成為彩妝品牌「封面女孩」（CoverGirl）的第一個官方「封面男孩」。

網路為利基小眾內容的創作者提供一個機會，可以探索他們的興趣，盡情實驗。在某些時候，一如時尚與美妝社群所發現的，當聽眾向這些興趣看似冷偏、實則流傳甚廣的創作者聚攏，很快地，利基小眾可能就會感覺起來不再像利基小眾。在 YouTube 上，即使一開始是從利基小眾起步，後來也可以像滾雪球一樣，滾出完整的內容支柱（content pillars）頻道，有自己的明星、趨勢，以及更多其他東西，以迅速而有意義的方式，達致大眾媒體層次的曝光，並改變主流觀點。

2010 年，專欄作家丹・薩維奇（Dan Savage）感情豐富地寫到印第安那州一個十五歲男孩因遭受霸凌而自殺的事件。他的一位讀者寫下一則給那個男孩的留言：「你所經歷的痛苦和折磨令我心碎……我但願我能告訴你，事情會好轉。」這則感性留言牽動了薩維奇的思緒：儘管他和他的丈夫在童年時歷經了那些折磨，他們的處境確實已經大幅改善。但是，歷經那種折磨的年輕人，多半都沒有機會聽到快樂結局。薩維奇經常在大學談論恐同

症和不寬容，雖然如此，他的確從來沒有收到高中或初中的演講邀約。由於國內大部分地區都有來自家長和宗教團體的壓力，這樣的邀請通常不太可能。他認為，以同志的身分與年輕人談論人生，會被惡意地貼上標籤，被視為在灌輸某種生活方式的概念。這個主題不但不屬於青少年流行文化的主流，青少年日常生活所在的機構對此也刻意一概忽略。

「就在前往甘迺迪機場的列車上，我突然想到，我正在等待一道我已經不需要的批准令，」薩維奇寫道，「在社群媒體時代，在一個有 YouTube、有 Twitter、有 Facebook 的時代，我可以當下、立刻就與 LGBT 的孩子們直接對話。我不需要家長核發許可證，也不需要學校簽發邀請函。我可以看著攝影機的鏡頭，分享我的故事，讓 LGBT 的孩子知道，我的處境後來變得更好，他們的處境也會改善。我可以給他們希望。」薩維奇發起「漸入佳境計畫」（It Gets Better Project），目標是找到 100 個人發布談話影片告訴孩子，不管年少時的經歷如何，人生都會愈來愈好。這些人涵括不同的性別、種族和傾向。影片主角有許多是名人，也有來自 Google、Facebook、蘋果等多家主流科技公司的員工。其中最知名的一段影片來自歐巴馬總統。

「漸入佳境計畫」的廣大規模對 LGBT 的孩子傳遞了一項正面訊息，讓他們知道有超過 5 萬人在為他們加油打氣。這些影片裡，發聲者的多元性也是計畫成功的重要原因。能讓青少年產生共鳴的，可能是流行歌手或 YouTube 網紅的影片，但是能夠打動他們的父母的，是政治家的影片。由於影片主角的類別有足夠

的廣度，從猶太教正統派人士、科技阿宅、軍人到政治官員等每個社群，都可以找到至少一個能打動他們的聲音。

「漸入佳境計畫」是一項規模更龐大的數位媒體運動的一部分。藉由這項運動，在諸如婚姻平權、種族正義和性別身分認同等社會議題上，少數族群的觀點即使無法打進主流大眾傳播媒體，也可以影響主流觀點。「網際網路已經促使 LGBT+ 群體改變認知，」YouTube 網紅泰勒·歐克雷（Tyler Oakley）接受《電訊報》（*Telegraph*）專訪，談論他對防治 LGBT 青年自殺的「特雷佛專案」（Trevor Project）的支持時，如此說道。「現在，當我與年輕新世代談話時，我知道，感謝網際網路促進了開放度和機會，未來會很好。這些年輕人有非常強的社群覺醒和社會意識，對他們做的事也滿懷熱情……。對他們來說，這些現在都已經顯而易見，是那種『這還用說嗎？』的事。然而，在過去的世代，對於權利和平等出現許多的辯論。現在因為有這些典範人物，因為有他們可以自由加入的討論，同志權利及同志身分已經成為第二天性，是日常生活的一部分。」

▶| 重點不在電梯

我從來沒有去過聖安東尼奧（San Antonio），但是說來相當奇怪，我知道在聖安東尼奧凱悅飯店搭乘電梯經過二十四個樓層是什麼樣子。我在一個名叫「DieselDucy」的 YouTube 頻道，看過一支第一人稱觀點影片，影片中有個興高采烈的人一邊拍攝，

一邊斷斷續續地描述搭乘過程裡的種種。「你猜怎麼著？這是一部奧的斯（Otis）！」他一進電梯就指出這點。「這，是一部高速電梯，」在抵達二十四樓時他如此宣告。「看看那些 LED 燈，」鏡頭轉向電梯的天花板，他說，「我喜歡它的按鈕，你看看那個，很酷，」他加上一句，但至少對我而言，他指給我們看的，看起來就是一個普普通通的電梯按鈕。在我看那段影片的當時，它的累積觀看次數是 27 萬 9,119 次。「DieselDucy」的真實身分是維尼吉亞州洛亞諾克市（Roanoke）的安德魯‧黎姆斯（Andrew Reams），他還有很多、很多電梯影片，聖安東尼奧凱悅飯店的影片甚至不是他最受歡迎的作品。他人氣最高的影片是 5 分 34 秒的「維尼吉亞州漢普頓市伊頓街 2 號海港中心美麗的奧的斯景觀電梯」（Beautiful Otis Scenic Traction elevator @ 2 Eaton Harbour Centre Hampton VA）。DieselDucy 的影片總共累積超過 8,000 萬次觀看次數。你沒看錯，就是 8,000 萬。

　　「從我還是個小小孩時，我就喜歡電梯。」三十九歲、有亞斯伯格症的黎姆斯告訴我。他還記得，他第一次搭電梯是兩歲時，和媽媽一起到密蘇里州德貝爾市（Des Peres）的菲默斯巴爾（Famous-Barr）百貨公司（後來已經拆除）。「我當時覺得，『那好可怕，我不想走進去。』媽媽卻說，『它有一種魔法。門關起來再打開時，你就到另一個地方了。』於是，我走進電梯。她把我抱起來。我按了按鈕。門關起來，很快地，門打開了。我想，『哇！真好玩。我想再來一次。』於是，從那時候開始，我完全為它們著迷，」他說。「有人為花拍照，我則是到處拍電梯。」

黎姆斯的爸爸不是帶他去公園玩，而是帶他到辦公大樓，好讓他
搭電梯。

　　五年級的某一天，他在學校的影視器材車上看到一部 VHS
攝影機。他不久前讀到一篇雜誌文章，根據照片圖說，那是文章
主角站在亞特蘭大馬奎斯萬豪飯店（Marriott Marquis）的電梯裡拍
的。他心想，「我一定要去那裡拍下那些景象。」幾年後，在
1993 年，黎姆斯十五歲，他父親的祕書主動借他她妹妹的小型
手持攝影機，並自願帶他去那家亞特蘭飯店和那部令他著迷的電
梯一遊。「我有如到了天堂，」黎姆斯說。「我一次又一次地觀
賞那些電梯，看到那捲帶子都磨損了。」最後，黎姆斯終於買了
自己的攝影機，但是他覺得製作家庭錄影帶不夠滿足。他想，
「如果我可以和任何人分享這些影片，為什麼要做錄影帶？」
2006 年，有個朋友建議他去看看一個名叫「YouTube」的影視網
站。他開設了一個頻道，並發布各種千奇百怪的極短影片：旋轉
的鎖、起飛的飛機、行駛中的建築車輛、一個紅燈。當他因為工
作前往亞特蘭大接受訓練時，有一個他絕對不會錯過的機會來
了：為馬奎斯萬豪飯店的神奇電梯拍一支新影片。他把這支影片
連同其他幾支影片一起上傳到他的頻道，然後就那樣擺著。

　　等到他回頭查看他的頻道有何進展，「我的眼珠子幾乎要掉
出來，」黎姆斯說。他的影片已經累積了數百次觀看次數，而且
評論還在增加。「誰會想看這麼廢的東西？」他回憶當時的想
法。在那一刻之前，黎姆斯一直相信自己是世界上唯一為電梯痴
迷的人類，但是現在這些評論者卻說想看更多電梯影片。黎姆斯

很快拍了在地所有能拍的電梯：通常是偷偷溜進大樓拍，一路引來許多人異樣、迷惑的眼光。大約一年後，他注意到有更多由其他電梯熱愛者經營的頻道冒出來。許多人每天都會用到電梯，它是一個人們習以為常到不會多想什麼的空間，但是網路上聚集了一整個電梯影片社群，他們上傳、觀賞、討論在這個空間裡拍攝的業餘影片。今日有數百個電梯專屬頻道，來自法國、義大利、瑞典、挪威、丹麥、波蘭、印尼、以色列、荷蘭等國。

　　黎姆斯很高興能知道，世界上還有其他人也喜歡看保養良好的蒂森克魯伯（ThyssenKrupp）Synergy 型電梯的影片，而很快地，他又有了一項發現。「我敢說，我的觀眾一定有七成到八成都是自閉症者，」黎姆斯告訴我。這當然不是鐵則，但是電梯愛好者占比最大的群體是自閉症年輕人，不管是觀看者還是影片創作者，都是如此。「電梯能同時刺激好幾種感官，有視覺、聽覺、感覺，而你也握有某種程度的控制權。」（治療師建議，從事多重感官的活動有益自閉症兒童的心智）「在影片裡的這些孩子，很多聽起來就像我一樣，」他告訴我，「這很有趣。」

　　過去十年，諾福克南方鐵路公司（Norfolk Southern Railway）貨運列車指揮員黎姆斯在他的頻道上傳的影片超過 2,750 支。其中有許多影片和電梯無關，不過為他打響知名度的是他所稱的「電梯小旅行」（elevaTOURs）影片。他甚至因此在電梯製造業（我想應該是非常小的圈子）算得上是個名人。每年有那麼幾次，他在電梯業的聯絡人會支付費用，邀請他為他們最新的案子做記錄。在新的世界貿易中心一號大樓（以及它著名的高速電

梯）對外開幕啟用之前，黎姆斯受邀先睹為快，還進到機械室裡
參觀。

　　我第一次看到這些電梯影片時，實在不敢相信這些東西會
有人要看。當時，我對這個以電梯為核心而形成的社群，以及它
與自閉症的關聯，都一無所知。YouTube 之類的平台最讓我喜歡
的地方，絕對是像這樣的次社群；這裡可以讓人們因為嗜好或主
題而凝聚，而這些嗜好或主題不只是他們的興趣，也是他們部分
身分認同之所寄，讓他們藉此找到一種歸屬感。

　　在許多 YouTube 的小眾愛好者社群裡，你都可以找到這種
熱情，像是美國女孩定格動畫（American Girl Stop Motion）的專屬
頻道（#AGSM），是用洋娃娃拍攝精緻、通常也費工的短片；又
如 LPS Tube，它是用「極致迷你寵物店」（Littlest Pet Shop）的玩
具來拍影片。也有許多沒有那麼特異的次社群。戶外探險家或許
可以成為 BASE 定點跳傘社群成員；大量閱讀的嗜讀者或許可
以加入 BookTube 社群。BookTube 一開始是微型社群，在這些
「BookTube 客」吸引了數十萬名訂閱者、捕捉了許多出版公司
公關部門的目光後，規模近年來已經擴大。YouTube 的媽媽社群
甚至還會舉辦年度相見歡（YouTube Mommy Meetup）。

　　2013 年，黎姆斯考慮停掉 YouTube。它帶給他樂趣，但他
後來開始覺得有點重複，你知道，對於一個以搭乘電梯上上下下
為至樂閒暇活動的人，這是個令人震驚的告白。不過，他有種頓
悟。「重點不是電梯，」他體認到，「電梯不過是我用來與他人
建立關係的工具或形式。」

一開始，黎姆斯和他新交的「電梯之友」完全透過 YouTube 的評論和訊息溝通，但他們最終還是開始見面，有時候還會合作，一起拍攝電梯。傑科布・貝奇塔（Jacob Bachta）住在聖路易斯，他和黎姆斯一年大約只能見面兩次，但是他們現在幾乎每天講話。「他可能是我最好的朋友，要不是我上 YouTube，我不會知道他的存在，」黎姆斯說。

他也開始在自閉症會議和研討會上演說，並與自閉症兒童的父母談話，討論關於如何處理兒女執迷的事物。一年到頭都有粉絲來到洛亞諾克拜訪他。黎姆斯告訴我，有一次，有個年輕粉絲的母親把孩子來拜訪他的感受，比喻為到他們心目中的迪士尼樂園，而黎姆斯就是他們的米老鼠。米老鼠這個媒體史上最具辨議度的卡通人物，是二十一世紀的奇特產物，而這位三十九歲的亞斯伯格症者，對於遍布全國各地的某些孩子也具有同樣程度的文化影響力。在 YouTube 問世之前，這是無法想像的。

在一個媒體如此多元、表現自我的形式無止境的世界，有時候卻似乎比任何時候都容易感覺孤單。但是，網路的次社群能凝聚我們彼此，而不是疏離，它能改變我們對世界和對自己的觀點。對於感到自己處於邊緣的人，這尤其是一股強大的力量。

「年少時，我以為我是怪胎，因為我喜歡電梯，」黎姆斯憶起過往。「我隱藏這個嗜好，因為沒有人這樣。現在有這樣一整個社群，讓這些孩子能走出他們的硬殼，不覺得丟臉，也不必害怕自己的樣子。」

傳統娛樂是為了尋求廣大群眾的共鳴而設計。即使目標受眾有特定的人口特質，主流內容運用的設計，還是著眼於確保對外行人有基本的觸及度。確認過的情節，一系列標準化的格式，熟悉的一套說故事類別，一用再用。但是，YouTube 創作者的內容，不必以吸引規模已知的觀眾為重；在這個環境裡，專精的內容也可以找到它的觀眾。

YouTube 的利基小眾內容，會隨著利基小眾及他們對主題的熟悉度達到最適化。由此而來的節目編排，對於不屬於這個社群的門外漢來說，通常有不得其門而入之感，或覺得膩煩，但是製作 Minecraft 影片的創作者，不會真的在意非 Minecraft 粉絲會不會看他們的作品。事實上，迎合門外漢的影片反而會讓粉絲倒胃口。

對於想要把網路影片頻道類比為電視頻道的人，YouTube 是一個測試案例：試想，如果電視節目指南包含無限選擇，那會是什麼光景。當通路成本從營運公式裡消失，當製作成本可以降低到幾乎等於零，可以探索的變化就完全沒有限制。其中的價值清楚可見：娛樂選

擇的長尾，幾乎可以涵蓋任何類型觀賞者的訴求。

然而，電視頻道是為了品味符合頻道節目的潛在觀眾而設計。反觀 YouTube，觀眾對於節目的定義權不下於創作者。觀眾的回應對於娛樂樣貌的塑造力，現在遠更為直接。切實符合我們特定興趣的利基小眾類別冒出頭，但它們會演進、成長，直到有些原本應該是「小眾」的利基開始吸引廣大觀眾的收視。過去在隱晦或沒沒無聞的類別裡撐持的頻道，一如馬倫的電玩影片或是 Yuya 的生活風格影像網誌，都能達成某個程度的品牌辨識度及閱聽觀眾的力量，與我年輕時記憶裡那些有影響力的主流媒體相匹敵。

可是，即使以 Minecraft、電競和美妝內容令人咋舌的規模，仍無法道盡利基小眾娛樂對大眾貢獻的全貌。原來，事物變得愈狹窄，以它為核心而構成的社群就愈緊密，這些影片和頻道就愈能滿足人類對連結的普世需求，讓我們感覺自己彷彿歸屬於一個超越我們自身的事物。這是人類一直存在的需求，但是在滿足這項需求方面，二十一世紀的娛樂科技（相對於街角書報攤上所有那些雜誌或主流電視節目）具有獨特的定位。能夠真正改變生活的娛樂，通常是訴求最狹窄的娛樂。

本章注釋 ⋯⋯⋯⋯⋯⋯⋯⋯⋯⋯⋯⋯⋯⋯⋯⋯⋯⋯⋯⋯⋯⋯⋯⋯⋯⋯⋯⋯⋯⋯⋯

1　有三種尺寸，還有特製配劍。

2　有一次，我聽到某位樂高的高階主管如何解釋，儘管樂高曾經在 2010 年發行
　　一項類似的開放式建造軟體，為什麼他們沒有成為「數位世界的樂高」：由於
　　樂高致力於保護品牌，每一件創作在與社群分享之前，都必須經過人工檢核。
　　他們最顧忌的是 LEGO 陽具的流傳，甚至嘗試設計偵測軟體，但沒有成功。

3　馬倫在聲勢還沒壯大之前，就選了 CaptainSparklez 這個名字，以他這樣一個
　　二十出頭的玩家來說，用這個綽號有點出人意表。那是因為在某個奇特的時
　　刻，他忽然想到，如果他的頻道真的出了名，原名「ProsDontTalkShit」（意為
　　「內行人不說屎話」）可能不是很恰當。事實證明，這是明智之舉。

4　以下資訊做為對照的參考：美國家庭在 2014 年平均的可收視頻道數是 189 個。
　　這是平均值。（我已經不訂有線電視了，但我相當確定，其中有 70 個是 ESPN）

5　如果你曾經實際看過雜誌架，你會發現，其中有一半看起來都差不多，這就是
　　原因了。

6　寫給也有這種疑惑的讀者：要成為成功的吃播 BJ，又要不害死自己，必須做大
　　量運動。擁有超過 100 萬訂閱者、身高五呎九吋的吃播 BJ「Banzz」表示，他
　　每天運動 6 到 10 個小時。

7　足球的觀看時數很接近，但即使是全世界最受歡迎的休閒活動，顯然也不是上
　　帝的對手。（顯示為靜靜看著馬拉度那）

8　這是謊言。我確實知道自己會看到什麼，基本上它相當於 1989 年的電影「小
　　鬼翹家」（The Wizard）中，弗萊德‧薩維奇（Fred Savage）為了贏得 5 萬美
　　元參加「超級瑪利歐兄弟 3」競賽時，那緊張刺激的一幕。順道一提，2016 年
　　LoL 召喚師盃的競賽獎金是 670 萬美元的大獎。

9　話雖如此，但我有一次和一個從來沒有看過美式足球比賽的瑞典友人一起看大
　　學足球賽事，她要我解釋一下比賽規則。比賽某一刻，進攻方在距目標 4 碼第
　　四檔進攻時門門，但是防守方越位，於是他們接受判罰，以取得下一輪第一檔
　　進攻。要讓她理解剛剛那段賽事情節，我們兩個勢必都要費一番腦力，為了避
　　免兩人用腦過度而昏倒，於是我放棄解釋，並告訴她，為了我們雙方好，請她
　　基本上忽略剛剛所看到的一切。

((9))

搔 到 癢 處

因為 YouTube 而成為可能的娛樂利基化效應，不只為新社群的形成、新內容類別的出線開創機會。如果你想要滿足的是範圍更深入、更寬廣的觀眾動機，YouTube 也有無限的獨特頻道和影片版式可以自由取用，廣納更多這類內容。

新類型的內容已經開始拓展娛樂的定義，充分運用我們已存在、但可能還未為體認的渴望，運用者可能是媒體產業，甚或是我們自己。

「晚安，我是瑪麗亞，我們又再度相會了，」一個有著長長的金髮、戴著大圈圈耳環、面容姣好的女子柔聲輕語道。「這支影片專門是為了讓你放鬆，」她在影片描述裡寫道，她「將會製

造幾種不同的效果，希望能讓你有種震顫的感覺（祝好運），並幫助你感到舒緩而放鬆。」

我戴上高級降噪耳機，好聽清楚她說的每個字。與其說是聽她說什麼，不如說是聽她如何說。她的聲音如此輕柔、寧靜，你甚至可以聽到她的雙唇開合、舌頭輕觸上顎、呼吸穿透齒間發出的輕微聲響。她拿起梳子，用手指撫撥梳齒，接用手指著輕輕敲打梳子，然後梳開她的金髮。

10分鐘後，瑪麗亞用一支羽毛輕撫她的臉龐。（沒錯，這支影片有16分鐘長）我聽不出她的口音來自何方；聽起來彷彿是東歐？「放下你全部的憂慮，」她輕柔地說，「一切都會沒事。」我專注傾聽，等待那股據說像是貫穿背脊的暢快感受襲來。

這不是我第一次試圖透過 YouTube 影片體驗所謂的「自發性知覺經絡反應」（Autonomous Sensory Meridian Response；ASMR），它較廣為人知的說法是「顱內高潮」。從這些影片的高人氣度看來，你很可能也曾試過。

什麼是 ASMR ？醫學研究人員尼廷・阿胡賈（Nitin K. Ahuja）在一篇討論這個現象的學術文章裡（現存少數文獻之一）寫到，「熱衷者把這種感覺描述為由人際間特定啟動機制所觸發、可信的低度欣快症，伴隨著腦中和脊內顯著的『震顫』感受。」具有這種體驗的人口比例仍有待確認，而我想知道自己是不是其中之一。ASMR 的描述似乎不一，科學探索也很少。不過，無疑地，ASMR 粉絲確實感受到某些事物。瑪麗亞的影片有一則留言寫道：「我在看這段影片時不斷抽搐……抽搐加上震

顫，讓我感覺自己的身體不由自主。這種感受很強烈。」看到這種評論，你怎麼能夠不親身一試？

ASMR 一詞出現在 2010 年，在 2011 年為人所知，大眾對它的興趣突然陡增。

2004 至 2006 年，「ASMR」的全球 Google 搜尋熱度

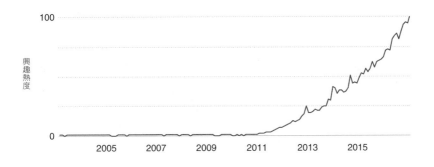

瑪麗亞是「輕聲細語」（Gentle Whispering）頻道的網紅，頻道的訂閱者超過 80 萬人。她的影片觀看次數累積超過 2 億 5,000 萬次。而我在看的那段影片標題為「 *_* Oh such a good 3D-sound ASMR video *_* 」（好讚的 3D 音聲 ASMR 影片）是觀看次數最多的，超過 1,700 萬次。她的影片超過 250 支，從「 ~ Relaxing Fluffy Towels Folds ~ 」（放鬆系蓬鬆鬆毛巾摺疊）到「 *Whisper* NY Times newspaper article reading 」（輕聲細讀《紐約時報》），包羅萬象。「輕聲細語」是 YouTube 上最受歡迎的 ASMR 專屬頻道，但稱不上是唯一。YouTube 上還有許許多多「ASMR

師」，包括 Heather Feather ASMR、Massage ASMR 和 Cosmic Tingle ASMR，都擁有超過 10 萬名的訂閱者。

「我剛睡醒。如果我的聲音不符合你的期待，很抱歉，」身在巴爾的摩家裡的瑪麗亞在電話裡這麼說。她那一天還沒有做開嗓準備，包括唱歌、喝特調茶、吃蘋果和蜂蜜。雖然她有所顧慮，但她的聲音完全如我所預期，我認為，我們的對話是我所做過的訪談最舒心的一次。

瑪麗亞第一次體驗到 ASMR 是在俄羅斯利佩茨克（Lipetsk）的童年時期。她和朋友在玩「老師與學生」遊戲，她是學生。而她的朋友說話和翻書頁的方式觸動了她內在的感覺。「那一刻就像是有一陣香檳泡泡貫流我的全身，」她回憶道，「我無法分辨那究竟是什麼，但那是一種愉悅的感受，卻又讓人無法招架。」在她成長的過程裡，那種感覺偶爾會再次出現。「多半是在有人用非常輕柔的聲音說話、動作非常緩慢而刻意時。」

2009 年，十九歲的瑪麗亞移民到美國，身陷離婚的情感傷痛。她用 YouTube 的靜思影片撫平焦慮。有一天，她發現一段名叫「輕聲細語影片」，那段影片的主角是一個名叫「whisperflower」（柔語花）的女子，用英語和俄羅斯語輕聲說話（想也知道）。「我聽到她的聲音，就像撞上一堵磚牆。就那樣。那是一種非常強烈的感受。」也是在那一刻，瑪麗亞知道自己並不是唯一的異類。「我開始瀏覽影片的評論，很多人都一語道中我的感覺。」接下來的那一年，瑪麗亞成為這些影片的固定觀眾，她認為自己之所以能克服焦慮，都要歸功於這些影片。

　　「不久之後，我就注意到，專門做輕聲細語影片的人很多，但沒有人做出會讓我想看的其他內容，」她說。於是，在 2011 年，瑪麗亞開了自己的頻道「輕聲細語」。當時，瑪麗亞的工作是一家醫療用品店的店員。她的觀眾一開始很少，但大約兩年後，她累積了超過 10 萬名訂閱者。2015 年，她辭去店員工作，專心經營頻道，並以此維生。

　　我在研究 ASMR 的過程裡，和別人聊起這個話題時，只要是還不熟悉 ASMR 是什麼的人，幾乎每個人都是一樣的反應：我的媽啊，那一定是某種詭異的性迷戀。我承認，那也是我的第一印象，雖然網路論壇的 ASMR 愛好者堅稱完全不是那麼一回事，我仍然滿腹狐疑，不相信它並不是某種變態新花招。這些頻道的網紅多半是相當迷人的年輕女子；網路上也不難找到露骨的異色 ASMR 影片；「角色扮演」場景也相當常見。這些在在都影射 ASMR 是性迷戀。不過，或許不是。

　　根據資料，瑪麗亞的觀眾幾乎男女各半（事實上是女性稍微偏多）。此外，也有相當多的男性 ASMR 師。當然，儘管這或許與你對性別的預期相左，卻無法證明 ASMR 和性無關。事實上，一如我有個朋友說的（她知道這本書要引用她的話非常興奮，但是發現引用處的上下文之後轉為不悅）：「羽毛和軟語呢喃或許正是能挑動女性觀眾感官的刺激。」網路已經讓我們先入為主，假設網路上任何我們不懂的事物都是邊緣的變態事物。但是在 2015 年，英國有兩位研究人員發表了一項研究結果。這項研究從聚集在 ASMR 論壇和群組的個人抽樣，進行匿名調查。

他們發現，只有「少數個人（5%）表示將 ASMR 媒體內容用於性刺激，絕大部分的參與者（84%）不認同這個想法。」回覆者當中，最多人把 ASMR 用於助眠或處理壓力。

ASMR 創作者的女性占比很高，一個理論是女性多半具備的柔細聲調或許較適合這類影片。瑪麗亞認為，在更深的心理層面上，女性也占有優勢。「女性天生就是具有高度孕育能力的生物，因此我們認為女性是較柔軟、較關懷他人的性別，」她說。

我們對話當時，瑪麗亞的影片每天累積的觀看次數超過 25萬次，而且還在增加。平均觀看時間將近 11 分鐘，有些較長的影片則將近 20 分鐘，對於網路影片來說，這是相當長的規模。在她的忠實訂閱群間，這兩個數字甚至更高。據她告訴我，她的忠實訂閱者通常來自各種背景和各行各業，尤其是壓力大的工作，如急難人員、消防員、教師和律師。多年來，有許多她的粉絲主動和她聯繫。「我每天都收到數百封電子郵件，還有來自各個不同平台的評論和訊息，」她對我說。有機師告訴她，他用這些影片在長程班機的休息時間幫助他入眠 [1]；有患了創傷後壓力症候群的退伍軍人看這些影片，幫助自己避免夜驚；也有父母和他們的寶寶或幼兒一起看這些影片。「想到就覺得神奇，我用這樣的方式參與了別人的生活！」她驚嘆道。

想來實在瘋狂，如此不尋常的影片能在我們的生活裡扮演這麼深入而有意義的角色。ASMR 影片的成功，是娛樂有效滿足個別觀賞者的反應和需求的結果。「我們不是醫師，我們沒有學位，」瑪麗亞笑著說，「但是說真的，這只是一個人透過網路

的力量去滋養另一個人⋯⋯我認為那是一件很美的事。」

1966 年 11 月，時任紐約市 WPIX 頻道總經理的佛瑞德・
佘羅爾（Fred M. Thrower）發出一封備忘信，概略描繪了
他對獨立電視台耶誕夜節目的構想。他想要播出 3 小時
的壁爐爐火畫面。《紐約時報》說：「在這場想必是電視
產業史上的第一場無節目實驗裡⋯⋯從晚上九點三十分
到凌晨零點三分，電視螢幕上什麼都沒有，只有劈啪迸
躍的火焰，陪伴著我們進入夢鄉或妝點耶誕樹，再無其
他。此外，拜電子產品的神奇所賜，燒柴的灰與煙也跟
著廣告一樣，全都免了。」那個耶誕夜，充滿舊日情懷
而撫慰人心的「耶誕柴」（Yule Log），滿足了許多紐約客
突如其來的渴望，一種不見得有人會具體闡明的渴望。
這個節目因為廣受歡迎，後來成為全國的年度傳統。

將近五十年後，NRK（挪威的 BBC）做了類似的奇特決
定。2011 年夏天，這家電視台連續 134 個小時播出一
艘船沿著挪威海岸航行，從卑爾根（Bergen）一路駛往希
爾克內斯（Kirkenes）的旅程。在斯堪地納維亞半島興起
的「慢電視」（slow TV）類型節目裡，「海達路德號的時

時刻刻」（Hurtigruten minutt for minutt）雖然不是第一個，卻是最大膽的嘗試。[2] 挪威的 500 萬居民，超過一半都曾在某個時候收看這個節目。在這艘船駛進威斯特倫群島（Vesterålen）的精靈峽灣（Trollfjorden）時，有將近 70 萬人同時觀賞。接著，許多類似的船舶和火車節目跟進，包括 18 個小時的釣鮭之旅和 12 小時的編織。「慢電視的製作概念，與大眾對於電視節目一直以來所抱持的想法非常不一樣，老實說，包括我自己，」NRK 製作人魯恩・默克貝斯特（Rune Møklebust）向《時代》雜誌表示，「電視節目的製作方式，幾乎走到哪裡都一樣，只有領域和主題有變化。慢電視是不同的說故事方式。它更陌生。它愈離譜，就愈正確。」

「耶誕柴」和慢電視風潮一開始都是違反大眾傳統觀念的奇特節目實驗，後來卻出其不意成為深受觀眾喜愛的滿足體驗，即使這些節目一開始也讓他們感到不解。《紐約客》雜誌的奈森・海勒（Nathan Heller）如此描繪慢電視：「以娛樂來說，它是一種開倒車的做法。」這類實驗看似荒謬，原因有二。第一，電視是單向溝通的媒體，仰賴對於所呈現內容明確而既成的期望，以確保觀眾會再度收看。在數百萬人家中播出五日航海之旅，誰都會認為這個想法有違固有的期望，引發深重的疑慮。第二，這

些實驗有其代價。原創的「耶誕柴」節目據說讓 WPIX 在 1966 年損失了 4,000 美元營收（相當於 2016 年的 3 萬美元）。

在大部分情況下，網路影片就沒有這兩個問題，因此專業和業餘的影片製作者，在節目規畫上有較自由的尺度，可以進行看似直接違背傳統的實驗，或是像「耶誕柴」一樣，進行無節目實驗。這些實驗能深入挖掘媒體能夠滿足我們的各種心理需求，拓展娛樂的界域，讓我們接觸能刺激人類大腦特定反應的新類型節目，這些反應是我們從來不曾想過，但私下默默樂在其中的。簡單到讓人覺得有詐的影音內容，能夠觸動我們內在的複雜反應，滿足即使有人追問我們也難以言喻的需求。由於這些體驗如此私密（或不尋常），我們鮮少談論，多半是透過非傳統的方式才得知它們的存在：某個訊息論壇、某次離題的瀏覽、某個模糊的搜尋字串，或是某個朋友隨意提起。它們通常是為了只讓尋求它們的人發現或理解而設計。

有時候，它們完全不是為了被理解。它們的重要性並非它點中我們的癢處，或是它能搔到癢處，而是搔癢的感受本身。受惠於 YouTube 之類的科技，它們代表大眾文

> 化的新興面，呼應著我們幾乎無所知覺（至少是未曾言明）的自我。

▶| 乾燥海綿浸水的感覺棒極了！我是唯一有這種感覺的人嗎？

　　到了 2014 年，關於 YouTube 上在夯什麼，我自認算得上是萬事通。因此，你可以想像，當我有一天突然發現，平台上觀看次數最多的頻道，我對它完全一無所悉時，我有多麼驚訝。有個叫做「DisneyCollectorBR」的帳號，似乎打破了所有人氣頻道的規則。[3] 它沒有音樂影片，沒有魅力十足、上相的人物，和電玩無關。DisneyCollectorBR 頻道名稱是「DC Toys Collector and Fun Toys Collector」（迪士尼玩具與有趣玩具蒐集者），主題是一個成年女子玩孩童玩具。這個女子從來不曾在鏡頭前露臉，只有她的雙手會出現在影片裡，拆包箱、操作黏土，或是旋開小袋子裡裝有小玩具或糖果的扭蛋。她操拉丁美洲的口音，敘述整個過程。她的頻道在 2011 年開設，短短幾年內成為 YouTube 排名前五名的熱門頻道。到了 2016 年，DisneyCollectorBR 的影片觀看次數累積超過 100 億次，嚴格來說，這個頻道的人氣甚至更勝小賈斯汀。影片的標題非常長，如「Play Doh Sparkle Princess Ariel Elsa Anna Disney Frozen MagiClip Glitter Glider Magic Clip Dolls」，這是這個頻道人氣最旺的影片，觀看次數接近 5 億次。

DisneyCollectorBR 絕對不是專門經營這個類型主題的唯一頻道。「SurpriseToys」和「DCTC Toy Channel」也各自累積了數十億次觀看次數。

「對於四十幾歲、堅守著薄弱的文化資本的父母來說，看看你家的兩歲小孩在看的東西，卻看得一頭霧水，我幾乎想不出來還有什麼事會比這更打擊自尊，」2014 年，作家米蕾爾・西爾考夫（Mireille Silcoff），就像所有的母親一樣，透過女兒接觸到這些影片之後，在一篇有趣、吐露著迷惑的文章裡寫到，「在我看來，她對這些影片的迷戀是某種深度的神經按摩，彷彿我的孩子正在發展中的大腦裡開了一個鑰匙孔，只等待一個不知長相如何、有著南美口音的女子，還有光鮮亮麗的指甲，拆開包裝，拿出樂培多（Play-Doh）黏土的字母模型。」

隨著這股瘋潮逐漸壯大，也出現愈來愈多文章表達憂心，撻伐這些影片對於年幼心靈潛在的負面影響。我們是不是在用源源不絕的廉價商品宣傳，灌輸給新一代年輕消費者，讓他們沉迷於此？某篇擔憂的新聞報導裡引用某位心理學家的話說，「這些不是針對兒童做行銷、我們在電視上可以看到的 30 秒廣告。這些是 10 到 15 分鐘的廣編特輯。」但是，我記得我童年時的電視節目，有一半其實完全是以玩具為基礎，我至今隨時都能背出「妙妙熊歷險記」（Gummi Bear）主題曲的歌詞。回頭看來，那些節目似乎相當糟糕，雖然它們至少都有真正的故事，通常也蘊藏某種正向訊息。至於拆包裝、玩玩具的影片，當然只能讓孩童對購買、玩自己的玩具更興奮難耐，不是嗎？但是，我花愈多時間

檢視，我愈相信，一段 10 分鐘的「Dora the Explorer Talking Backpack Surprise」玩具檢測影片，驅動它的高人氣的是更複雜的事物。西爾考夫有相同的結論：「它讓我想到，或許它的訴求……與消費主義並沒有實質的關聯，它帶來的滿足感，或許是以更奧祕的方式與我們情緒反應系統疊合。」

　　許多人都提及孩提時期在耶誕節或生日時拆禮物時的類似體驗。「得到新東西的快感如此讓人歡欣雀躍，任何看過小孩子在生日宴會上拆禮物的人都知道，這並非完全與得到玩具本身有關——他們真的很喜歡看朋友拆開他們送的禮物，」現代父母指南（Modern Parent's Guide）系列的作者史考特・史坦柏格（Scott Steinberg）對《電訊報》表示。「孩子喜歡神祕和懸疑，大人也是，尤其是在結果為可預測的背景脈絡裡，」雪菲爾（Sheffiedl）大學的學術人員賈姬・馬許（Jackie Marsh）在 2015 年一篇探討玩具影片現象的論文裡寫道。「驚奇扭蛋當然就是這樣的例子，根據孩子的經驗，裡頭通常一定裝著玩具。因此，這些開箱影片包含了大眾媒體常見的結構性元素，如懸疑推理小說。」[4]

　　這股瘋潮讓我想起我最喜歡的 TED 演說之一，那就是導演亞伯拉罕（J. J. Abrams）2007 年的演講「神祕盒子」（The Mystery Box）。他在演講中用一個封閉盒子象徵說故事的舖陳，那個盒子是他多年前買的一個魔術道具。亞伯拉罕認為，內容引人入勝的程度，遠遠比不上外包裝盒的神祕和謎樣感。這場演講是在他把「Lost 檔案」（Lost）搬上大銀幕之前，在電視影集仍在熱播之時。他創作的「Lost 檔案」是一部讓我又愛又恨的電視影集。

故事以因飛機失事而受困的遇難者在神祕島嶼的遭遇為中心，這部影集不斷向觀眾丟出一連串的問題，讓它出奇地吸引人（同時讓人生氣）：那是座什麼島？煙霧怪物是什麼？即使在汗如雨下、沒有淋浴設備的叢林，為什麼每個人還可以永遠那麼迷人？隨著影集劇情揭曉各個問題的答案之時，又提出新的問題。「我發現懸疑是想像的觸媒，」亞伯拉罕在演講裡說，思索他的創作裡的「神祕箱」概念，「我開始認為，或許有時候，奧秘本身比知識重要。」或許一個孩子播放憤怒鳥培樂多影片時的體驗，類似我觀看新一集「Lost 檔案」時的感受。

但是，這或許只是我嘗試透過一個我理解的媒體概念解讀這個現象。有人認為，幼小觀眾從那些影片得到的愉快，有個較不直接的源頭。「這些影片有許多都是拆包裝的雙手和手指的特寫鏡頭，年幼觀眾特別感興趣的，或許是這些手部活動。」馬許在她的研究裡寫到。「此外，這些影片都伴隨著聲音，包括彩蛋打開時發出的喀噠聲，拆開玩具包裝時塑膠袋發出的爆音。」她認為，影片所觸動的這種美感體驗及舒緩情緒反應，才是吸引力的來源。

YouTube 上有諸如此類包羅萬象、吸引廣大收視的頻道，但是無法分辨確切的吸引力何在，也無法用現存媒體做清楚的類比。各種年齡的人都可以在此尋找令人大開眼界的素材，滿足多重感官。

有一天，我坐在 YouTube 辦公室咖啡區，從同事身後，我看到他的螢幕上播出的影片，看起來像是有一片餅乾在動手術。

影片裡有手術刀、鑷子和藍色的手術用手套，有個畫面外的人慢慢地取出那片琣伯莉（Pepperidge Farm）燕麥葡萄軟餅乾裡的每一顆葡萄乾，換成 Toll House 牌巧克力豆。我無法移開我的目光；我覺得這個講究細節的過程吸睛極了，而且說來奇怪，有種舒緩放鬆的效果。那支影片的標題是「餅乾置換手術」（Cookie Reassignment Surgery），拍攝者是一個名叫「食物外科醫生」（The Food Surgeon）的男士。每次手術大約要花 6 到 8 個小時拍攝。他對《廣告週刊》（*Adweek*）表示，他寧可保持匿名：「食物、聲音和景象才是重點。我希望保持這樣。」[5] 他的影片呈現的美感體驗，觸動了人們內心的情感面反應，這些是我們喜歡但或許不一定完全理解的反應。例如，「瑞氏巧克力花生醬切除後奧利奧奶油移植手術」（Reese's Peanut-Butter-Ectomy with Oreo Cream Transplant）、「奶油手指餅乾上特趣夾板修復骨折」（Butterfinger Fracture Repair with Twix Splint）。

　　我曾在有人描述為「詭異滿足感」（Oddly Satisfying）的影片裡看到這種表演，關於什麼影片內容可以稱之為可接受的娛樂，這個類別真正挑戰了我們的認知，包括髒亂人行道經高壓水槍洗得整潔如新的縮時攝影影片；一顆葡萄用手術刀切出完美的薄片；曲棍球圓盤順著一個直徑幾乎相同的硬紙板筒滑下。「我認為，在這個時代，我們生活被太多事物所淹沒，因此為不見得相關的事物建立秩序，讓它們彼此相容，在這個包羅萬象的事物從四面八方朝著你而來的世界裡，能夠提供某種撫慰，」心理學家吉莉安・羅普（Gillian Roper）向《大西洋報》（*Atlantic*）表示。看

起來，人類就是有一股讓事物回歸秩序的內在欲望。

這就是為什麼我看到一支標題為「浸水的海綿」（Sponge being hydarted）的影片時並不覺得訝異的原因。那支影片拍攝的是一塊放在方形水盤裡的乾燥海綿，觀看次數為 5 萬 9,000 次。上影片的連結分享貼文只簡單寫道，「我把壓縮海綿拿去浸水的影片」，吸引了 88 則評論，內容從「乾燥海綿浸水是全世界最棒的感覺，難道我是唯一有這種想法的人嗎？」到「我私心希望海綿與容器完全密合……就差那麼一點」，各種反應都有。

姑且不論顯然就有現成 88 種關於壓縮海綿吸水的不同說法，我必須承認，「詭異滿足感」類別影片有一種舒緩的愉悅感。只有在網路的環境，看起來如此枯燥的事物才能吸引到這樣一群觀眾。但是，那是因為它的價值來自我們的私密體驗，而不是必須在公開場合實踐的認知。在頻寬有限、投資報酬率受到嚴密管理的大眾傳播娛樂世界，要為這樣平淡沉悶的內容爭取到一個位置，牽涉到太多利害關係人、預算和自我。那就是為什麼在我大半的年輕歲月裡，由主流媒體提供的電視節目，不管好壞，很少偏離舊路線太遠。不管是「浸水海綿」，還是「食物外科醫生」，都不需要向任何人證明自己應該存在。身為觀眾的我們會去評判並擷取其中的價值。當私密的個人反應才是最重要的事時，就會出現非常奇特的結果。

你可能會覺得吃驚：清耳朵影片在 YouTube 上至少有兩種不同的類別。沒錯，我指的就是清理人類的耳朵。第一種是

ASMR 式角色扮演的刺激，身為觀眾的你讓一個賞心悅目、輕聲細語的女士清理你的耳朵，一如影片「ASMR Ear（Cleaning）Groomers & Spa Roleplay（unisex）」，在我看到這支影片時，它的觀看次數已經累計超過 80 萬次。至於另一個類別，不適合做為一場得體對話的話題，否則可能會惹麻煩。（我知道這點，因為我犯過這個錯，而且意外地壞了一個同事午餐時的胃口）這些是真實的清除耳屎影片。沒錯，只要敲幾個鍵，你也可以學會在家清理耳屎的專業與業餘程序。在「Hard Impacted Huge Ear Wax removal in one stroke」（一挑清理結成硬塊的大耳屎）影片裡，印度有個醫生用內視攝影機和某種仿布萊恩·伊諾（Brian Eno）的氛圍音樂，記錄如何用一支金屬器具，從某個女士耳朵裡掏挖出一塊大耳屎。在「FUNNIEST EAR WAX EXTRACTION」（最有趣的清耳垢經驗）影片裡，一對名叫賈斯汀和艾莉森的夫妻，記錄賈斯汀在醫生診間清理耳道的憂心經驗。（影片實在不怎麼有趣，但或許是我這個評審太嚴厲？）

我看過最糟的是標題平實不招搖的「清除堵塞的耳屎」（Removing impacted ear wax），有人用一支鑷子移除一團大到無法置信的人類耳垢。我在看到這段影片之前，由於已經看過夠多這類影片，所以可以克服我的噁心感（呃，盡量啦），而我必須說，我確實看得滿樂的。「每日醫療」部落格（我在這裡找到這支影片）驚呼，「看著鑷子挑挖著黏呼呼的一糰耳屎，直到它終於掉出來，有一點噁心，但同時也有種滿足感。想像一下，他的耳朵現在感覺有多清爽啊！」《柯夢波丹》也有類似的回應：「它

很噁心，但也因為如此，在清理完成時，格外令人感到滿足。」
換句話說：看影片的人基本上內化了那股釋放感。

　　如果你覺得上述內容讀起來很難受，你一定會喜歡這個：在
YouTube 上比清耳屎更受歡迎的影片，可能是擠粉刺。「奇怪的
滿足感，」一個叫做「Mrs. Bangtan」的人，在影片「Biggest
Zit Cyst Pop Ever」（有史以來最大的粉刺）下方留言。我承
認，儘管這支影片當時有 1,270 萬觀看次數，我還是看不下去。
累積來看，粉刺／黑頭粉刺影片的觀看次數超過耳屎影片的五
倍。人稱「擠痘醫生」（Dr. Pimple Popper）的珊卓·李（Sandra
Lee）醫師從 Instagram 起家，在 YouTube，擁有超過 200 萬名訂
閱者，熱門影片包括「A Goldmine of Blackhead & Whitehead
Extractions」（金礦級黑頭 & 白頭粉刺清理）和「Dr. Pimple
Popper's Top 5 Most Amazing 'Pops' of 2015」（擠痘醫生 2015 年
最驚人的前五大擠痘影片），全都是在她位於加州阿普蘭
（Upland）的皮膚科診所拍攝。

　　她在個人頻道簡介裡解釋，她的目標是教育觀眾，了解皮
膚病和皮膚護理，不過她承認，「一路上，你仍然會看到你最喜
歡的影片，它們可以說已經成為我的『謀生之道』：擠出的痘
痘、拔出的黑頭粉刺、摘除的囊腫和脂瘤。」

　　與擠粉刺影片相對應的是黑頭粉刺清除影片，同樣噁心，
但比較不戲劇化，而且似乎同樣能引發觀眾一種共同的滿足感。
雖然這類影片熱門過一陣子，但是就在 2016 年，這個喜歡觀
看、分享這類影片的群體（所謂的「嗜爆痘者」）開始吸引主流

新聞界的注意，李醫師成為名人，甚至擁有個人的「擠痘醫生」產品線。

人們為什麼喜歡這些事物？或許是人類天生的好奇心，引領我們在播放 YouTube 影片的安全裡尋求危險和噁心。或許有很多人是在體驗某種形式的「聯覺」（synesthesia）感官情境，也就是有些刺激物或許會不由自主地觸發其他感官，例如我們可以看到顏色的聲音、讓我們有味覺反應的形狀，或是讓我們有感覺的音樂。據說，每三百人當中可能就有一個會顯現某種聯覺形式。透過觀看別人的耳朵進行清潔，我們就能體驗自己的耳朵被清理的滿足感？我還是無法體會。

健達奇蛋、詭異滿足感的享受，以及清耳影片，表面上看起來是這麼平凡無奇，因此它們的收視次數讓我下定決心，要挖出它們受歡迎的全部事情。但是重點正是在於，我們甚至無法徹底理解我們為什麼喜歡這些事物。「為什麼」並不重要。在任何人都可以上傳、觀賞幾乎任何東西的 YouTube 上，各種類別的成功頻道，即使沒有任何一個人真正理解它們存在的巧門何在，它們也能夠存在。

其實，最重要的是，人腦歷經神祕的心理和神經刺激時，大腦休息處所發生的事。

▶| 日常的未知

「這水比我預期的多，也比我預期的少，」這是我在看過 4

分 35 秒的「GoPro—Full wash cycle in a dishwasher」（專業達人——洗碗機全洗程）影片後的感想。很少有哪支影片的標題可以名副其實到如此有效。「一直都想知道，在我關上門後，洗碗機裡到底是什麼情況，」影片的製作者「Bito」寫道。「我看到的其他影片，很多不是燈光昏暗，就是角度很差，」他又說，一語打破了拍攝洗碗機內部不需要對攝影術有任何基本理解的迷思。我相信，這支影片吸引我的原因，正是讓「Bito」起心動念的拍攝動機：它描繪了讓我從童年時代就費疑猜的一件事。每個嬰兒（還有小狗、小貓和寵物長尾小鸚鵡）一定都曾想過，不管想法有多麼短暫，「那個東西裡頭到底發生了什麼事啊？」有些人長大之後，就把這個疑問拋諸腦後。那些長大之後寫了關於 YouTube 的書的人，卻沒有忘懷這個疑問。不過，我或許不是唯一；我看到「GoPro」影片的當時，它已經累積了大約 800 萬次的觀看次數，快速搜尋一下就能找到 700 支類似的影片。在我努力不懈的研究下，我甚至找到用 360 度攝影機拍攝的影片。洗碗機內部影片已經進入虛擬實境的空間。

「GoPro」影片直接了當地解開一個幾乎人人好奇的謎，儘管這個命題極其無趣又缺乏想像力。（在讀到上一段時，你難道沒有對你家洗碗機裡的情景愈來愈好奇嗎？真的沒有嗎？）

純粹好奇心驅動人類行為的力量，是已經有很多人投入的研究領域，有些研究甚至深入到證明，即使預期會出現負面後果，好奇心冒出來時，人類還是會忍不住去解開不確定性。一方面，這是驅動兒童發展的力量，另一方面，也是我們變成大人後

喜歡看影集「法網遊龍」（Law & Order）重播的原因。但是，YouTube 其實是以最原始的方式，把化解不確定性的基本方法轉化成最獨特的娛樂。有一群新創作者興起，成為 YouTube 大師（多半是無心插柳的結果），把我們日常的未知事物化為引人入勝（即使看似單調乏味）的娛樂類型。

「我這一輩子應該就是大家所說的『修補匠』。」二十七歲的麥特・紐藍（Matt Neuland）是「carsandwater」的頻道主人，在很多方面，他都與一般大眾心目中 YouTube 創作者的想法形成反差。「你或許可以從電話上聽出來，我不是個口齒伶俐的人，」他告訴我，「因此要我用自己的話說故事，讓我有點緊張。」從事維修與保全工作的紐藍除了 YouTube 的評論功能，基本上不用任何社群媒體與粉絲交流。他的影片裡很少出現他的身影，甚至也不常聽到他的聲音。這其實沒有關係。他的頻道有將近 100 萬訂閱者，影片觀看次數直衝 2 億。

紐藍開始拍攝影片，是在他的第一個孩子出生時，兄弟姐妹送他一部手持攝影機。「在 YouTube 開帳號，原來的目的是上傳家人的影片，但過了一陣子，我開始拍 DIY 類型的影片，」他說。他的 DIY 計畫從彩色鑲嵌玻璃花窗到泳池加熱器，五花八門。觀眾出現之後，他開始做更多實驗。「那可以說是我怎麼想到『Red Hot Nickel Ball』（RHNB；紅熱鎳球）這個構想的，」他說。有一天，紐藍用家用的電解氫氣焊槍（把水分子分解成氫和氧後燃火），加熱手掌大小的鎳球。根據紐藍的描述，

這只是他「閒來無事瞎混」，顯示我們對於娛樂活動潛在傷害的容忍程度，處於非常不同的層次。

他用扳鉗直接拿起那顆球，丟進水裡。「然後就出現了萊頓弗羅斯特效應（Leidenfrost effect）[6]，我認為，有人就是因為這個影片才會問我，『噢，如果你把熱金屬球放進這個或那個，會發生什麼事，』」他說，「於是我就試著去滿足大家的好奇心。」在影片竄紅之前，紐藍沒有真的想過鎳球具有號召觀眾的潛力，但是 RHNB 確實深具魅力。紐藍開始推出「RHNB」影片系列，他估計，RHNB 放進的物質已經有一百多種。那些影片多半是在他的車庫工作室實地拍攝，標題相當讓人想一探究竟，如「RHNB 乾冰篇」、「RHNB 果凍篇」、「RHNB 諾基亞 3310篇」、「RHNB 一疊 CD 篇」都相當酷。「RHNB 起司塊篇」出奇地讓人不舒服。「RHNB 曲棍球圓盤」幾乎沒有任何事發生，但是大家也看了沒有事發生的畫面 1,700 萬次。

一如他對自己的描述，紐藍不是健談的人。例如，我請他描述他的影片版式，幫助讀者理解影片和他的拍攝過程，他的回答是，「這相當基本，你知道的：先是片頭，然後，嗯，你們怎麼稱呼影片的中間片段？就是那個。然後是片尾。差不多就是這樣。」感謝您，麥特。

不過，我承認，真的要講紐藍影片的構想，就是因為缺乏複雜度而別具一格。「它就是你看到的這樣，」他說。「我看過很多『這是什麼影片？！』之類的評論。有人會回答，『請讀影片標題。就是一顆燒紅的熱鎳球遇上一塊冰磚。』就是這樣。」

他的影片都相當短，但是人氣旺的影片，平均觀看時間很多都超過 2 分鐘。

紐藍邀請他的觀眾提案，讓他用燒紅的熱鎳球（用他的話說，就是「RHNB」）做摧毀實驗。他收到的物件清單，多到他數不清。這些提案後來成為某些觀看次數最多的影片裡的素材來源。他最受歡迎的影片「RHNB 插花泥篇」，拍攝的是方形插花泥分解時五彩繽紛的連鎖反應，觀看次數超過 1,500 萬次（平均觀看時間超過影片長度的三分之二）。現在，紐藍的粉絲遍布全球，其中只有不到一半的觀眾位於美國，在 2015 年，他的影片觀看次數，超過 100 萬次分布在台灣、波蘭、土耳其和馬來西亞等地點。

「液壓機頻道」（The Hydraulic Press Channel）的性質和紐藍的頻道類似。它的經營者是一個名叫羅利‧佛漢西塔（Lauri Vuohensilta）的友善芬蘭紳士（副業是健力士！）你可能已經猜到，影片內容是關於各種物件放入液壓機後的情形。佛漢西塔的影片是在一家水力發電零件工廠拍攝的，他這個頻道的靈感來自其他頻道播出的居家物品破壞影片，當然包括 RHNB。佛漢西塔的頻道描述非常直白：「想看東西被液壓機擊碎嗎？這正是為你開的頻道。」（你可以說，他在摧毀物品工作坊的地圖上補了一塊拼圖；儘管 RHNB 不是曲棍球圓盤的對手，但是液壓機激動人心地重創了曲棍球圓盤）。我和紐藍談話時，液壓機頻道的訂閱者在短短幾週內成長到將近 50 萬人。紐藍已經聽聞、也喜歡這個頻道。「難道你不會想把任何你想得到的東西放進去試試

看嗎？」他問我。這話說得中肯。

　　這種由好奇心觸發、風格簡明的頻道，雖然還沒有類別名稱，但我已經見過不少這類頻道。事實上，在我寫作本章之時，YouTube 最熱門的影片之一就是「響尾蛇的響尾裡頭有什麼？」（What's inside a Rattlesnake Rattle?），來自「裡頭有什麼？」（What's Inside?）頻道。頻道經營者是相當討喜的父子檔，來自猶他州凱斯維爾（Kaysville）的丹尼爾（Daniel）和林肯・馬克罕（Lincoln Markham）。頻道緣起於林肯的二年級學校作業，要他們去挖掘某些運動用球的裡頭有什麼，而兩年後，他們的頻道號召了兩百多萬名訂閱者，跟著他們一起進行把東西切對半的冒險。「這一切都起於一個小小的科學作業……最後的規模大到遠遠超越我們的想像，」丹尼爾告訴當地新聞媒體。

　　起初，我幾乎認定，這些影片的訴求點來自它們的美感特質，尤其是網際網路上對於詭異滿足感的愛好。確實，紐藍和我都覺得，觀看 RHNB 穿透某個物體，感覺超級愉快。但是這種滿足感和摧毀物體無關。紐藍、佛漢西塔和馬克罕做的是「如果這樣，會怎樣」影片，因應人類心智最簡單的運作方式之一而為的娛樂。他們與「科學極速遞」的那些人極為相似，他們都開啟了某個我們一定曾經回答的問題，但是他們沒有一直留在智識面探索，而是選擇在實驗裡找答案。他們從本能衝動出發，傳遞視聽上的立即滿足。

　　紐藍自己的好奇心、他探索未知的業餘科學家／修補匠熱情，是他的頻道和頻道命題的基礎，即使你沒有在影片裡看到他

的身影或聽到他的聲音。「我必須設法讓它保持有趣和個人化，像是我自己想看到的那樣子，」他說著，承認是基於個人的痴迷，讓頻道保持活絡。

「我有一個抽屜，裡頭滿滿都是我要燒給大家看的東西，」他補上一句。

我們對日常體驗中懸疑小事物的興趣，明顯反映在像紐藍等創作者所開設頻道的人氣上，但是觀眾本身也一樣有小題大作的傾向，即使是在天下本無事的地方。有無數神祕事物都是從YouTube 各影片留言區的討論而衍生、強化。它們可能來自粉絲社群的過度理論化、精心籌畫的游擊行銷計畫，或只是事件在奇特匯聚下的結果（我的最愛），一如 2014 年的「Webdriver Torso」事件。

那年夏天，有個名叫「Webdriver Torso」的頻道，在為期兩到三週的時間裡，大約了上傳 8 萬支影片。在接下來的幾年，還會上傳超過 50 萬支。那些影片看起來毫無意義，多半由奇怪的幾何圖形和聲音所組成。例如，有一支標題為「tmpdKHvbS」的影片，由靜態圖像組成，包括一個紅色長方形和一個藍色長方形，大小不一，每個畫面維持 1 秒，配上高音頻。像這樣的影片有數萬支，唯一的例外是一支標題只寫著「00014」的 6 秒鐘影片，內容是艾菲爾鐵塔。大部分影片的長度都是 11 秒，不過「tmp 1DXWQ」長達 25 分鐘。一般來說，它們的觀看次數寥寥無幾，但有些影片的觀看次數多達數萬次。「tmpdKHvbS」影

片的觀看超過 50 萬次，大部分都是在有人發現這個頻道，並開始找人來看看這究竟是什麼鬼東西時所累積的。

這個現象上了許多新聞。網路報「每日點點報」（The Daily Dot）：「想要聯絡外星人的神祕 YouTube 頻道？」A. V. Club：「Webdriver Torso 若非極度邪惡，就是一個空草包。」《每日電郵》（The Daily Mail）：「法國間諜製作的神祕 YouTube 影片？」許多或許看過太多次電影「ID4 星際終結者」（Independence Day）的人似乎相當確定，Webdriver Torso 想要聯繫外星生物。[7]遺憾的是，一如許多事情一樣，真相遠遠、遠遠沒有觀眾編出來的陰謀論那麼有趣。

「Webdriver Torso」究竟是什麼？答案是我們 YouTube 上傳團隊的某個同事執行的影片壓縮技術，他沒有預期任何人會偶然看到這些影片。追根究柢，Webdriver Torso 是科技阿宅的健達奇蛋，不過裡頭裝的不是塑膠玩具或巧克力點心，而是複雜的基礎架構測試，由我們蘇黎士辦公室一名叫做艾卡特莉娜（Ekaterina）俄羅斯工程師所執行。[8]這是一個神祕箱。這是一個還沒有 RHNB 化或液壓機化的西瓜。這個頻道結合了經典的戲劇原則（終點遠遠沒有旅途過程有趣），以及我們對尋找特別事物的集體欲望。唯有在科技容允我們探索、討論、分析我們所見所聞的新方式下，才能有這樣的結果。

「那個東西裡發生了什麼事？」「如果物件被壓扁、燃燒或對切，那會怎麼？」「要是這個找不到解釋但也不太啟人疑竇的事物確實可疑，那會怎麼樣？」我們都會問這樣的問題，但在過

去，我們只能問自己。YouTube 把這種非常個人的經驗，變成共同的活動。它把我們對日常未知事物的著迷，變成實際的娛樂，讓我們能一同體驗。

這一切聽起來或許有點愚蠢。但是，迎合並浸淫於人類心理基本衝動的內容，能產生重大後果。Webdriver Torso 從無害的基礎架構測試變成國際陰謀的著火點，這個過程與沒有根據的陰謀論生成、固化的過程，並無二致。鼓勵 RHNB 所提供快速滿足保證的平台，可能會因為騙點擊率的內容充斥，而有退化成真空室的風險。以洗碗機和壓平的曲棍球圓盤來說，如此直白的影片轉變為滿足懸疑和痴迷的憑藉，算是無害。但是還有其他影片類型，能在更深、情感面更複雜的層次上，提供類似的宣洩和密集刺激。

▶️ 人有時候都想要來個小小的復仇

我在 YouTube 的初期經常哭。並非因為這家公司的每個人老是給自己手上的專案取奇特的代號，而我老是記不住而覺得尷尬。但我仍然堅決主張，把重新設計的頻道網頁描述為「宇宙熊貓」（Cosmic Panda），完全沒有必要。不，我的眼淚是為了完全不同的事物而流。我不認為我自己是個輕易流露情感的人（我所有的前女友也不會這麼認為）。然而，在與我同一個辦公區的 Google 地圖小組的那些好人看來，我偶爾看起來像個歇斯底里的可憐人。不知怎麼地，我會在觀看某些新影片時，努力克制自

己的淚水。我堅忍的男子氣慨最可怕的剋星就是：「士兵回家」
（Soldiers Coming Home）影片。

一個哥哥在妹妹的婚禮給她一個驚喜；一個母親在兒子的科
學課給他一個驚喜；一名丈夫在某場棒球賽給妻子驚喜；或者，
最糟／最好的是，表情嚴肅的海軍陸戰隊員在前院給他興奮難耐
的狗一個驚喜。即使沒有真的在觀賞這些影片，光是想到它們，
我幾乎就要熱淚盈眶。這些影片讓我感動到流淚，你可能不會感
到訝異，但是耐人尋味的是，我經常一再重看它們。

而且，我不是唯一。「美國海軍陸戰隊員在妹妹的畢業典禮
出現，給她一個驚喜」在首次發布後，四年間每週都吸引了 2 萬
5,000 次觀看次數。這些影片的成功，終究是因為它們在我們需
要的地點和時候，提供情感宣洩令人滿足的愉悅感。這是隨需取
用的精神淨化。

2011 年，二十九歲、聽力重度受損的莎拉・卻爾曼（Sarah
Churman）在美國德州一家診所接受助聽器的植入。她的丈夫史
隆不願意拍攝這段私密的經歷，但是在他母親的鼓勵下，他還是
拍了。開機拍攝 25 秒，卻爾曼湧出淚水。也是在這個時點，每
個觀看影片的人也都熱淚盈眶。這支擁有 3,000 萬觀看次數的影
片，是「第一次聽見」（Hearing for the First Time）影片裡觀看次數
最高的，這些年來，它出現在不只一支 YouTube 的行銷蒙太奇
影片裡。這段影片一開始的人氣竄升，讓卻爾曼夫婦成為網路名
人，上遍各大電視晨間節目，多年後，它每個月的平均觀看次數
仍然超過 10 萬次。影片裡的這些私密情感時刻，也成為觀眾的

私密情感時刻，因此延長了它們的保鮮期。

我們知道影片可以引發催產素突然大量分泌，儘管研究人員對於這項賀爾蒙對人體的作用，還沒有完全的定論，有些研究顯示，催產素分泌增加有助於讓我們平靜。2007 年，有研究人員在神經科學學會發表報告，宣告他們證明在隔絕環境裡處於壓力或恐慌的個體，如果注射催產素，就「不再顯現憂鬱、焦慮或心臟壓力症狀」。我覺得我有責任要指出，這項研究裡的「個體」並不是人類，而是大草原田鼠。這是很大的差異。不過，在實驗裡與毛絨絨的親戚隔絕時所感受到的一連串驚嚇，和報稅時的驚嚇感，兩者之間或許終究沒有那麼不同。我不是神經化學專家，但我毫不懷疑，這些有情感宣洩作用的影片，許多確實能引發觀看者愉悅的神經感受，所以他們才會一再重看。

神經科學家傑佛瑞・薩克斯（Jeffrey M. Zacks）在《Flicker：大腦看電影》（*Flicker: Your Brain on Movies*）一書裡解釋道，「我們大腦的演化不是為了看電影：是電影的演進利用了人類大腦。我們的身體想要回應畫面的傾向點出了這點。」他提出「鏡像法則」，解釋人為什麼有時候對螢幕上的刺激會有反應。「簡言之，我們的行為通常遵循鏡像法則，因此當我們看到有人做某個動作，我們也會想做出同樣的動作，」他寫道。「鏡像法則能幫助我們快速準備好採取適當行動、學習連續動作，根據別人的行為描繪他們的心智狀態。」換句話說，或許是我的大腦愚弄了我，讓我成為我在影片裡所看到人們的情感和舉止的「鏡像」，讓我坐在辦公桌前哭得像個白痴，得到類似的情緒宣洩。

　　還有一些影片之所以惡名遠播，是因為它們在更深、更黑暗的人性層面，滿足了情感需求。這些以影片為根據的體驗，幫助我們藉由浸淫在他人的屈辱中，面對我們的不安全感和自卑感。這些影片的主角經常是社會地位高於我們的表徵人物。

　　YouTube 上與「新聞主播」相關的關鍵字搜尋排行榜，不是「報導」，不是「廣播」，而是「出醜」。緊接在後的是「NG」。看到正經八百的電視人物把事情搞砸，或是出洋相的影片，有一股強烈的愉悅感。新聞主播的崇高地位和權威，放大了已經是人類共同經驗的事物：大多數人看到別人失敗時，都會有種愉悅和滿足感，至少在潛意識是如此。根據「向下比較」（downward comparison）理論，當人在生活中體驗到負面事物，在比較自己和不幸者的處境之時，能提升他們對個人幸福的感受。數個世紀以來，喜劇世界以打鬧的表演技巧充分利用了這項法則。同理，網路影片讓我們可以與觀看內容揭露的實際負面後果保持距離，這讓我們更容易接納它們帶給我們的樂趣。

　　網路影片史上惡名昭彰的「出糗」影片入圍者名單很長，但是說到以羞辱為基礎的宣洩，最能捕捉其多重面向的，或許非2007 年來自電視節目的一段影片莫屬。在美國妙齡小姐選美比賽的某個階段，十八歲的南卡羅萊納州小姐凱特琳・優普頓（Caitlin Upton）被問道：「最近的調查顯示，有五分之一的美國人無法在地圖上指出美國在哪裡。你認為，為什麼會這樣？」這位金髮美女的回答將會改變她人生的道路，而且轉往好的方向。「我個人相信，美國的美國人做不到這件事，是因為我們國家的

人沒有地圖，」她開口說道，「我相信，我們的教育，就像是，
比如說，在南非和在伊拉克，在每個地方，就像是，比如說，還
有我相信他們應該，我們在美國這裡的教育，應該幫助美國，或
應該幫助南非，也應該幫助伊拉克和亞洲國家，這樣我們就可以
為打造我們的未來。為我們的孩童。」

　　優普頓的回答在第一週的觀看和分享次數達數百萬次，接
下來的幾週，持續每天吸引數萬觀看次數。觀眾的反應殘忍，有
時候過於侵略性。（事件發生八年後，優普頓在《紐約》雜誌裡
表示，「我曾歷經一些非常黑暗的時刻，我曾想過要自殺。情況
非常糟糕，長達連續兩年裡的每一天。」）即使大部分人沒有
「主動」參與公開羞辱優普頓，美麗的妙齡小姐出糗，看似證明
她並沒有大家以為的那麼聰明，這一幕讓人看了有一種不安的滿
足感。

　　或者，至少我是如此。我過完大一的那個暑假，在佛羅里
達小姐選美會擔任節目製作助理／實習生。有時候，我要包覆纜
線；有時候，我要搬運風扇或器材；有時候，我要拿著大型反光
板，幫我們在拍攝的參賽佳麗打光。這聽起來像是青少年的夢想
工作，事實上卻不是那麼一回事。參賽佳麗普遍態度惡劣、頤指
氣使（如你可能想像得到的）；打光板造成我的下巴曬傷，感覺
相當不舒服。在決選日，我被分配到落選休息室當班，也就是女
孩在落選後和媽媽坐在那裡哭泣的地方。我真心為她們感到難
過，但我也蠻愛看這一幕的（在多年後我才願意承認）。當我看
著可憐的凱特琳・優普頓在台上回答問題，一路「就像是，比如

「說」下去時,基本上我也是同樣的感覺。這段影片讓我(似乎還有許多人)浸淫於最基本的情緒宣洩。

　　還有其他證據顯示,人類或許樂在觀看這些影片,因為人類有種喜歡看各種火車撞車事故的傾向。在一項名為「悲劇觀眾知福惜福:在故事裡失落,在生活裡昂揚」(Tragedy Viewers Count Their Blessings: Feeling Low on Fiction Leads to Feeling High on Life)的研究裡,一群研究人員讓參與者(先講清楚,這次是人類)看一段30分鐘的悲劇影片,並從他們的反應推論,我們從觀看他人苦難而有的體驗,可能「富有價值而且津津有味,因為它能讓我們省思自己的人生」,他們還說,它「有提升個人生活幸福感的效果」。基本上,我們都很糟糕。

　　我們可能絕對不會公開承認(甚至也不會意識到),我們觀看、分享這些影片的意圖為何,但我們不斷找這些事件來看,而隨著網路的內容廣度不斷拓展、演算化和平台的專精程度不斷深化,這個層面的供給也在增加。

　　在無數的專精社群裡,有一個名叫「r/JustsicePorn」的版面,那是一個與我們這種網路影片暗黑愉悅有所交集的小宇宙。JusticePorn 成立於 2011 年,之後迅速竄升,晉升為百大熱門分類,累積數十萬追蹤者。版面描述為「看惡霸遭到報應的園地」。雖然它的名字有「Porn」(色情),但是 JusticePorn 沒有真正的色情影片。它蒐集的是罪犯、惡霸或自私刻薄的混蛋遭到「活該應有的報應」的影片、文章、圖像和照片。例如,有一篇

標題「路怒症駕駛人攻擊摩托車騎士，反被制壓」（Road rage driver assaults motorcyclist, gets taken down）的貼文，吸引了超過 2,000 則留言（多半表示支持）。由於 YouTube 的內容政策使然，許多影片並不是發布在 YouTube 上（甚或在 YouTube 被移除）。我之所以知道 JusticePorn，並不是因為要為本書做研究，也不是做為影片趨勢專家的專業能力養成素材，而是因為我自己偶爾會在深夜看 JusticePorn。

三十五歲的傑夫・賈斯提士（Jeff Justis）是 JusticePorn 的創設人和版主（沒錯，他的姓氏真的是「Justis」）。我也不敢置信。賈斯提士的正職是建築師，在佛羅里達州南部設計集合公寓大樓。⁹ 工作之餘，他是報復惡霸內容的頂尖專家。他在偶然看到惡霸被打爆的影片後，而有了成立 JusticePorn 的構想。在 JusticePorn 成立後不久，有人把他的新版連結放到 Reddit 最熱門的分區裡。「訂閱者在一夜之間爆增到 20 萬人，」他說。

身為版主，賈斯提士設定標準，規範哪些內容是允許的，哪些是禁止的。例如，他告訴我，「我們實施的原則有項就是，沒有死亡影片。」噢，好樣的。

雖然 JusticePorn 廣受歡迎，卻沒有大量的貼文數，因為賈斯提士和他的經營夥伴對於何謂真正的「正義報應」，有相當嚴格的篩選標準。「任何不符合定義描述的，我們都會移除，」他解釋說，「有人會貼像是這樣的新聞報導——有個人闖空門搶商店，被監視器拍下，然後被捕。以我們的標準，那不是正義報應。你知道，那是正義沒錯，但無法讓人產生立即滿足的快

感。」立即滿足的快感是關鍵之一。

「當下報應。這是最好的定義。那是我們真正要找的。」另一個關鍵是？「影片必須清楚呈現正義何在。不能只是有人被打。他們必須是因為做了什麼事被打，這點要很明顯。」

JusticePorn 上的影片，很多都涉及某種程度的肢體衝突。有個女人推擠搶先通過地鐵旋轉閘門，結果被另一個通勤者給絆倒。一個醉漢想要恐嚇街頭小販，結果被一拳 KO，倒地不起。「來我們這裡的讀者知道他們會看到什麼，那就是又讚又清楚的暴力，沒有更好的形容詞，」賈斯提士說，語氣透著令人驚訝的熱誠。「這是關於暴力有益健康的一面。但並不全部都是暴力。」那是真的。最受歡迎、一再重現的影片來源之一，是一項俄羅斯青年運動：「阻擋爛人」（StopHam）。它是莫斯科的青年運動，以行動對抗惡意蔑視基本交通規則的駕駛人，尤其是占用人行道、並排停車或其他的自私行為。有時候，幽默的「阻擋爛人」糾察隊會在駕駛人的擋風玻璃貼上大型貼紙。賈斯提士解釋：「暴力似乎是伸張正義的上策。」

我內心那個平和的天主教學校學童堅定反對 JusticePorn，我就是不相信暴力能解決衝突；然而，在觀看這些影片時，我的基本人性反應屬於動物性的興奮情緒。「你覺得痛快又開心。這讓人不安，」賈斯提士說，「它絕對違反同理心的情感反應，但不管怎麼樣，你多少又覺得樂在其中。」

那麼，我們為什麼要找這些東西？我為什麼要尋求此道？賈斯提士相信，看惡霸「得到應有的報應」的痛快，是走到哪裡

都適用的概念，大部分人絕對不會在惡意違規停車的擋風玻璃上貼上大型貼紙，這種幻想有一種深深的吸引力。「人有時候都想要來點復仇，」賈斯提士說。好萊塢當是已經證明我們對復仇奇想的渴求。想想「不死殺陣」（Death Wish）、「殺無赦」（Unforgiven）、「復仇」（Oldboy）等電影就會明白（基本上每一部昆汀‧塔倫提諾的電影都是）。不過，一如賈斯提士的描述，JusticePorn是復仇的「特效藥」，而發布內容的應需供應本質，讓它變成腎上腺素上升極其方便的來源。

據我猜想，JusticePorn之所以有趣，部分原因在於，當我們覺得受到他人藐視，而在安靜的每刻、每時和每天裡上演內心戲時，JusticePorn能夠做為一種替代體驗，讓我們從中得到情緒的慰藉。

我們一向在媒體中尋求某些欲望的滿足：歡笑、放鬆、學習、激發智能。但是，有些要靠娛樂來滿足的人類需求，我們不見得會把它們攤在人前，因為它們洩露太多事情，或是我們甚至可能沒有清楚意識到它們的存在。我們與某些傳統媒體互動所抱持的這些非傳統動機（或是它們滿足的某些個人需求），許多人都不會讓它們浮現檯面。我們討論電影「追殺比爾」三部曲時，比較可

能採取的角度是塔倫提諾在藝術上向義大利西部片的致
敬。從來沒有人對我坦承，他們喜歡電影「手札情緣」
（The Notebook）是因為電影在他們身上引發的催產素效
應。許多人提到傳奇的美國公共電視節目主持人、畫家
鮑伯・魯斯（Bob Ross）時，會說他是 ASMR 社群的先
驅。當然，他自己表明的是想要教大家如何畫畫，這是
一個完全可被接受而理解的志業。

直接訴諸於人類有意識和無意識的欲望的娛樂興起，是
最近才有的事。這些無法以傳統媒體框架解釋或正當化
的影片類型，YouTube 提供了一個園地。透過一種自然
篩選的過程，影片的新類型可以根據觀眾的反應，隨著
時間淬煉，創造一整個專門供我們盡情宣洩感覺和欲望
的次類別，而且愈來愈精確，不再隱晦。它的瘋狂在
於，很少人會明確尋求它。我們怎麼能？對於沒有實質
語言可以形容的感受，我們怎麼能夠知道要找什麼？瑪
麗亞在偶然感應到輕聲細語影片的現象時，她無法表達
她的需求，幾年後才出現以 ASMR 為主題而構成的完整
社群。詭異的滿足感是如此。立即的報應也是如此。這
些是我們為了賦予新內容類別一個結構而發明的新詞
彙，這些內容直接訴諸一直存在但不曾真正被探索的感
受和動機。

隨著時間過去，我們都在建立群眾外包的內容引擎，它能隨著個人神經化學作用和心理學的組成而調整。我們很快就會進入一個時點（如果還沒有開始的話），我們無意間使用的科技平台，對於人類心智的運作方式所批露的訊息，比數百年的科學探究還多，這都是拜我們對於觀看和發布內容所做的選擇所賜。我們潛意識的動機已經影響到我的節目選擇，因此我們不難想見，在不久的未來，娛樂將比現在更不按照傳統的牌理出牌，卻會變得愈來愈令人滿足。

我知道，許多 ASMR 粉絲一開始為他們的感受覺得羞恥或難堪。這些偏好可能會讓沉溺其中的人感到尷尬，他們因此通常會避人耳目，除了偶爾出現的「看看這個瘋狂趨勢」的主日靜思素材。但在這種場合，愛好者通常會被矮化成一群無名無姓的怪胎。這些類型的影片所累聚的觀看量顯示，當有人精準地創造出這種非傳統感官和認知體驗，就能召號一群非常真實的忠實觀眾聚集。對觀看者來說，YouTube 是一個通常沒有批判和社會規範的空間，能夠任我們探索自身的怪癖，並在一路上發現，我們並不像自己原來想像的那麼特異。

本章注釋

1　從那時開始，每當我搭乘國際班機，途中起身去洗手間時，只要我看到機師頭戴耳機，我都會認為他在聽瑪麗亞的頻道。

2　從奧斯陸到卑爾根的火車之旅節目「卑爾根鐵道」（Bergensbanen），是 NRK 在慢電視節目類別的第一次嘗試。

3　儘管新聞媒體無數次的探詢，帳號的真實主人選擇保持匿名。其中有些媒體曾經企圖肉搜該頻的網紅及相關頻道「Blu Toys」的無聲男網紅，認為他們是住在美國的一對巴西夫婦。

4　這聽起來像是孩童獨特的反應，或許身為成年人的我們也適用。事實上，成人的開箱影片是 YoutTube 最早興起、得到主流關注的熱潮之一，而現在成人每天在 YouTube 花數百萬個小時看開箱影片，不過或許目的是產品評鑑，多過感官體驗。我最近曾試過找出我的公寓裡有哪一樣東西，YouTube 上沒有開箱影片，但找不到。

5　我對這位仁兄一無所知，但是根據他在同一篇問答裡的另一則回答，這個人似乎酷斃了：「能夠動手術的食物，必須可以進行某種形式的肢解。方形奶油軟糖的手術就會沉悶無聊，因為它的內部缺乏變化。雖然我最受歡迎的影片都和糖果有關，我是食物外科醫生，不是糖果外科醫生，因此多樣化是重要的。」哈囉，可以和你交個朋友嗎？

6　根據「維基百科」：「萊頓弗羅斯特效應是一種物理現象，液體在溫度高於其沸點的物質近距離接觸時，會蒸發成氣體，形成隔絕層，讓液體不會快速沸騰。」這個現象，實景比敘述精采。

7　說句公道話，如果外星人真的會看 YouTube，那倒是可以解釋某些影像網誌客為什麼那麼成功了。

8　整件事會如何發展，對艾卡特莉娜來說，也是個讓她興緻勃勃的謎。「看著發生的這一切很有趣，但也相當嚇人，」她告訴我。「我無法預測下一步會發生什麼事。或許我早上出門時會有媒體來找我，或是其他什麼的！」

9　後來我發現，傑夫住的地方，離我十八歲之前的住處只有幾哩遠。因為這條唯一與我的背景相關的資訊，我可以有憑有據地指出 JusticePorn 的發源地。# 當然是佛羅里達州

((10))

流行病毒式傳播

十三歲的蕾貝卡・蕊妮・布蕾克（Rebecca Renee Black）想要長大後成為歌手。她的母親就像面對同樣處境的其他母親一樣，覺得女兒還沒有完全體會到音樂職涯的挑戰會有多艱辛。不過，和許多母親不同的的是，她同意找一家小型錄音室，贊助女兒創作一首歌，並製作 MV，做為一份禮物。她手邊沒有 4,000 美元現金，於是她分期付款給方舟音樂工廠（ARK Music Factory），藉此機會讓蕾貝卡明白，要成為專業的唱片藝人，需要多少工作和投資。

奈及利亞出生的方舟製作人派崔斯・威爾森（Patrice Wilson）說，某個傍晚到隔日清晨，他寫好了一首給布蕾克的歌。布蕾克

錄了那首歌，邀請她的朋友演出 MV。2011 年 2 月 10 日，方舟在它的 YouTube 頻道發布了這支 MV，主要是讓布蕾克（她自己甚至都還沒看過 MV）可以和朋友、祖父母分享這支影片。他們都認為 MV 很可愛。除了學校話劇之外，布蕾克不曾參加任何演出，因此有自己的影片是一件令人雀躍的事。

　　方舟的頻道上，沒有任何一支影片的觀看次數超過數千次。3 月，布蕾克在放學回家的車程途中，不斷收到朋友傳來關於影片的簡訊。影片的觀看次數突然爆增為一天數百萬次，迅速被網路封為「有史以來最爛歌曲」，還因此成為 Twitter 的熱門話題。儘管有點刻薄，使用自動校音、歌詞天真質樸的「星期五」（Friday），並不特別具有詩意。但是威爾森追求的並非詩意。「一首歌流行的關鍵在於保持極其簡單，字詞重複，」威爾森在 2014 年的訪談裡說。「太多字會難以記誦。字少，就能聽一遍後到第二天還多少記得。我並不是要讓歌曲聽起來簡單而荒謬。這只是我的寫詞風格……即使我是以寫出全世界最糟糕的歌而出名的傢伙，至少我還是出名在外。」不管怎樣，「星期五」在那個月榮登網路最熱門影片，一個有趣的矛盾在此浮現：最熱門的事物之所以變成最熱門，是因為大家不喜歡它。在傳統脈絡下，這一點道理也沒有。[1]

　　我第一次見到布蕾克，是她在七個月後到 YouTube 辦公室拜訪時。她來參加一場登台活動，並接受我的專訪。我對於進行這次專訪曾經猶豫不前；我們要表揚群眾對一個女孩的霸凌嗎？上台之前，現場可以清楚感覺到瀰漫著一股電流，當每個人半帶

諷刺但熱情全開地跟著我們在開場播出的「星期五」片段合唱時（「擠進前座，坐到後座」），全場洋溢著笑聲和歡樂，氣氛熱絡。我忽然想到，布蕾克已經成功超越「它是好？還是壞？」的辯論。她不再代表一個應該受到禮遇的少女，她象徵的是我們與朋友可以從「星期五」得到的共同社群經驗。這首歌因為它傳播的方式，而與我們對它的反應息息相關。取笑這首歌，與朋友一起酸它，一起嘲諷地唱它，是我們喜歡的事。這是我們那天在慶祝的事。

在她回答第一個問題之前，我意識到我不是在專訪一個想要成為明日流行之星的歌手。布蕾克是你可以在任何中學教室都找得到的那種十四歲女生。儘管這首歌那麼討人厭，她卻出奇地活潑。她說，第一個月真的很傷心，一直到後來，她乾脆不再去讀所有的留言。即使談到別人給她的那些惡毒評論，布蕾克仍然面帶微笑，笑談她試圖全面封鎖評論的事。她連在家裡也無法倖免，因為她的哥哥老是把他所找到最新的惡搞版本播給她看。

我問她，這支影片這麼熱門，她認為原因何在，她掙扎著吐出一句，「我不知道……因為大家都愛星期五吧？！我完全沒概念啊啊啊啊啊！」全場都笑了。人人都覺得她天真得可愛。但其實她算是說對了。「星期五」在星期五的每日觀看次數是平時的兩倍。

該影片在一週間各日的收視狀況如下列圖表所示，並以貓影片的觀看次數做為參照（因為……為什麼不呢？）：

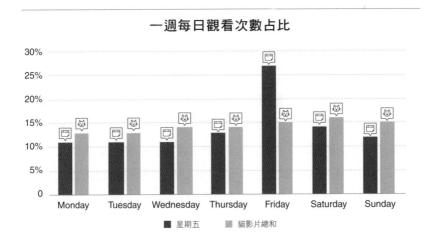

一週每日觀看次數占比

■ 星期五　　■ 貓影片總和

　　「星期五」最後以遙遙領先的差距，榮獲該年度人氣總冠軍影片。它跨越 1 億觀看次數里程碑的速度，比小賈斯汀的任何影片都快。（布蕾克是小賈斯汀的忠實粉絲。有一天，她們全家在她的尖叫聲中被吵醒，只因為小賈斯汀在一則推特裡提到她的影片。「他原本大可以嘲笑我。這是全世界最酷的事。」布蕾克這樣告訴我，並發出心滿意足的嘆息）布蕾克的 iPod 存有好幾首別人製作、她喜歡聽的重混音樂，包括青春喜劇「歡樂合唱團」（Glee）的翻唱版本。她甚至在凱蒂‧佩芮的熱門歌曲「上個週五夜」（Last Friday Night, T.G.I.F.）影片中客串演出。

　　一年後，我家在吃感恩節晚餐時，正當大家在席間討論著火雞是不是太柴，還有總是要等到大餐進入尾聲，才想到牛角麵包還在烤箱裡，我母親突然冒出一個問題：「凱文，你今年還會上電視談 YouTube 影片嗎？」前一年，我做了一些電視現場專

訪,公布我們的年度熱門影片,那是現在的年度精采回顧大賞的暖身活動之一。尤其,我出現在「早安美國」節目讓我母親在社區體育館變得小有名氣。「沒錯,我覺得會,」我回答,嘴巴塞滿了美味食物。她繼續追問,「那麼,今年的第一名影片會是哪一支?」我告訴她,「我相當確定,應該是韓國歌手 PSY 的『江南 Style』。」她說,「哦,對。」語氣聽起來她對這首歌略有知悉。對話之間,我父親正在享用馬鈴薯泥,連頭都沒怎麼抬,接著終於丟出一句:「只要別讓我再聽蕾貝卡·布蕾克那個女生的歌就好。」

如果你還沒有注意到,在此順道一提,我相當執迷於「流行病毒式傳播」的內容、方式和原因,尤其是在 YouTube 上。因此,當我知道第一支瘋傳爆紅影片遠在我五歲時、早在大部分人使用網路之前就開始流傳,我很震驚。

1988 年,以愛荷華州為根據地的露營車製造商沃倫貝格工業(Winnebago Industries)延請業務員、前新聞播報員傑克·雷布尼(Jack Rebney)為他們的新款商業休旅車拍產品介紹影片。炎熱的天氣、高難度的拍攝工作,加

上雷布尼的火爆脾氣，爆發了髒話連珠砲似的經典咒罵。雷布尼咒罵自己：「我必須再讀一次，因為今天早上我滿腦袋裝的都是屎」；也咒罵工作人員：「我真想殺了你！」還咒罵當地的野生昆蟲：「混帳東西，滾開，你們這些該死的蒼蠅！」製作團隊彙集了雷貝尼發脾氣的鏡頭，剪成一支 4 分鐘讓人大開眼界的激烈發言影片，彷彿是一場終極的宣洩。「沃倫貝格鐵漢」（Winnebago Man，號稱「全世界最憤怒的男人」）成為傳奇影片，尤其是在罕見的 VHS 蒐藏者的奇特社群。雷布尼發怒的影片開始透過品質愈來愈衰退的匣式影帶拷貝一個傳一個。一個經常一再流傳的謠言是，製片人史派克‧瓊斯（Spike Jonze）曾經拷貝了 100 支影帶，做為耶誕節禮物。在網路影片問世之後，這段影片也獲得重生。我永遠不會忘記，我第一次看到它，是我在赫芬頓郵報集團辦公室的第一份工作期間。我當時的老闆傑森‧萊許（Jason Reich）堅持我一定要看它。後來有好幾週，我的腦中不斷迴響著：「我一天都不想在任何時間聽到任何人廢話……包括我自己在內。」

多年後，得知「沃倫貝格鐵漢」的背景故事時，我想到，大眾多年來其實已經以各種方式分享、傳播媒體。東北大學的瘋傳爆紅文字（Viral Texts）計畫分析了十九

世紀來自五百種報紙的 270 萬頁內容，發現有數千則新聞報導在不同的報紙上重刊超過 50 次。在那個時代，報紙和雜誌的內文並非受到保護的智慧財產，因此新報導、短篇小說、詩作和其他內容會被傳播並轉載：由編輯不斷爬梳外地的出刊內容，剪剪貼貼之後，湊進下一次的出刊。今日，內容要瘋傳爆紅，已經不需要紙媒或 VHS 影帶。事實上，我們對於參與某件事物的爆紅瘋傳，已經習慣到幾乎沒有注意到我們在做這件事。但是，資訊和娛樂在網路上的傳播速度和觸及範圍，或許是我們百年來接觸媒體方式的最大變革。

大家不斷問我，如何才能引發病毒式傳播、爆發大流行。許多人在探究流行病毒式傳播影片和迷因的原因時，多少都有浪漫的想像。這是民主化和賦能，它鼓舞了大眾被聽到、欣賞的共同夢想。最重要的是，很多瘋傳、爆紅的事物之所以受到我們喜愛，正因為那是我們捧紅的。在我們任由大眾媒體公司決定我們應該享受什麼娛樂、吸收哪些新知長達數十年之後，瘋傳爆紅影片展現了我們的互動如何帶動流行的力量。在解答「事物要如何才能出現病毒式傳播、爆發大流行」這個問題之前，我認為我們應該開宗明義，先談一談我們對「病毒式流行」的定義，好嗎？

▶| 「病毒式流行」的定義

2006 到 2007 年，「病毒影片」（viral video；或稱「爆紅影片」、「瘋傳影片」）開始進入日常語言，用以描述在主流之外、但已成為數百萬人日常流行文化的娛樂內容。在網路用語的世界，「病毒式流行」的定義因而人異。[2] 以我來說，「病毒式流行」的意思相當簡單，指的就是主要透過互動而傳播的這個特質。根據這個定義，事物會爆紅，並非取決於觀看次數，而是大眾接觸到它的方式。

2007 年某個午後，亞當和威爾這兩個朋友閒閒無事，一起鬼混。亞當二十個月大的女兒「珍珠」正處於「鸚鵡期」，於是他們把她抓過來，拿了一部攝影機，錄了一段即興短片：威爾是拖欠租金的房客，珍珠是滿口惡言的房東。要是換了別人，這可能會釀成某種災難，但如果亞當和威爾是亞當‧麥凱（Adam McKay）和威爾‧法洛（Will Ferrell），那就有救了。多年後，麥凱在廣播專訪裡回憶道，「我們沒想到……我太太為此對我非常生氣。」

那段名為「房東」（The Landlord）的短片，是麥凱和法洛在新喜劇影片網站「不好笑，毋寧死」（Funny or Die）發布的第一支影片，在當時成為觀看次數最多的影片之一。「它就這樣爆紅了，」麥凱說，「我們以為這只是個小網站。那支影片讓所有伺服器掛掉。」麥凱指出，當時的名人不會為網路製作內容，因此人氣如日中天的法洛在影片中出現，有助於為「不好笑，毋寧

死」打開知名度。

　或許更重要的是，「房東」讓許多非網民明白，什麼是「病毒影片」。數百萬通常不會分享 YouTube 影片、才剛開始知道「病毒式流行」這個詞彙的人，立刻分享了這支影片。

　我第一次看到事物如病毒般爆發流行，是在波士頓大學的新鮮人時期。幾個住在我樓下宿舍的傢伙，拍了一支叫做「鮪魚解開我的束縛」（Tuna Lowers My Inhibitions）的短片。它把大學生的生活經驗拿來惡搞，基本上就是把啤酒換成鮪魚罐頭。幾週之內，我們宿舍的每個人，外加所有大一學生，似乎都看過這段影片。那是在社群媒體和網路影片網站還沒有問世的年代，因此「鮪魚」影片一開始是用 WMV 檔案格式，以電子郵件附檔流傳，接著是 AOL 即時通（AOL Instant Messenger）資料檔的連結，這是當時美國大學生主要的網路傳播工具。拜大家的人脈所賜，這支影片也從我們學校傳到其他大學，最後上了「大學趣譚」（CollegeHumor）的首頁，那是當時擁有早期 Flash 影片播放器的一個網站。

　多年後，我仍然會聽聞這支天殺的影片，因為那群讓人受不了、因為愛出鋒頭才拍了這支影片的青少年，其中有兩位（湯姆和瑞德）變成我的麻吉，在畢業後也搬到紐約，進入媒體工作。在我們朋友圈裡，「鮪魚影片」是正宗流行病毒影片。雖然它當時流傳甚廣（儘管在重述這段往事之時，觀眾規模在這些年來似乎又擴張了，就像過度膨風的新鮮人故事），人氣度卻微不足道。它之所以爆發流行，原因在於它的傳播方式。

　　一般來說，大部分人說「爆發大流行」指的是「非常受歡迎」，或者更具體而言，是「在網路上非常受歡迎」。然而有點弔詭的是，如果根據我對「病毒式流行」的精確定義，YouTube上最受歡迎的影片，多半無法稱做流行病毒影片。例如，如果創作者對百萬訂閱者發布一支影片，他們全都立刻觀看，這支影片還是不會爆發大流行。[3] 如果有支教學影片在幾年裡，因為大家搜尋比如說「如何打領帶」，而累積了 100 萬觀看次數，它也不是病毒影片。一個已經普及的電視遊樂器的擴充包預告片，或是當紅歌手發的新單曲，都不是病毒影片。病毒影片是透過暫時、散漫的網絡，以加速度快速累積人氣。

　　「碧昂絲發片不是病毒式傳播，」肯亞塔·奇斯（Kenyatta Cheese）告訴我。「這是盛事，因為她從一開始就有寬廣的通路。」除了擁有人類姓氏史上最佳姓氏（「Cheese」意為乳酪）之外，奇斯是許多人心目中（包括我在內）網路文化現象最早的專家之一。奇斯與人共同創作「了解你的迷因」（Know Your Meme）影片系列，最後成立了迷因的網路資料庫，以及社群策略和粉絲社群顧問公司「大家一起來」（Everybody at Once）。他解釋道，病毒影片的一個招牌特徵，就是它超越某個群體，滲透到另外一個群體。病毒式流行的傳播過程是連鎖分享，通常是透過不同的社群。例如，你或許是某地某個論壇的成員，或是加入YouTube 的次社群，偶然看到某個引發強烈情感反應的內容，最後把它轉貼到別的地方，例如 Facebook 動態頁或聊天群組。「藉由把它從某個空間擷取出來，放到另一個空間，突然間拓展影片

的流傳，」奇斯說。等到累積了足夠的動能，等到分享率攀升，
就會形成病毒式流行，感覺它無所不在。

　　在 YouTube，會出現病毒式流行的不只是個別影片本身。
影片迷因（隨著時間突變或演進的概念或構想），也會出現流行
病毒式的傳播。我們已經探索過其中的一些，像是「哈林搖」和
「彩虹貓」，都是透過閱聽觀眾的活躍參與而廣傳。以「哈林搖」
來說，它並沒有什麼實質核心要素。即使沒有看過同一支影片，
每個人都能熟悉「哈林搖」瘋潮。「彩虹貓」稍微不同。沒錯，
蕾哈妮的原創影片是「彩虹貓」的「零號病患」，也是辨識度最
高的例子，但是在 2011 年出現了其他成千上萬種改作。惡搞影
片和粉絲影片都能炒熱影片和其他流行文化事物，熱度甚至超越
單一影片本身的人氣，一如原初的影片之所以迅速爆紅，都要拜
葛雷戈里兄弟的 Auto-Tune 重混「夜襲者之歌」所賜。
　　「病毒式流行」一詞的定義儘管仍有歧異，但是因為這個概
念，許多人已經把他們在流行文化裡觀察到的新奇事物，轉化為
對自己的期待。YouTube 建構廣告模式、讓上傳人氣影片的使用
者可以賺錢之後，用手機拍一支自己堅信會爆紅的影片，彷彿已
經成為全民運動。我記得有朋友拍攝、上傳寵物跳舞的畫面或是
姪甥子女闖禍的影片，並認定這些愚蠢時刻總有一天會被看到並
流傳。在他們的心目中，這不是希望，而是必然。奇斯對我說，
大家都誤以為可以製作具備「流行病毒」體質的內容，但如果你
真的想徹底理解病毒式流行的運作，你必須理解的是網絡

（network），而不是內容。

▶ 病毒式流行的傳播網絡

　　維嘉（Vegard）和博德・依維斯瓦克（Bård Ylvisåker）是挪威高人氣深夜喜劇秀的主持人。在本國，他們是出名的兄弟檔，但是在國際間，他們沒有什麼知名度。2013 年，以紐約為根據地的挪威音樂製作團隊「星際之門」（Stargate）找上這兩兄弟，延請他們為一場生日派對製作影片。維嘉和博德答應了，但開出一項交換條件，那就是要星際之門為他們寫一首歌。他們原來以為，這個條件一定會遭到拒絕。[4] 但是，星際之門同意了。維嘉和博德（不改笑匠本色）決定不要星際之門寫一首排行榜冠軍歌曲，他們想奢侈地浪費一下星際之門的才華，而是根據兩兄弟無所事事想出來的愚蠢概念，製作一首絕對不會紅的歌。結果，這個計畫爆發了猛烈的反效果。

　　維嘉和博德二人組發行「狐狸（狐狸先生說了什麼？）」〔The Fox（What Does the Fox Say?）〕影片，以宣傳他們新一季的深夜脫口秀節目。他們當時以為，影片會在挪威引起一些話題，但事情發展完全不是那樣。那支影片瘋狂流傳，為期好幾個月，每天都吸引了數百萬觀看次數，最後榮登 YouTube 年度熱門影片寶座。《告示牌》排行榜有個記者問博德，他知不知道事情為什麼會發展到這個地步。「不知道，」他說，「我最訝異的是，連 YouTube 上最早出現的留言都說『這一定會爆紅』、『這是新

的「江南 Style」』。所有留言都和它會爆紅有關。一般的狀況應
該是，大家知道我們有一首熱門歌曲，有一些人會留言，但留言
應該是和歌曲的實際內容有關。可是，即使影片的觀看次數還只
有十萬次，那些留言幾乎都和現象本身有關，這實在很奇怪。」

　　只靠影片的觀看次數計數器，就要斷言它是否會爆紅，是
不可能的，然而我們似乎培養了一種直覺，知道某事物會如何、
在何時竄紅。追蹤影片的傳播路徑是一項挑戰，因為我們用來轉
傳東西的平台繁多，它們彼此之間沒有任何關聯。但是，我仍然
能夠辨識許多影片隱藏在爆紅表相之下的閱聽觀眾模式。

　　講到長壽，有些爆紅影片只是曇花一現，有些卻能延燒幾
個月，甚至好幾年。以「狐狸」影片為例，下圖是它在出現後第
一個月的每日觀看次數，對照一段變魔術給猩猩看的趣味影片。

　　如圖表所示，兩者一開始的軌跡幾乎一樣，但是其中一個
有持續的力道，另一個卻快速衰退。（後文會討論造成這些結果
的可能因素）從觀看次數這個單純的衡量標準觀之，一如圖表所
示，在圖表的左半邊，兩支影片看起來十分類似。但是，如果從
更細微的 YouTube 資料來看，我們可以知道更多細節，比方說，
觀看次數的爆增是否來自分享功能和內嵌的播放器。如果觀看次
數有很高的比例來自這些來源，你就能確定，影片的人氣是由對
話和互動所驅動的。

　　只要審視不同活動發生的地點和時點，就能明白病毒式傳
播的路徑如何變得更多元。以「狐狸」影片來說，依維斯瓦克兄

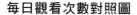

每日觀看次數對照圖

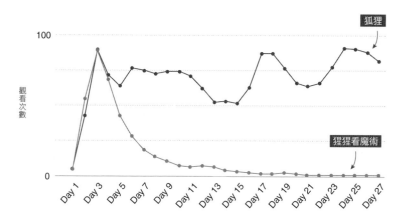

弟的粉絲把影片發布在 Reddit，在該網站的社群間快速流傳。至於猩猩趣味影片，是透過人氣網站「世界嘻哈之星」（World Star Hip Hop）大量曝光。這兩個網站可能只占整體觀看量的一小部分，但是兩者都有非常活躍的使用者社群，這表示影片能跨越不同的使用者網絡。[5]「網絡」其實只是人的集合，是人類因為共同的興趣或目標、彼此連結而形成的社群。這是奇斯所從事工作的關鍵，因為他的工作就是圍繞著粉絲社群打轉。對於找他諮商的客戶，他的建議是，要創造病毒式流行的內容，積極的做法就是在不同群體間尋找最適化。「你必須找到打動他們的方法，」他告訴我，「他們分享的是什麼？他們分享的方法為何？什麼對他們是重要的？什麼不重要？在設計上，他們用什麼字體？他們目前已經分享的影片長度如何？他們現在才剛知道的事物、人

物、關係、故事等各方面的屬性如何？在為網絡創作內容之前，
你必須先理解網絡。」

　　當然，事物瘋狂流行的方式（換句話說，人與影片的互動
驅動影片成功的方式），會隨著時間改變。隨著科技演進，大家
會停用某些網站，調適出不同的行為。社群媒體帳號取代了部落
格。App 取代了網路首頁。各式各樣的新分享工具增生。潮流不
斷演進，改變了事物傳播的規格、速度等。但是，對於我們有所
感受、有所反應的影片體驗，我們分享的渴望超越了任何一項科
技，因為創造瘋潮現在已經成數位生活的一部分。

　　好了，現在回頭談「狐狸與猩猩收視對照圖」[6]，這兩段影
片為什麼會出現這麼龐大的落差？

　　分享和內嵌流量很少保持一致。「病毒式流行」或許不是影
片在網路上傳播最好的類比，因為這個類比表示，當我們接觸到
某些事物時，我們都會成為把它再傳播出去的「帶原者」，但在
現實世界，再怎麼值得分享的影片，接觸到的人當中，其實只有
一小部分會分享出去。社交平台的互動率（engagement rate，即
按讚數／分享數等與瀏覽次數的比例）通常低於 1%。

　　看一下流量本身，能支撐收視長尾拖得較長的是什麼？有
些影片，分享活動會隨著觀眾看到影片並在自己的網絡發布的社
群愈多而持續。成為全球瘋潮「狐狸」影片，雖然一開始的主力
觀眾是挪威，但僅僅在一個月後就風靡菲律賓。波蘭比匈牙利早
幾天搭上這股風潮。這個現象不只出現在地理區的分布上，也出
現在不同的人口群體或社群分布之間。但是，有許多影片的觀看

次數來源，會轉移搜尋結果和 YouTube 本身的推薦引擎。知道自己要找什麼的人，通常會主動搜尋影片，這表示這支影片是他們之前看過或聽過的。

那就是「狐狸」跳脫小規模風潮，一躍成為價值恆久遠的娛樂之時，而且它有一天會成為懷舊經典，成為大眾流行文化的素材。

▶| 病毒式流行的要素

那麼，病毒影片有哪些共通的特質？在我研究爆紅現象的期間，我所看過的每支爆紅影片，都涉及三項共通要件。觀察不同的迷因和熱門動向，你或許會找出其他重要特質，但是這三項要素，從令人震驚的目擊影片，到名為「穿著鯊魚裝的貓騎掃地機器人追鴨子」的知名現代影片藝術，全都適用。

一、參與

由於網路影片是主動式媒體，而非被動式媒體，針對觀眾參與而優化的內容，最具成功相。冰桶大挑戰（Ice Bucket Challenge；IBC）精確的起源已難以追查。但我確實知道，2014 上半年開始接連出現小群體，挑戰把一桶冰水當頭澆下，以響應慈善活動。有些職業高爾夫球選手做了，「今日秀」的麥特‧勞爾（Matt Lauer）也做了。但是一直要到 7 月，大部分人認為是這股潮流的發起人彼特‧佛瑞茲（Pete Frates），才把影片上傳到他的

臉書頁上。

佛瑞茲和我未曾謀面，但在大學時，我們的主修科系相同。他小我一屆，在棒球隊擔任中野手。波士頓大學很小，小到當醫生診斷出年方二十七歲的佛瑞茲患了漸凍症時，消息很快在校園裡傳開。在宣布診斷結果的那晚，佛瑞茲和家人聚在一起，誓言要為這項疾病爭取更多關注。「我要改變這種無法接受的處境，」他的母親後來憶及他這麼說，「我們要有點進展，要讓像是比爾・蓋茲等慈善家知道這件事。」由於耶穌會學校對於社區服務的重視，許多校友都響應了佛瑞茲的訴求。

佛瑞茲發布了他的 IBC 影片，幾個朋友受到影片的鼓勵，參與了這項挑戰，影片上傳後短短一週，似乎曾和我一起上大學的所有人都拿了一桶水往自己頭上澆灌而下。我花了一點時間才意識到，我不是唯一被這股熱潮洗版的人；這不只是波士頓大學的盛事，而是整個美國網路的盛事。

那年 8 月，上傳 YouTube 和其他平台的 IBC 影片有數百萬支，觀看次數達數十億次。IBC 讓之前像是「哈林搖」等熱門影片相形見絀。有趣的是，那一年，觀看次數最多的 IBC 影片，是比爾・蓋茲上傳的影片。2014 年，在八週期間，大眾的捐款達到 1 億 1,500 萬美元。2016 年，有個研究團體將它對漸凍症基因的重大發現歸因於得自 IBC 的資金。

再次強調，這不是個因為名人而爆紅的例子。它的爆紅是因為人人都可以參與。IBC 影片非常容易複製，它們有部分的結構就是誘使其他人參加。即使連我父親都親自上陣，因陋就簡地

IBC 在 YouTube 的每日影片上傳數

在我們佛羅里達家裡的後院拍了一段影片，掌鏡者應該是我那沒
什麼耐性的母親。錯過親眼目睹這一幕的機會，令我扼腕。IBC
之所以能成功，是因為它的參與門檻低到幾乎沒有門檻，任何人
都可以做，而且對於推三阻四不願跨過那麼一丁點門檻的人，它
都簡單到能讓你因為罪惡感而克服障礙。

　　這個無法抗拒的社群參與可以在許多發燒影片和病毒式流
行影片裡看到。有時是一句可以朗朗上口的話，例如「Damn,
Daniel! Back at it again with the white Vans」（可惡，丹尼！穿回
那雙白色帆布鞋）。以「江南 Style」來說，搭配歌曲的騎馬舞
讓人人都可以輕易加入。不過，有些最喧嚷的活動不是來自模
仿，而是回應。2015 年，YouTube 喜劇演員妮可‧雅柏（Nicole
Arbour）發布一支標題為「親愛的胖子」（Dear Fat People）的影

片，串起 6 分鐘取笑體重過重者的笑話。「肥胖症是病？沒錯，
購物狂也是，不過我可沒有拿到他 X 的優待停車證，」她在宣
稱「羞辱肥胖沒有什麼」後如此說。可以想見，此番發言激起公
憤。她後來在「觀點」（The View）節目為自己辯護，說「那支影
片就是為了觸犯眾怒，一如我其他影片的做法。」這種策略往往
會讓人惱怒，但它有效，卻也是事實。儘管數百萬人厭惡那些笑
話和觀點，影片卻廣為流傳，因為它以一種隱微的方式，邀請我
們藉由加入自己的觀點而參與。觸怒我們的事物能相當有效地激
發我們的參與。IBC 的成功是因為它本質上的善意，「親愛的胖
子」之類的影片之所以成功，是因為它們本質上的惡意。

　　「媒體和社群媒體是不同的，」奇斯告訴我，「就好像雞蛋
和雞蛋花之間的不同。雖然有同樣的字眼，卻是八竿子打不著的
東西。媒體關乎內容，社群媒體關乎對話。如果你想要了解病毒
式流行的傳播模式，你必須理解的是對話，不是內容本身。」

　　大部分人都要歷經一番掙扎才能內化這個概念：我們對影片
的想法比影片本身重要。過去，傳統娛樂的人氣向來被認為與製
作品質或是雅俗共賞的廣度有關，網路影片顛覆了這個模式，將
藝術開啟的個人體驗和閱聽觀眾互動提升至藝術地位，甚至超越
了藝術本身。爆紅的不是影片，而是影片所觸發的體驗。

　　這個答案間接回答了 2011 年布蕾克和「星期五」的那個矛
盾問題：全世界最受歡迎的影片，為什麼會是大家都不喜歡的影
片？

二、驚奇

由於我們在任何時刻只要指尖一點，都有數百萬支影片可看，影片的驚奇和獨特就極其有價值。麥可・傑克森在 1983 年由約翰・藍迪斯（John Landis）執導的「顫慄」（Thriller）音樂錄影帶，或許是有史以來最有影響力的 MV。多年來，一直有人重現 MV 裡的舞蹈，但是有一支特別突出。2007 年，菲律賓宿霧省立拘留與更生中心（Cebu Provincial Detention and Rehabilitation Center）的主任拜倫・嘉西亞（Byron Garcia）開始運用音樂和舞蹈，讓受刑人參與每天一個小時在廣場的活動時間。從平克・佛洛依德（Pink Floyd）到「村民合唱團」（Village People），不管什麼音樂，他們都曾播來跳舞。隨著舞碼愈來愈繁複，嘉西亞也開始錄影，並把影片放上 YouTube 分享。「顫慄」的錄影有 1,500 名受刑人參與演出，我看到這支影片時，不禁絕倒。我當時還不知道影片背後的故事，也不了解關於它的任何事，但我確知一件事：我一定要找個人分享。有 700 萬人也有同感。

在一個大眾被社群媒體和娛樂內容淹沒的時代，獨特是必要條件。影片的供給量賦予我們愈來愈多的機會，看到我們前所未見的事物，因而提高了能真正脫穎而出的門檻。我在 YouTube 的那些年，從我所看到爆紅影片的多樣性，我看到了一致的模式：每支爆紅影片都至少包含一個核心元素，與我們熟悉的事物有別。它們讓我們震驚；它們讓我們看到新事物，或是回答我們一直以來的問題。例如，「狐狸」影片就是處處都有大驚奇。比方說，它的歌詞「狐狸先生說了什麼？」，本身就有舖哏的作

用，能帶出一連串變化莫測的妙語（「哈踢－哈踢－哈踢－呵！」）。但是，最出乎意外的元素，或許是它居然是星際之門團隊的創作：這首以正規流行樂曲製作的荒謬玩笑之作，聽起來就像我們在收音機裡聽到的一樣朗朗上口。

人會自然而然受到驚奇事物的吸引。有研究運用功能性磁振造影掃描，發現真正新奇的刺激會啟動大腦的「新奇中心」，也就是黑質／腹側被蓋區（substantia nigra/ventral tegmental；SN/VTA），並引發多巴胺的分泌。人類天生就喜歡在意外的創意裡找樂趣。[7] 驚奇是許多幽默、行銷和心理學的理論核心，而驚奇影片能在當下打動我們、引起我們的好奇、轉移我們的認知，更重要的是，引領我們與他人分享這個經驗。在大腦處理我們所體驗到的不尋常物時，驚奇會增加大腦的工作，構成我們在本能上尋求減緩的認知負擔。「人類靠著與他人分享減輕負擔，」塔妮亞‧露娜（Tania Luna）和黎安‧倫寧格（LeeAnn Renninger）在《驚奇的力量》（*Surprise: Embrace the Unpredictable and Engineer the Unexpected*）一書中寫道，「我們會談幾乎所有的情緒感受，只保留 10% 的經驗在心中。愈是驚奇的事物，我們與他人的分享就愈快、愈頻繁。」若是套用於爆紅影片，這句話可以解讀成（只是舉個例子）：你一看到「穿著鯊魚裝的貓騎著掃地機器人清掃廚房」，就有股衝動想要轉貼到社群媒體動態，與朋友（和仇恨追蹤者）分享這個體驗。

總而言之，病毒影片為什麼看起來總是那麼搞怪？因為那正是一開始讓它們爆紅的特質。

三、加速因子

研究任何發燒現象的人都會發現，總會在某個時候出現某個人、某個刊物或其他機制，對更廣大的閱聽觀眾群傳播，而加速流傳。

2008 年的美國總統大選，我不是唯一拍攝諷刺政治影片的人。有個名叫「無關政治」（Barely Political）的團隊製作了一支惡搞 MV，名叫「我迷上了歐巴馬」（I Got a Crush on Obama），由模特兒安柏・李・艾婷格（Amber Lee Ettinger）演出影片中名叫「歐巴馬女孩」的女粉絲。[8]這段影片似乎出現在所有的選情報導裡，包括有線新聞網、政治新聞網站，甚至連《紐約時報》的評論專欄都有它的踪跡。後續影片把「歐巴馬女孩」捧成早期的網紅，《新聞週刊》甚至封它為十年來第二名的網路迷因。

「至於它為什麼能與時代精神共鳴，我認為它借助了那次大選的兩個重點，」「無關政治」創辦人、我的 YouTube 同事班・瑞勒斯（Ben Relles）告訴我。「一是年輕人非常喜歡歐巴馬，二是 YouTube 改變了大眾參與選舉的可能方式。」至於它瘋傳流行的起點，是在幾個小型的政治部落格發現這支影片後，ABC 新聞網的當家政治記者傑克・泰普（Jack Tapper）在 ABC 網站上報導。泰普是那次大選期間最具影響力的記者之一，他的行動帶動主流媒體的報導，幫助「無關政治」團隊建立粉絲閱聽觀眾群，挺身支持未來在大選全程出現的「歐巴馬女孩」影片。

我花了很多時間追蹤許多我最愛的爆紅影片的零號帶原者，但總是沒有結果。不過，我倒是發現了它們的「節點」

（node），也就是迅速流傳的密集曝光點。假設有一個人感染了具
高度傳染力的病毒，然後到朋友家，傳染給朋友，接著回家，而
那個朋友又到另一個朋友家，如此下去，要讓每個人都生病，得
花很長的時間。但如果感染病毒的人去的是購物中心，一週後，
城裡的每個人都會感染到病毒。影片和迷因也是同樣的道理。

　　以布蕾克來說，Tosh.o 的部落格〔他在另一個部落格「每日
聽聞」（Daily What）發現她的影片，而「每日聽聞」發布這支影
片是因為有讀者上傳〕和其他喜劇演員，如電視劇「神祕科學劇
院 3K」名演員麥克・尼爾森（Michael J. Nelson）是「星期五」流
傳的加速器。依維斯瓦克的「狐狸」影片是在電視節目上播出；
那個節目雖然在挪威，仍然能觸及足夠多的觀眾，因此能迅速流
傳國際；從那個時點開始，它一定會掃到一些節點。我們談及的
社群，許多都是有效的節點。2008 年的政治部落格對於新鮮內
容，胃口大到有如填不滿的無底洞，而「歐巴馬女孩」成為完美
的飼料。節點也會改變。「部落格圈」的影響力已經不復曾經，
地位被新崛起的節點所取代。平台本身現在可以扮演節點；許多
高人氣的爆紅廣告其實是透過 YouTube 的廣告系統而取得最初
的曝光。

　　能夠扮演節點的不只是第三方。YouTube 創作者本身的影
響力也在增長，以至於他們自己的訂閱者和既有的閱聽觀眾，就
能成為把東西分享出去的起始節點。我們過去認為，事物要達到
病毒式流行的規模和速度，風尚創造者（tastemaker）是關鍵，但
是近年來，網路上的創作者藉由累聚自己的大規模觀眾，自己就

能成為風尚創造者。

　　如果我告訴你，PSY 創下了 YouTube 影片最高單日觀看次數的紀錄，你應該不會感到訝異。[9] 但是，你一定沒想到，讓他創下這個紀錄的，不是「江南 Style」，而是後續單曲「紳士」（Gentleman），而且原因不難理解。「江南 Style」花了一點時間才流傳、滲透不同的社群和地理區，但是在「紳士」發行之時，PSY 已經在南韓以外的地區累積了更龐大的粉絲群，這表示已經有各方觀眾等著看新影片並在自己的社群分享，引爆病毒式的流行旋風。

每日觀看次數對照圖

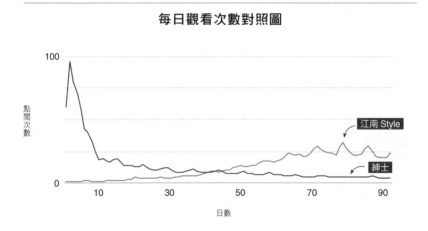

　　參與、驚奇和加速因子，是我在最熱門的病毒影片裡發現的共同點。但是，病毒式流行可以用推的嗎？不見得。當然，只要有足夠的經費、高明的策略，並放進適當的節點，也能推出爆

紅影片所擁有的高人氣，在網路上得到許多關注。「如果你付費
請一群有影響力的人幫忙推，如果你的時機抓得恰到好處，能夠
借力使力，又如果你砸下數百萬美元的行銷經費，挑動每個人注
意原本不起眼的東西，確實，你可以創造出感覺很了不得的事
物，」奇斯對我說。「但是，如果（人氣）不是出自新興的實際
行為，就難以持續。」

　　終究而言，確保最大曝光度是一回事，鼓動大家參與某件
事又是完全不同的挑戰。重要的不是大家是否會點擊和分享，而
是一開始吸引我們與之呼應的價值、參與的事物。

▶| 權力移轉

　　華府某個天寒地凍的 1 月，我們才剛結束在白宮的橢圓形外
交接待室進行的「2011 年 YouTube 與歐巴馬總統對談」拍攝工
作。大約在一個小時之前，我因為思慮不周，跑回辦公室拿一個
此行要用的 MacBook 轉接頭，結果被關在白宮門外一陣子，不
得其門而入。這是菜鳥行為，我覺得自己相當蠢。（不過，自從
有了那一次經驗，我不論走到哪裡，包包裡絕對不會沒有筆電用
轉接頭）在訪談之後，歐巴馬總統大方地撥出一些時間，和我們
聊聊科技和媒體。我們問他，他看過哪些 YouTube 影片。「你們
看過有支關於獨角獸上山去的影片嗎？」我們簡直不敢置信，幾
乎異口同聲地說出：「獨角獸查理上糖果山（Charlie the Unicorn
Goes to Candy Mountain）？！」顯然，第一千金曾經給總統看過這

支動畫影片，而影片停留在他的腦海裡，一直到我生命中最超現實的一刻。總統（美國總統耶！）開始對我們和他一臉迷惑的幕僚人員講述「獨角獸查理上糖果山」的情節。

「獨角獸查理」是一支大約 4 分鐘長的動畫片，創作於 2005 年，創作者是二十歲的影片製作人傑森‧史提爾（Jason Steele）。片中的主人翁查理是一隻憂鬱的獨角獸，在兩個朋友的勸說下，和他們一起展開旅行，前往一處叫做「糖果山」的地方。一路上，查理和同伴遇見各種奇特的景象，等到他們抵達糖果山，查理被打昏了。他醒來時，沮喪地發現有人偷了他的腎臟。對於我們這些看甜美的兒童電視節目長大的人來說，這種讓人耳目一新、陰暗而奇特的諷喻，讓「獨角獸查理」成為邪典最愛。這支影片和它的三段續集，累積了超過 1 億 5,000 萬觀看次數，幫助史提爾開創了他的職涯和他的工作室「電影牛」（FilmCow）。影片的離經叛道讓幽默感古怪的觀眾興起和朋友分享的念頭。它不屬於主流，我們很可能也是經由非傳統但有趣的管道發現它。2016 年，史提爾在 Kickstarter 籌資，想要集資 5 萬美元，製作 30 分鐘的「獨角獸查理」終曲。最後，捐款超過 20 萬美元。

我一直以為史提爾的影片構想來自某種深夜狂人的靈感（可能還有藥效的加持），但是「查理獨角獸」的源起，其實遠比此更為個人和感性。「卡崔娜颶風侵襲新奧爾良時，我失去了我大部分的財產，也丟掉了工作，」2016 年的訪談裡，史提爾敘述道，「我媽媽的生日快到了，我的口袋裡卻連半毛錢也沒有，但我還是想送她一點東西。她知道後說，與其買禮物，不如

我做一支有關於獨角獸的影片給她。於是，我就做了『獨角獸查理』。超過十年後，她仍然會提到，她的生日禮物開啟了我的職涯。」[10] 許多的小小互動（以電子郵件、部落文、論壇發文、社群媒體動態發文等形式）把一位母親的生日願望變成網路世界一塊令人難忘的精金。

這種模式看似是網路科技無所不在的新奇副作用，是重要性有限的反常現象。但是，爆紅影片的傳播所隱含的根本原則，是現在我們彼此連結方式的一部分，因此衍生出由這些關係所驅動的娛樂版圖。我們每個人，不分年齡或經驗，都已經習慣了在流行文化裡扮演更主動的角色，不管我們願不願意承認。

網路短暫現象的多樣性和不可預測性，反映了一種在傳統控制機制外形成的文化。我發現，爆紅影片並不是任一人口群體或地理區的專利。病毒式的分享模式可以在各種語言、各類型的人、各種事物上出現。

分享爆紅內容能讓社群和興趣團體以不同於傳統媒體的方式連結，而且令人上癮。這些因為網際網路才得以運作的連結點，現在對我們如此重要，連對科技最一竅不通的人，都會為了與人連結，找方法運用科技，即使是用最吃力的方法。「我有一半中國血統，因此我會收到這些中國媽媽轉寄的郵件，」奇斯告訴我。「看看這些龐大的 PPT 檔！用電子郵件寄一個 10M 的 PPT 檔，這是最糟糕的傳播方式。他們這樣做的原因是，他們對於這些內容產生情感上的共鳴。」

　　從資料觀點來看，我最喜歡的爆紅影片之一，主角是相當沒有明星相、成長於奧克拉荷馬的八十五歲老翁的肯‧克雷格（Ken Craig），向媳婦示範剝玉蜀黍時如何去除所有玉米鬚的撇步（微波爐加熱一下、切斷根部，搖晃幾下，玉蜀黍就會光滑地脫皮而出）。她把它錄下來，放到 YouTube 上，讓她在南韓教英語的女兒看。連電子郵件帳號也沒有的克雷格，對這支影片的期待是 50 次的觀看次數。結果它創下將近 1,000 萬次觀看次數。我第一次注意到「剝玉蜀黍——每一次都清潔溜溜」（Shucking Corn—Clean Ears Every Time），是它出現在我們的「發燒影片看板」，名列前茅。有幾天的時間，它成為五十五歲以上 YouTube 使用者最熱門的影片。它的觀看次數，有很高的比例並非來自 Facebook 或 Twitter，而是 Yahoo 信箱。爆紅影片並非是年輕人獨享的風潮；它們對所有人都有價值。

　　透過人際互動而傳播的影片，能從根本上改變各年齡層的人發現、理解新資訊或觀點的方式。所有種類的媒體都能從中得到吸引大量觀眾的潛力，但不一定需要先擁有粉絲網絡，或是伴隨著有線電視的黃金時段、廣播頻道或人氣 App 版面等而來的既存收視群。在娛樂產業，它能讓你「免排隊」就攫取大眾的注意力。它能在一夜之間捧紅一個人，甚至能為特定產品的銷售注入強效劑（2015 年的自主平衡自動滑板車熱潮就是一例）。大多時候，爆紅現象並不會為原始創作者帶來任何恆久的價值。沒錯，總是會出現有如中樂透的時刻，就像大衛‧迪佛爾二世

（David DeVolre Jr.）的爸爸，在大衛做了口腔手術麻藥後，錄下大衛在汽車後座的反應，繼而創作了一支知名影片，影片所賺的錢足以支付大衛未來的大學學費。但病毒式流行影片對社會的影響，不會是暴富模式，也不會是擾動式破壞的商業模式，而是借助於這種時刻所蘊藏的力量，迅速改變我們的世界觀。

奇斯和我分享了一個故事，這段經歷最後影響了他對媒體和科技的觀點。1999 年在西雅圖展開對世界貿易組織的抗議示威活動裡，他協助整合影片編碼機器，讓現場團體能快速發布影片。這些影片改變了對於示威抗議的對話調性，而警察開始鎖定跑步運送影帶的人，想藉此阻斷傳播鍊。奇斯從中得到靈感，發展出一種能支援網路直播影片串流的背包機器。點對點傳輸流通的資訊和內容所具備的賦權本質，有立即的轉化作用。「有人從活動現場……試著把主流人士試圖忽略的事物搬到聚光燈下，這讓我非常開心，開心得要命，」奇斯說，不過他補充道，「這確實也帶來一堆新挑戰。我們必須重新思考我們的許多價值，重新思考掌控的意義，重新思考什麼是伴隨關注而來的責任。」

病毒式的分享開啟了新管道，讓我們得以迅速向許多人表達自我。我們能夠選擇要創作什麼、要分享什麼。個人的微小行動，幾乎有無法測度的能力，達到過去只有整體機構才能開啟的規模。但是，伴隨著這股力量而來的，當然是責任。這有點嚇人。但正是這股力量，讓數百萬人可以把一個破產的動畫家獻給母親的生日禮物，變成地下社群的最愛，而且受歡迎到連美國總統都要來一瞧究竟。

到了 2016 年，布蕾克已經轉型成為不同類型的明星。有人或許預期她會消失在網路一曲名人堂裡，但這不是事實。首先，「星期五」其實通過了時間的考驗。多年後，這首歌在每個週五的點閱都會出現高峰。我上一次見到她，是 2011 年在 YouTube 辦公室的那一天，那時她滿懷一股只有十四歲女生才會有的興奮，興高采烈地在我們以她的名字命名的會議室標示牌上簽名。還有一次，我是隔著一段距離看見她，那是五年後，在一場大型的網路影片大會裡。她當時在與粉絲會面和拍照。那些粉絲不是「星期五」的粉絲，而是 YouTube 人物「蕾貝卡·布蕾克」的粉絲。「星期五」發行之後的數年之間，布蕾克的頻道「蕾貝卡」（rebecca）累積了超過 100 萬訂閱者，她也成為更傳統的「社群媒體影響力人士」，與 AwesomenessTV 簽約，發行了不那麼糟糕的新 MV，並製播每週影像網誌，主題涵蓋美妝、生活勵志小語，還有許多其他內容。「星期五」現象出現後四年，記者瑞吉·尤格烏（Reggie Ugwu）在一篇深度追蹤報導裡寫道，「布蕾克的故事裡，陷落在醜陋的人生『前』階段裡掙扎的中學生孩子，可以看到一個倖存者和楷模，不但走出異常沉重的社群媒體夢魘，而且完好

如初地站起來。」創作者布蕾克已經超越了在偶然間爆紅的網紅布蕾克。

大約從 2012 年起，從商業角度來看，「病毒影片」的價值其實已經開始走下坡。可長可久的閱聽觀眾才是關注的重點，像是布蕾克透過她在頻道發布「星期五」而累聚的那種。你無法一直靠個別影片的爆紅建立事業，創作者、廣告主和平台本身都是如此。儘管還是會出現熱門的個別影片，但是 YouTube 的策略已經重新回到以頻道為依歸，演變為節目和人物的網絡，更勝於爆紅影片資料庫。

但是，在文化層面，病毒式爆紅影片仍然繼續存在，未來幾年，我預期它仍然會是我們自娛、分享知識的重要面向。那是因為這並非真的是特定科技所綁定或創造的行為。反過來才是真的。一如舊剪報所顯示的，我們傳播爆紅事物已經長達數個世紀，而今日的科技只是讓它能夠擴大到如此規模，讓我們可以迅速賦予市井小民比許多媒體產業專業人士更高的文化影響力。

沒錯，網路成熟了。儘管 Netflix、Amazon、Hulu、YouTube 的原創節目有時候會讓我質疑，在網路上，創

意表達的主流形式是否很快就會像過去一樣，必須經過一套由企業控制、用於管理媒體傳播的製作審批流程。但是，病毒式傳播影片給了我希望，我相信網路仍然會保有它奇特而美好的角落。這項發展多少保障了網路能維持令人愉快的特異性，因為它能確保所有人都有機會推動事物的傳播。這是一種把關機制，也是平衡機制，能保障每個人永遠都有能力影響流行文化當下的時代精神，不管市場競爭的行銷預算規模如何。

在這樣的一個世界，事物的傳播不是因為背後有多少銀彈支持（甚至也不是藝術品質）。在這樣的一個世界，影片和藝人的成功來自他們為我們創作的獨特事物。

本章注釋

1   給「星期五」、關於布蕾克或那首的影片或按「我不喜歡」，成為 2011 年一定要做的事。那年 12 月，我安排布蕾克主持 YouTube「精采回顧大賞」的一段原創影片，那是我們的年終回顧盛典。我費了好大的勁向我的主管們解釋，為什麼這支影片有這麼多「不喜歡」數，而為什麼那些並不是真的因為大家出於討厭影片而有的表現。

2   不過，在醫療的世界，我猜想，「流行病毒」的定義可能沒有什麼爭議。

3   但如果有一大部分訂閱者接著分享影片，那又是不同的局面了。

4 星際之門可不是沒沒無名的製作人／歌曲創作者團隊；這個二人組是二十一世紀初期許多熱門流行歌曲背後的推手。他們的第一名單曲包括尼歐（Ne-Yo）的「厭情歌」（So Sick）、凱蒂·佩芮的「煙火」（Firework）、碧昂絲的「絕無僅有」（Irreplaceable），以及蕾哈娜的許多名曲如「粗魯男孩」（Rude Boy）、「我叫什麼名字？」（What's My Name?）、「禁忌遊戲」（S&M）等等。

5 奇斯告訴我，「了解你的迷因」團隊以前經常開玩笑說，如果你想知道某個東西會不會轟動，你應該看看它有沒有出現在健身論壇。「基於某種原因，任何在網路某個角落的東西，只要轉傳，最後都會到那裡去，」他說。

6 我敢說這些詞彙的組合從來沒有在任何一本書裡出現過！

7 在同一項研究裡，研究人員也發現，似曾熟悉的事物不會產生同樣的效果。一位研究人員解釋道：「我們以為，較不熟悉的資訊與精通熟悉的資訊混合時，會變得特別突出，因而觸動中腦區，而且刺激強度和全新資訊一樣。但結果並非如此。只有嶄新的事物能觸發中腦區的強烈活動。」宿霧獄友為什麼無法真正再創他們在「顫慄」所獲致的成功，這能解釋部分原因。

8 你應該還記得，討論重混影片的篇章曾提及，創作「Zenga Zenga」的阿路齊，就是從「歐巴馬女孩」得到靈感，創造「麗芙妮男孩」這個角色，譜出他的第一支病毒影片。

9 這個紀錄一直到 2017 年才被泰勒絲打破。當時，泰勒絲的新曲「都是你逼我的」（Look What You Make Me Do）以其處處埋伏典故、藉題報復的 MV，灌爆了社群媒體。

10 如果你也在想這個問題：根據史提爾的說法，他的媽媽當時似乎不覺得影片有什麼了不起，但她還是很高興他為她做了影片。

((11))

影片能為我們做什麼

傑森・羅素（Jason Russell）十二歲時就有遠大構想：「如果可以同時對好幾百萬人講故事，讓他們同時體驗，那會怎麼樣？」

羅素是在劇團長大的孩子。1980 年代初，他的雙親成立了基督教青年劇團（Christian Youth Theater），號稱是全美最大的青年劇團組織。但是他知道，要透過舞台講故事給數百萬人聽，得花數十年的時間。於是，他的眼光放在以拍電影為職涯。羅素從南加大享負盛名的電影學院畢業後，賣了一部好萊塢音樂劇給夢工廠，準備製作大銀幕電影。但是，他對自己承諾，要先走訪非洲的達佛（Darfur），拍攝戰爭紀錄片。羅素受到 1993 年在索馬

利亞遭到殺害身亡的攝影記者丹‧埃爾登（Dan Eldon）的啟發
（1990 年代初，埃爾發是路透社派駐索馬利亞的人員），於是動
身前往蘇丹。

　　「那真的是我的轉捩點，」羅素告訴我。「我感覺，世界不
見得需要另一部好萊塢電影或音樂劇。我覺得我大學畢業後所能
做最重要的事，是投入生命中的一年，拍一部可望從某個角度釋
放或拯救人類的影片。」

　　羅素待在烏干達北方、剛好位於現在南蘇丹南邊的古盧鎮
時，受到「夜間通勤者」（night commuters）的衝擊。那些是在深
夜啟程進城的孩子，這麼做是為了躲避在已經進行了十七年的衝
突裡遭到綁架、強迫從軍。關於羅素和其他兩個後來加入他的大
學生鮑比‧貝利（Bobby Bailey）和拉倫‧普爾（Laren Poole）最初
拍攝的影片，羅素表示，「我們顯得相當天真和愚蠢，而這多少
是實情。」但是他們訴說的故事，為以結束衝突為目標的維權運
動奠定了基石。多年來，羅素和他成立的組織「神隱孩童」
（Invisible Children）遊說政府官員、會晤具有影響力的領導者、在
全美的高中巡迴、舉辦影片放映會，並號召年輕人投身支持他們
的理念。

　　將近十年後（也是推出十一支影片後），「神隱孩童」著手
製作主要在網路流傳的新影片，套句羅素的話，這「算是為了吸
引大家注意的最後一擊」。他們把目標觀眾的剖繪縮小到「在自
己房間的郊區十四歲白人女生」，並把影片剪到只剩 29 分 59
秒。他們知道這樣的影片很長。「我們邊做邊說，『沒有人要看

30 分鐘長的 YouTube 影片』」，羅素回憶道。但無論如何，他們仍然設定了相當高遠的目標（年底前達到 50 萬觀看次數），並在 2012 年 3 月 5 日星期一在 YouTube 發布影片。

「坦白說，這支電影的到期日是 2012 年 12 月 31 日，它唯一的目的是阻止叛亂團體聖主反抗軍（L. R. A.；Lord's Resistance Army），和他們的領導者約瑟夫・科尼（Joseph Kony），」在影片中途，羅素的旁白說道，「我接下來就要告訴你，我們究竟要怎麼做。」

在這之前，你可能已經看過「科尼 2012」（Kony 2012）影片，或至少聽過它。[1] 這支紀錄片是那年第二熱門的影片，在我們的年終熱門影片榜上僅次於「江南 Style」。它在全球颳起旋風。那支影片只用幾個小時就突破團隊設定的觀看次數目標。光是那個週三，它的觀看次數就超過 3,100 萬次。[2] 有好幾天的時間，「科尼」是全 YouTube 最熱門的搜尋關鍵字，而根據 Google 公布的資料，它也名列全美年度熱門搜尋關鍵字的前十名。「科尼 2012」成為網路上最熱門的非營利／活動影片，熱度維持了幾年。大眾不只是點擊觀看和伸出援手。影片的平均觀看時間長度超過 9 分鐘，是當時大部分影片所吸引觀看時間長度的四倍多。觀看次數中超過一成是一次看完完整的 30 分鐘。

這種速度在當時是前所未聞。「你期待發生什麼？」我問羅素。「不是那個，」羅素回答，「我的意思是，我沒有預見事情會這樣，因為以前從來不曾發生過這種事。」

才幾年前，我在為《赫芬頓郵報》製作病毒式傳播影片

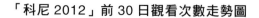

「科尼 2012」前 30 日觀看次數走勢圖

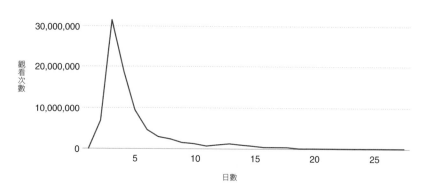

時，我們有三條法則：要有趣；能夠用一句話解釋；以及要簡短。（我經常過火到把影片的時間長度修到 1 分 59 秒，彷彿要把它們放到爆紅影片特惠區上架）「科尼 2012」違反了所有三條法則，卻能造成轟動。羅素和他的團隊怎麼辦到的？

首先，「神隱孩童」團隊研究了宣傳史，每天一睜開眼睛，滿腦子想的都是怎麼把那些金科玉律應用於單一目標：讓科尼出名。羅素把這個焦點描述為「超級成功的關鍵」，而且它也延伸進入影片本身。「具體和簡單是說故事最有力的方式，」羅素解釋。在編輯上，他們在判斷影片是否具備「網路價值」時，所採用的依據是，影片能否每 6 秒就成功地吸引你繼續往下看。但是，影片的傳播速度之所以如此快速，製作風格終究只是一小部分原因。

「最重要的是十四歲女生在自己的房間裡都能有所貢獻的草

根運動，」羅素說。影片呼籲，「你現在有三件事可以做」，包括簽名請願、取得手環和「行動包」，以及登記每月小額捐款。「最重要的是，在網路上分享這部影片」，螢幕畫面寫著，「這是免費的。」「神隱孩童」明白呼籲，分享影片就是參與活動。雖然這是「科尼2012」活動成功的關鍵，或許也是活動最具爭議、最廣受批評的一點。「大家說點閱行動主義（clicktivism）和懶人行動主義（slacktivism）做不了任何事，」羅素告訴我。「你知道，但它們能相當有力地傳達一項訊息。」他指出，以婚姻平權和跨性別者權利運動來說，就是把重點放在覺醒意識，因為它在改變情感和理智扮演了重要角色。「這類觀念原本可能要歷經數十年才能得到理解或同理，現在只要幾個月或幾年，」他說。「我認為，以理解『別人』和設身處地為他人設想來說，這是一個令人非常振奮的時代。」

　　先不要批評青少年理想主義，那份情懷仍讓我深深喜愛，有時候甚至讓我強烈嫉妒，但是這件事還有其他發展。我心裡的那個酸民相信，「科尼2012」之所以廣為分享，最重要的原因是它對觀看者的用途。這是一個表現自己的機會，可以昭告天下自己是關心全球事務的那種人。它提出一個核心議題，讓我們能夠以其為中心，與我們社交圈裡的人互動交流。它賦予我們力量，成為重要事件的參與者，而不是被動的旁觀者，它是我們訴說自己身分的憑藉。羅素明白邀請大眾接納一個觀念，那就是我們對世界也能積極主動發揮影響力。「我當然也認為，大眾支持它是因為它讓他們對自己感覺良好，因為他們可以幫忙，相信自己能

投身於某個比小我更崇高的事物，我認為這是所有人類的渴望，」羅素說。「科尼2012」的觀眾和主題一樣關鍵。

在上一個十年，「神隱孩童」透過真人影片和活動，觸及了龐大的學生群，讓影片有了先馳得點的優勢。羅素估計，在影片還沒有出爐之前，大約已經有500萬名年輕人準備好而且願意參與。同時，「神隱孩童」能夠加速影片傳播的原因，是它設定了期限，並請觀眾聯絡二十位「文化塑造者」（culture maker），請他們參與這項運動。他們採取了借名人之力以喚醒大眾意識這項常用的策略，但是，羅素說，這項策略的效果也經常不如預期。以這項運動來說，你邀請參與加入你的訴求的對象是班・艾佛列克、蕾哈娜和提姆・提博（Tim Tebow）。名人不是這項活動的焦點，但他們扮演的是影片「加速因子」的關鍵角色；Twitter追蹤人數前十五名的帳號，有五個都在前後幾小時內分享了這支影片。長期支持該組織理念的歐普拉，在第一天就推了這支影片，立刻助長了大眾知覺。

所有的分享造成了對話的群聚效應（critical mass）。那一週，你怎麼都避不開那支影片；那是一場看似由十四歲女生軍團領導、陣容龐大的草根運動。一週走到尾聲，白宮發言傑依・卡內（Jay Carney）就被問到相關問題，各大報刊多少都報導了這項運動。波諾宣稱，「科尼2012」應該得奧斯卡獎。但這才只是剛開始。「我們還準備推出一系列很棒的事物，但完全沒辦法，因為整件事維持了十天，」羅素說。

「科尼2012」的論述從集結人道主義怒火的呼召，到變成遭

受質疑的對象，再到淪為嘲諷奚落的話柄，這中間的轉變速度有多快，我已經不復記憶。但是，就像許多人一樣，我不會忘記，那最終發生的一切。

「科尼2012」出現在網路上兩天後，有個十九歲的大學生在一個名為「現身孩童」（Visible Children）的 Tumblr 上發表了一篇詳盡的批判文，文中寫道，「參與『科尼2012』活動的人都是善意，這點我沒有一絲懷疑，約瑟夫·科尼是個罪大惡極之人，這點我也完全沒有疑慮。但是，儘管如此，我強烈反對『科尼2012』活動。」這則貼文針對運動的策略、財務和使命提出質疑。它吸引了數百萬點閱次數，此外，在同一天，有一名父母出生在烏干達的少女發布影像網誌，意指科尼已經死亡，也得到數百萬次點閱。接著，其他活動分子、專家和其他人紛紛出聲批判，有的是在小型部落格裡，有的是在知名的主流媒體上。批判從指控這項運動的過度簡化、失真陳述到情緒操縱，甚至指稱它為「白人救世主工業複合體」（White Savior Industrial Complex）背書，各種聲音都有。幾年後，我有次對著滿屋子活動分子演說時，以「科尼2012」做為網路傳播的成功研討案例，但光是提到它的名字，就讓整個討論會脫序演出，變成針對該活動是否值得肯定的激烈辯論。

這支影片讓羅素成為運動的化身，這些批判讓他成為全球高度矚目的焦點，而他對此毫無準備。3月15日，就在發布影片的十天後，羅素精神崩潰，在聖地牙哥的大街上赤身裸體，胡亂咆哮、滿嘴咒罵。有人錄下這段意外插曲，把影片交給八卦新

聞網站 TMZ，網站讓影片上了網。倒楣的羅素，那段影片也迅速爆紅。「我認為這段影片摧毀、汙名化了運動，因為它會引起極度困惑，」羅素說，「我的意思是，對於任何崩潰裸體、影片還上了 TMZ 的領導者，那等於是宣判：『抱歉，我們再也不信任你了。』」

羅素對於這些事件出奇地看得開。「崩潰對於我個人和家人，都極其難堪而痛苦，但是長期來說，也有數不清的人主動走上前來對我說，『謝謝你。你背負了重擔，我的妹妹、我的朋友也都有過〔類似的崩潰〕，』」他告訴我。「我認為，這件事會永遠是我的人生故事裡的一部分，但我不相信我的人生故事會用這件事蓋棺論定。我談的是長期。」

最近，羅素經營了一家名為「掃把引擎」（Broomstick Engine）的小型創意公司，為公益組織籌畫活動。我們進行訪談的當時，他告訴我，他正要完成「水慈善」（Charity: Water）的一支影片。他的長期計畫是，透過擴增實境遊戲經驗，創造全世界最大的人道活動，他認為這是他在未來幾年的「大構想」。

「科尼 2012」是成功的運動嗎？那是很難回答的問題，即使對羅素本人也一樣。距離影片首發超過四年後，科尼仍然沒有落網，L. R. A. 仍然還在運作，雖然威力嚴重衰退。「我相信大家都看到了人性之美，因為它想要為世界上的某個地方帶來正義，而那個地方，說實在地，沒有很多正義可言，」羅素說。他承認，「神隱孩童」的夢想已經被攔腰斬斷，對於影片的批判引起許多疑惑，而後續的事件甚至毀了他的人生（至少是暫時的）。

「但是，整體而言，如果要我給它評分，五顆星是滿分的話，我會給它四顆星，」他帶著微笑說，「它值得。它讓人驚奇。」

　　無可否認，「科尼 2012」達成了它的一個目標：讓約瑟夫‧科尼出名。它達成的方法是把抽象的人道訊息，與影片所衍生、直接而個人化的價值做連結。它也改變了許多人的觀點，讓大家看到，在適當時機的適當影片，對理念所發揮的貢獻。以及對我們的貢獻。

◄　❙❙　►❙　　　　　　　　　　　　　　　　▭

部分要拜傳統媒體許多、許多年來的制約，當我們談到某部影片受歡迎的原因時，我們通常會把焦點放在觀看體驗。影片有趣嗎？知識豐富嗎？還是展現了某種耐人尋味的藝術特質？這是評量娛樂完全合理的方式，但通常和真正流行的事物本身無關。因為，如果你看一下每日觀看次數、分享、討論最多的影片，那些多半都無關緊要。

在 YouTube 待到第六個月時，我就知道，某些熱門影片與人產生共鳴的特質，與我原先的想法有點不同。最重要的是，驅動影片人氣的，是在某人看過之後所發生的事。在進入「星期五」瘋潮的震盪期時，我體認到，我

們對於影片的回應方式，比影片內容本身重要。創作者
或影片讓觀眾之間的互動變得容易，這點超越任何創意
決策或元素。到頭來，與其說「星期五」和布蕾克有
關，不如說和我們更有關。「科尼 2012」也是一樣。

基本上，個人與社會評估媒體價值的標準，已經轉變不
少。今日，我們運用科技的方式，較不會單獨側重於突
出的藝術表現，而是更看重影片或趨勢在生活中可能扮
演的角色。我們從中得到極致的滿足感，不見得有什麼
好驚奇，倒是最有機會給予閱聽觀眾那份滿足感的內容
類型，通常出乎意料。價值並不在於影片本身，而在於
它們產生、促進的連結。

▶| 所有社群媒體中最強的驅動力

2015 年，喜劇演員麥特・里托（Matt Little）剛剛結束在紐約
東村 UCB 劇院的一場週日深夜秀，正要去搭 L 線地鐵，回到他
在布魯克林的家。就在這時，他看到了那一幕。他幾乎不敢相信
自己的眼睛。里托轉頭對朋友派特說，「好吧，呃，真有這種
事。」「哦，對啊，」派特回答。里托迅速掏出手機，開始錄
影，因為他知道，要和朋友描述他看到的景象，最有效的做法就

是直接給他們看，凌晨三點在第一大道的地下鐵車站，所上演的這超乎尋常的一幕。

　　那一幕的主角是一隻老鼠，牠拖著一整片披薩走下地鐵站樓梯。

　　在那一週，里托這段 14 秒的影片無所不在。它在兩天內吸引了超過 400 萬觀看次數，由於相關的動畫影像和重製作品很多，幾乎不可能真正估算它的觀看次數。#PizzaRat 成為推特、部落格、深夜秀的熱門話題，每個人都在談它。那年 10 月，「Pizza Rat」（意為「披薩鼠」）衝上美國地區萬聖節裝扮的 Google 熱蒐關鍵詞第二名，僅次於「el chapo」（意為「矮仔」，墨西哥毒梟的綽號，指的是監獄服裝扮）

　　有鑑於這支短片——呃，基本上缺乏任何創意、實用資訊，也沒有什麼豐功偉業，它為什麼這麼受歡迎？

　　當時，我在紐約已經住了將近十年，然而「披薩鼠」或許是我所見過最紐約的事物。這座城市最具代表性的動物，遇到這座城市最具代表性的食物。由此種種，「披薩鼠」成為完美的隱喻。里托甚至在一次訪談裡說，它或許可以成為新自由女神像。「我愈想愈覺得自己就像那隻小老鼠，努力地追趕跑跳，拖著披薩下樓梯，」幾週後，皇后區居民威廉・蕭爾（William Scholl）告訴《每日新聞》（Daily News）……就在他在右小腿肚刺了「披薩鼠」刺青之後。身為一個當初搬來紐約時沒有工作的人，我也對那隻處境艱困的小動物有種認同感，在這座大城市裡，牠是名副其實的不自量力，拚命努力追求超過牠能力所及的事物。分享

「披薩鼠」給了我一個機會表達我自己，這是最重要的。

「『披薩鼠』，它是紐約之心，」BuzzFeed 國際副總史考特‧藍博（Scott Lamb）笑著告訴我。「紐約那顆跳動的骯髒之心。」遠在 2007 年，藍博在傳統記者幾年後，就加入 BuzzFeed，成為該網站第一位、也是長期任職的總編輯。[3] 他在 BuzzFeed 的早期，屬於一個規模非常小的群體，他們的職責就是找出網路每天的大事。「你幾乎可以把所有人都集合一室，」他說，「現在，那完全不可能了。」

雖然網路的自我表達要到後來才會成長為流行文化的重要引擎，那些被指派追蹤它的人，很早就學到關鍵旳幾課。藍博最重要的開竅時刻，是他體悟到大眾一方面用 BuzzFeed 的圖像、文章和影片，與其他人交流往來，另一方面，也用於表達他們自己。這項洞見影響了他的工作，也是該公司許多活動的核心，包括你可能還記得的澤‧法蘭克空前的實驗影片部門。「一直到那之前，我想到的幾乎都和消費有關。你製作某些內容，如果閱聽觀眾很多，那是最好的事，」他說。「但如果我們開始多想一下，為什麼人會轉傳……事情通常和消費無關。你不只是想要消費這個，你希望的是他們和你有可以彼此交流的體驗。」

所有這些都可以歸結為一個觀念：身分認同。「我認為身分認同是所有社群媒體最強的驅動力，」藍博解釋道。「影片最神奇的地方之一就是立即性，它讓大家可以表達自己的身分認同，或是探詢其他人的身分認同。」

　　2015 年，我的同事兼朋友邦妮寄給我一則 BuzzFeed 影片，標題是「義大利祖母第一次吃橄欖園食品」（Italian Grandmas try Olive Garden For The First Time），她深知我一定會覺得這非看不可，無法抗拒。在我的義大利移民美國家庭裡，橄欖園是許多辯論的根源，包括許多有主見、對食物有過人品味的老一輩義大利婦女。（在此聲明，我屬於「它最難吃」陣營）。我連影片都還沒看完，就已經在寫 email 給我的近親家人。標題：「請看這個。」當然，橄欖園在許多義大利移民美國家庭裡占有……呃……特殊地位，因此我絕對不會是唯一有這種反應的人。畢竟，美國有超過 1,700 萬義大利裔。BuzzFeed 製作了一百多支用「＿＿第一次吃＿＿」版式的影片，從「美國人吃終極英式點心」、「韓國人吃南方烤肉」到「中國人第一次吃幸運籤餅乾」，無所不有，而這些影片的觀看次數已經超過 15 億次。

　　BuzzFeed 是最早有效採用身分認同導向編輯策略的網站，他們所根據的原則，在許多流行趨勢和影片裡也明顯可見。

　　2011 年，作家葛雷登・雪帕（Graydon Sheppard）和凱爾・漢佛瑞（Kyle Humphrey）開設了聯合推特帳號，他們的靈感來自其中一人對另一人用帶著女性腔調的溫柔聲音說：「請把毯子遞給我，好嗎？」他們只是在鬧著玩，但是構想源源不斷。隨著「＠女生說的蠢話」（＠ShitGirlsSay）帳號成長，他們甚至有一些名人追隨者，包括茱麗葉・路易絲（Juliette Lewis）。那年 12 月，他們一時心血來潮，聯絡路易絲，說服她在一支根據他們的玩笑而拍攝的影片裡客串演出。在反覆思考後，雪帕決定戴上假髮、

穿上高跟鞋，真人演出他們的詞彙大全。

「噢，我睡得好好哦！」

「聽聽這封 email ！」

「姐妹裝！」

「首先，呃。」

影片版的「女生說的蠢話」成為熱門影片，因此雪帕和漢佛瑞後來又做了三段續集，並且衍生出 2012 年第一股熱潮；大家開始上傳「＿＿＿說的蠢話」影片，主題幾乎遍及所有職業、種族或社群。第一個月就出現五百多支影片，而且數量繼續攀升。高人氣的發展主題包括「南方婦女說的蠢話」（Sh%t Southern Women Say）（「嘿，你們大家。」「我怎麼樣才能不用髮膠？」）；「亞洲老爸說的蠢話」（Shit Asian Dads Say）（「尊重你的長輩！」「你怎麼還沒當醫生？」）；「女生對男同說的蠢話」（Sh*t Girls Say to Gay Guys）（「我愛你，但就像對一個女生一樣。」「幫我挑衣服！」）；「白男對棕男說的蠢話」（Shit White Guys Say to Brown Guys）（「教我怎麼說印度話的『怎啦？』」「唔，你為什麼沒有包頭巾？」）；「白女對黑女說的蠢話」（Shit White Girls Say to Black Girls）（「你們的頭髮可以有這麼多花樣。」「不想聽起來是種族主義者，可是……」）；「白女對阿拉伯女說的蠢話」（Shit White Girls Say to Arab Girls）（「你會跳肚皮舞嗎？」「有人告訴過你，你長得很像茉莉公主嗎？」）；「沒有人說的蠢話」（Sh*t Nobody Says）（「我懷念傳真。」「我希望他請我幫他搬家。」）；當然，還有「大家對大家說的蠢話影片說的蠢話」（Shit People Say About Shit People

Say Videos)（「那實在太中肯了。」「啊啊啊，我就說了。」「這個應該要更短。」）有些是沉悶的刻板印象大雜燴，有些是高明的社會評論。

　　當然，有某些「大家說的蠢話」影片不是每個人都能理解，這股流行趨勢的成功，驅動力多半來自許許多多的跟風創作，內容雖然極度小眾，但總是有人被打動、進而以分享做為個人身分認同的表述（無論其他人看了是否也會覺得有趣）。

　　藍博與我談話的當時，他正在籌備擴大 BuzzFeed 的編輯營運版圖，到日本、巴西、德國和其他地方，他說在研究海外網路文化的經驗之後，他更加深信，身分認同具有驅動分享的深厚力量。「這是一種普世現象，大家以這種方式在媒體裡尋找意義，」藍博告訴我，「而有些例子以完全出乎預期的方式跨越文化界線。」我曾經在印度的 YouTube 看過：「印度蠢蛋大觀」（All India Bakchod）、「身為印度人」（Being India）等印度喜劇頻道，以其檢視（取笑）存在於這個國家的各種文化、傳統和語言的影片，在印度大受歡迎。全世界各地都可以找到類似的頻道。

　　身分認同導向的媒體並不是新鮮事：我十五歲時，在佛羅里達豔陽下穿著黑色的潘特拉合唱團 T 恤，並不是因為衣服有什麼特殊機能，或特別賞心悅目，而是因為我身處的年代，社群媒體平台促使我們表達自我個性和觀點，藉此與別人連結，而能讓我們表達自身事物的娛樂，愈來愈有用而必要。

　　對於能表達身分認同的內容，我們胃口已經大到經常擷取

為其他目的而創作的影片，用以滿足這項需求。事實上，最能讓
我們表達自己的影片，有時候原來是為了完全相反的目的而做。
在這些例子裡，公開表示不喜歡某事物所透露關於發聲者本身的
訊息，甚至多過他們表示喜歡的事物。

2006 年 8 月，同為曼哈頓美國銀行高階主管的吉姆·德布
瓦（Jim DeBois）和伊森·錢德勒（Ethan Chandler）應要求寫一首
歌，準備在馬里蘭銀行（Maryland Bank North America；MBNA）總
部的信用卡主管會議上表演。這兩個人在德拉瓦州威明頓市登
台，穿著白色正式襯衫，打著色彩明亮的領帶，標準的銀行員工
服裝打扮。德布瓦抱著一把民謠吉他坐著，與他相隔幾呎之遙的
錢德勒站在麥克風架前，開始演唱由 U2 歌曲「合而為一」
（One）改編的「同一家銀行」（One Bank）。歌詞摘要如下：「我
們都一樣……這樣不是更好？兩家偉大的公司同心協力……現
在，MBNA 是 A 的 B。現在是同一家銀行！同一張卡！一個全
世界都知道的名字。同一種精神。我們要分享。引領我們大家往
更高的標準邁進，哦－哦－哦。」那年 11 月，這段讓人渾身犯
尷尬癌的表演外流到網路上，並在我們稱做「辦公室迴路圈」
（cubicle circuit）的社群裡流傳。錢德勒模仿波諾，有模有樣，更
加讓人難以卒睹。那個月，謙遜耗子樂團（Modest Mouse）的吉他
手強尼·馬爾（Jonny Marr），當然還有史密斯樂團，在樂團音樂
會上演出這首歌，由喜劇演員大衛·克羅素（David Cross）負責
聲樂部分。群眾沸騰。有些人跟著唱。環球音樂集團（Universal
Music Group）對美國銀行發出禁止令。不過短短五分鐘，德布瓦

和錢德勒的表演就傳神地表達出，銀行業和企業文化讓許多人感
到顯然脫離現實之處。

影片流傳時，我大學畢業才五個月，那是還沒有 Twitter 和
Facebook 發文的時代，那首歌主要是透過部落格、論壇和電子
郵件發布。某些銀行高階主管的小趣味，是我最不希望我的專業
職涯變成的樣子。那是為什麼我想要分享它的原因。

那時，我喜歡分享隨機看到的影片。某方面來說，身為一
個知道最新迷因或趨勢的人，本身就是一種身分認同，尤其是在
網路影片發展的早期，趨勢變成主流的速度還沒有那麼快。藍博
說，「因為數位媒體在那時仍然相當小眾，發現具有重大意義的
事物，會覺得自己對那些事物有某種程度的所有權。」

遠在 YouTube 出現之前，大約在世紀之交時，有個迷因源
自某些網路論壇只有圈內人才懂的小笑話，它是擷取自世嘉
（SEGA）翻譯拙劣的「零翼戰機」（Zero Wing）電玩。某個前導片
段是一起爆炸事件。「發生什麼事？」一個人物問道。（螢幕打
出對白字幕，聲音是機器音）「有人給我們引爆了炸彈，」另一
個人物回答。「你們好各位！！」遊戲的主要反派人物出現了，
但說了一句下錯標點符號的招呼語，他又說，「你們基地全部被
我們屬於。你們已經走上毀滅。」

《連線》雜誌在 2001 年的報告指出：「就是這些字詞，讓大
家狂發電子郵件，還給了一位網路藝術家靈感，創作出有如星火
燎原般延燒網路草原的 flash 電影。」那一年，「你們基地全部」
迷因激發了無數惡搞作品，包括廣為流傳的一支 MV（傳播管道

多半是電子郵件和留言討論版）。科技記者爭相報導。還有人製作上衣和馬克杯。好一陣子，它基本上成為網路文化迷的祕密問候語，後來它變成熱門網路笑話，更加廣為人知。不過，等到這句話開始進入主流媒體，也就走了味，雖然拜主流媒體之賜，它在電動玩家和「舊網路」（old internet）迷之間得以再度掀起一陣風潮。多年來，這樣的趨勢層出不窮，但是只有冷僻或複雜到無法輕易融入主流媒體的那些才會奏效。「勒萊・詹金斯」（Leeroy Jenkins）和「拙樂樂先生」（Trololo）也屬於這項驕傲傳統。

今日，由於網路上有多如繁星的利基小眾和社群，加上接連不斷的參與呼召，因此一股風尚即使沒有立刻普及全眾，也是一種附加價值。一如許多事物，這有助於我們在數位世界與實體生活裡，在個人表達自我以及與他人連結交流的需求之間取得平衡。我們在 2010 年開設「YouTube 發燒影片」看板時，我製作了三款口號不同的紀念 T 恤。「你們基地全部被我們屬於」那款的反應最不熱烈，但即使再來一次，我還是會這麼做。

▶| 我無法用任何語言形容

2007 年 5 月，英國白金漢夏郡的 IT 顧問霍華・戴維斯－卡爾（Howard Davies-Carr）幫他的兩個兒子錄了一段可愛的影片，發布在 YouTube，與男孩們在美國的乾爹分享。接下來幾個月，影片觀看次數總共約 300 次，但是漸漸地，有其他人也開始在偶然間看到這段影片。9 月，影片每天吸引幾百次觀看次數。幾百

次後來變成幾千次。到了耶誕節，影片達到百萬觀看次數，讓戴維斯－卡爾看得目瞪口呆。但從事後看，那才只是開始。因為從那時到現在，它的觀看次數已經遠遠超過 100 萬次。事實上，你一定也曾在某個時候看過這支影片⋯⋯

「唉唷，查理！唉－唷！查理！那真的很痛！查理咬我。」

「查理咬我的手指」（Charlie Bit My Finger）是由哈利・戴維斯－卡爾（Harry Davies-Carr）和他的弟弟查理領銜主演。這段影片讓這對兄弟不經意地成為國際名人。除了 YouTube 的收入，霍華還開始銷售 T 恤和其他商品。（他本來覺得不可能有人想要印有他兒子照片的上衣，但他後來看到很多未經授權的商品在網路上賣）不同於許多網路熱門事件，「查理咬我的手指」的觀看次數並沒有出現一波暴增走勢；它的每週觀看次數只是逐漸增加。2007 年，它的觀看次數是 7,000 萬次，有好一陣子都維持一貫的收視水準，是 YouTube 上最熱門的非 MV 影片。當然，這段影片非常可愛，但是，一如許許多多人都在問的，它為什麼會這麼受歡迎？

有幾個可能的解釋。其中之一是時間和地點；它出現在網路影片史上較不零碎、較少噪音的時期，在被別的熱門影片排擠出場之前有機會鞏固地位。它無疑具備普世的訴求。快速瀏覽一下資料就可以發現，近年來，「查理咬我的手指」在沙烏地阿拉伯和墨西哥的人氣，幾乎和在英國一樣。我認為，這支影片一開始的成功是因為它捕捉到人類經驗中支微末節但能引起高度共鳴的一幕。任何有兄弟姊妹的人（說實在的，包括任何父母在內）都

會對哈利和查理有某種會心的感受。「查理咬我的手指」呈現了熟悉逗趣的真實童年插曲，打動了數百萬人。

　　只要想到就可以看，這點也很重要。可靠的可取得性（reliable availability）是媒體史上一個相對較新的概念，意指我們只要感覺一來，就可以隨時觀看或分享。資料證實了這點；這支影片在出現將近十年後，也就是感覺每個會看的人應該都已經看過之後，每個月仍然有超過 100 萬觀看次數。有時候，在我們需要笑料時，查理和哈利的影片正好可以信手捻來，拿來笑一笑。他們也幫助我們與別人分享那種感覺。藍博把這種每天出現在網路各處的行為稱之為「送給別人的情感禮物，用以寄託某種社會資訊或幽默」。

　　影片經常有助傳達言詞難以表達的複雜情感概念。如果你檢視一下大家分享事物給親朋好友時實際使用的字句，就可以清楚看到這點。「我們看了很多關於身分認同的分享陳述，大家會說，『噢，這支影片說我自己，比我自己說得還要好，』」藍博告訴我。「這句話總括了大家轉傳東西這件事的究竟。」

　　2006 年，十一歲的艾德加（Edgar）和他的表哥費南多（Fernando）在墨西哥蒙特利市（Monterrey）郊區散步，途中要跨越一條溪流，溪流上已經架好兩支獨木。費南多先過，接著是較矮胖的艾德加，他小心翼翼地跨步，但對面的費南多居然開始挪動其中一根木頭，一副滿不在乎，想要讓艾德加失去平衡。「停！老兄！」艾德加驚呼，外加一些激烈的西班牙語髒話。費

南多放下木頭，艾德加滑了一跤，跌進腳下的淺水裡。渾身濕透的艾德加生氣地對他的表哥不斷咆哮。這一切都被他的舅舅拍下來。「艾德加跌倒了」（La Caída de Edgar）成為墨西哥在 YouTube 早期最熱門的爆紅影片，儘管它在英語世界並不知名，基本上它就是拉丁美洲的「查理咬我的手指」（又或許，因為它早兩年出現，我們應該說，「查理咬我的手指」是英國版的「艾德加跌倒了」）。這支影片的觀看次數至少有 5,000 萬次。它有無數惡搞創作。還有人做了網頁，說艾德加要參選墨西哥總統。

我認為，「艾德加跌倒了」受歡迎的原因，超越了真實喜劇的表象。就像許多最佳「跌倒」影片網紅，艾德加代表了所有人。我們都曾有過像艾德加的時候，想對父母、同事或那個認為週六清晨七點是修摩托車引擎最好時間的傢伙大叫：「停！老兄！」艾德加只用了 42 秒，就簡潔有力地詮釋了生活的真相，點出我們面對別人令人火大的無腦行為時的無力感。每當我們需要傳達那股挫敗感，隨時都可以重看「艾德加跌倒了」。

我們渴望、大啖這些把生活化為藝術的隱喻時刻。藍博告訴我，簡單或具體是它們流傳的基本要件；傳達單一訊息的短片或 GIF 動態圖最有效。「這些影片給了大眾留白，」藍博說。「而好萊塢電影絕對沒有留白的餘地。」這些影片不專業、幾乎純屬意外的本質，以及它們的留白角色，讓我們可以透過分享時所添加的脈絡，投射自己的經驗。

「我認為我們應該逃學，去迪士尼樂園，你們覺得呢？」凱

蒂·克蘭（Katie Clem）問她坐在車子後座的八歲女兒莉莉
（Lily）。「你是說真的嗎？」莉莉睜圓了眼睛，一臉不敢置信地
答道。等到她確定爸爸媽媽那天是真的要帶她去迪士尼，她立刻
喜極而泣。這種快樂具有感染力，幾乎讓每個觀眾都微笑。兩年
前，莉莉六歲，她的母親拍了類似的景象：2011 年的「莉莉的
迪士尼大驚喜！」（Lily's Disneyland Surprise!）吸引了數百萬觀眾。
克蘭家能再一次挖中爆紅的金礦嗎？

在「莉莉的迪士尼大驚喜……又來了！」裡，鏡頭在莉莉
歇斯底里的啜泣和兩歲的妹妹克柔依的表情之間輪轉。克柔依側
著目光，盯著莉莉瞧，臉上寫著無動於衷的徹底不解。克柔依雖
然還是個小娃娃，她那尖銳的表情完全道出「這是在演哪一
齣？」的精髓，那正是我們目睹親友不理性情緒爆發時的感受。
「莉莉非常情緒化，總是把感覺寫在臉上，」她的母親告訴 ABC
新聞。「但是克柔依是我的小惡魔。她的態度就像是，『好啦，
無所謂』，我甚至找不到言語可以形容她。」

「側目而視的克柔依」是我最愛的 2013 年迷因之一。大家
擷取克柔依反應表情的定格畫面，以動態圖像分享那一刻，有時
候打上自己的文字做為圖說，傳送給朋友或家人，像是「課堂裡
遇到奇怪傢伙來搭訕時的表情」，或是「# 受夠你的鳥事」，或
是「你不行嗎？」使用的場合非常多。兩歲克柔依的臉被移花接
木到泰勒絲、拉娜·德芮和其他明星的頭像，有圖像，也有 GIF
動態圖。那一年，某則頭條新聞封她為「Tumblr 的守護聖者」。
《17 歲》雜誌把克柔依列入十大經典側目而視名人。

　　克柔依對莉莉的反應是完美的「留白」，讓我們可以傳達我們對時事、流行文化，甚至是日常生活即景的反應。我認為，它精準地捕捉了我們喜歡分享影片的原因。無可否認，我們都曾在某一天是克柔依：

▶| 它是真的，而且它真的棒呆了

　　1980年代，英國製作人、作曲家彼特·瓦特曼（Pete Waterman）、麥克·史塔克（Mike Stock）和麥特·阿特肯（Matt Aitken）為「不論死活合唱團」（Dead or Alive）、「香蕉女皇芭娜娜拉瑪」（Bananarama）等團體寫的歌，陸續成為熱門金曲，成績一路長紅，勢頭正旺。有一天晚上，瓦特曼聽到有個靈魂樂團裡來自蘭開夏的歌手，以渾厚有力的男中音在演唱。瓦特曼雇用他擔任錄音室助理，並允許他自己錄一些毛帶。他有一張稚氣、溫和的臉，因此公司的藝人與製作部主管都不相信錄音帶裡的歌聲是他真實的聲音，還要求他在他們面前親自演唱。1986年，他

和瓦特曼有次聊到瓦特曼的女朋友，這個年輕人問道：「你絕對不會放棄她，對吧？」這句評論成為新歌的靈感，那首歌把二十一歲的瑞克・艾斯利（Rick Astley）捧為國際巨星。「永不放棄你」（Never Gonna Give You Up）在全球各地登上排行榜冠軍，成為該年度英國最佳暢銷單曲。艾斯利後續又發了幾首熱門歌曲，之後在 1993 年退出樂壇，但那完全不是他職涯的終點。

在 2000 年代中期，貼圖論壇「4chan」崛起，成為一個有影響力的社群，發明並傳播迷因。這個使用者普遍匿名的社群，據說是網路最知名藝術形式的發源地；例如，他們是洋涇濱貓圖文（Lolcats）掀起流行的推手。當時，有種掛羊頭賣狗肉騙點閱率的惡作劇正在流傳：一個有著極度吸引人的標題連結，點進去卻出現裝輪子的鴨子。這種唬弄人的把戲或行為就稱為「Duckroll」（四輪鴨）。2007 年，事情繼續發展，有個 4chan 使用者宣稱自己有眾所期待的電玩「俠盜獵車手 IV」（Grand Theft Auto 4）的預告片，但是影片連結卻導向艾斯利的「永不放棄你」MV。這個搞笑之作永遠改變了網路史，引爆最知名的迷因之一，那就是「RickRoll」。

接下來幾個月，「RickRoll」惡作劇傳遍網路各處的論壇。根據轉介流量紀錄，Reddit 最早出現的 YouTube「RickRoll」，時間是在 2007 年 12 月。隔年 3 月，在有人貼文說「RickRoll 的主角艾斯利要求YouTube移除影片」之後，出現兩萬多個回應。那一年，有超過100則 Reddit 貼文（加上將近1,000則評論連結）導向 YouTube 的這支 MV。愚人節那天，YouTube 甚至惡搞自

家首頁，把首頁的所有影片點擊連結都導向這支 MV，因此逗樂
了、也激怒了數百萬人。拜這股熱潮所賜，艾斯利成為粉絲競賽
時用來灌票的常用目標。這首歌被票選為紐約大都會棒球隊
2008 年球季的第八局大合唱曲，而那年秋天，艾斯利以 1 億票
高票當選 MTV 歐洲的史上最佳演出。2010 年開年，奧瑞岡州一
個由眾議員傑佛森‧史密斯（Jefferson Smith）領導的兩黨國會立
法團，花了超過一年的時間，把歌詞用進他們的議會演說裡。規
則是：不可以改變主題，也不可以增加時間，而且必須與演說保
持切題。剪輯完成的影片實在太具娛樂效果，有許多人認定它是
造假，但史密斯向 Yahoo 新聞保證，「它是真的，而且它真的棒
呆了……民主是美事。」

　　「世界上有很多奇特的事，都是因為有人重拾某件事物，然
後有人去推動它，我認為這不過是其中之一，」艾斯利在 2008
年接受《洛杉磯時報》關於「RickRoll」迷因的專訪時表示，
「但那就是網路的精采之處。」那一年，在梅西百貨的年度感恩
節大遊行，艾斯利現場表演了「RickRoll」。他一開始其實還沒
搞清楚整件事的來龍去脈（2007 年，有朋友傳給他「RickRoll」
電子郵件，但他不懂他們為什麼要把他自己歌曲的連結給他），
儘管如此，艾斯利仍然樂於接納這一切（但沒有伺機壓榨）。五
十歲的他，到各地巡迴，就在他發行第一支單曲的三十年後，還
出了一張登上英國熱門榜首的新專輯。

　　「RickRoll」風潮最瘋狂的一個地方就是，不同於大部分人
氣網路熱潮曇花一現的本質，它在第一次浮現之後，熱度仍然持

續多年。「RickRoll」在 Reddit 的數量持續增加[4]，2015 年有將
近 2,000 則發文，評論串裡有將近 2 萬個連結，而且在每年的愚
人節，這首歌的人氣又會暴漲一波：

2015-2016 年，包含「永不放棄你」影片平均相對每日觀看次數

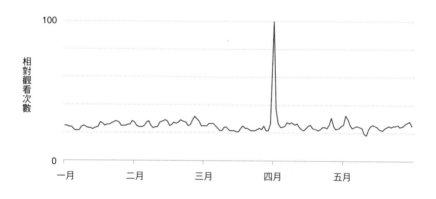

「RickRoll」或許是 YouTube 史上最重要的迷因，不只是因
為它的長壽，也是因為它顯現了我們與娛樂媒體的變動關係。它
完全展現了網路影片特有的互動力。

「永不放棄你」這首歌原來是 1980 年代中期的熱門流行歌
曲創作，歌曲描述一個男子傳揚他對愛人的執著。現在它是網路
怪客的惡作劇。我們這些觀眾在數十年之後，賦予了它全新的意
義，完全是無心插柳。拜數千人（數百萬人？）各自投入的
「RickRoll」風潮所賜，這首歌及艾斯利的職涯在我們的文化裡

有了完全不同的地位。

　　甚至，你也可以說，「永不放棄你」是不是中選，對於這股熱潮的興起其實無關緊要。

　　艾斯利自己也承認。「這有一點奇怪，但是我女兒對我說，『你只要記得，它和你完全無關』，她是對的。這是完全不同的事，它只是自行其道，」他在 2016 年向《告示牌》表示。「我一直要自己從這件事記取的課題就是，這一切只是剛好而已，中選的可能是任何人的歌。」

　　我們現在很可能談的是「轟！」合唱團的「臨走前叫醒我」（Wake Me Up Before You Go-Go），或是 DeBarge 的「夜之旋律」（Rhythm of the Nights），或是星船合唱團（Starship）的「我們打造了這座城市」（We Built This City），甚至可能是菲爾・柯林斯的「速速迪歐」（Sussudio）──也就是說，我們會對被耍的人說「你被『速速迪歐』了」，而不是被「RickRoll」了。

　　「永不放棄你」在我們生活裡所扮演的新角色，比迷因是哪一首歌更重要。

　　這首歌在我們生活裡的目的，是讓我們能與他人互動，對他人胡鬧一下。那是我們喜歡它的原因。許多不尋常的風潮和迷因，之所以受到我們喜愛，或多或少也與此相仿。它們的存在是為了促進我們的人際互動。

|◀ ‖ ▶|

我不確定我是從什麼時候停止自問我為什麼要分享某個
事物，也不自問我分享的事物對我有何意義。大概是在
2002 年我在即時通（Instant Messegner）自我介紹放上日
本歌曲「好耶！」（Yatta！）的連結，以及 2009 年在推
特發饒舌歌「必勝客和塔可鐘組合」（Combination Pizza
Hut and Taco Bell），這兩件事之間的某個時候。也就是
說，和大部分人同時間。藉由分享影片（還有其他媒
體）與他人互動，已經成為我們的第二天性，我們很少
停下來思考，某個轉瞬即逝的影音片段，如何幫助我們
表達身分認同、總括複雜的情緒、創造連結的機會，或
進入新的社群經驗。即使我們沒有發覺，但這些在網路
上迅速流傳的短片和發燒影片，正是以這些方式傳遞價
值。這並非隨時間演變而成的行為；它幾乎是立刻成
形，即使在諸如 YouTube 等平台讓它變得輕而易舉之
前，就是如此。由於這些行為的習得如此快速、如此自
然，我有時候認為，利用影片的可取得性和可攜性，擷
取這些特定價值，或許是出於本能。

落水男孩、拖行披薩的老鼠，以及對姊姊側目而視的兩
歲小女娃，隱藏在它們背後的事實是，它們沒有一個是

靠著創意的天才而出名。之所以能贏得人氣，是因為它們開闢了讓我們彼此溝通和互動的新途徑。我們個人的互動和個人身分認同的表達，塑造了這些影片和迷因的意義，也是它們能衝高人氣的動力。在我們手中，看似支微末節的內容，從它們所開啟的互動而變得重要。

藍博對我表示，由於我們與內容的互動方式使然，我們現在與網路影片之間有一種複雜的關係，我們對它們也有一種所有權感，而這是如電影、電視節目等其他媒體形式不可能出現的，即使是我們喜歡的媒體也不例外。這是真的。這些影片對我們而言，扮演了更個人化的角色，因為我們能夠用它們抒發我們自己的觀點或感受。這種互動性是 YouTube 之所以能脫穎而出成為媒體的重要原因。

一如許多新媒體，YouTube 也產生了一幫只有在這個國度才能崛起的明星。這群網紅理解這個世界獨特的特質，精通於如何觸動讓大眾感覺與自己切身相關的互動。他們擷取影片的成功元素，以此建構更宏大的事物。一如對我們所觀看的影片，我們對他們也有一種連結，遠深過我們與電影明星或電視人物的連結。

本章注釋

1　在這裡重溫一下，影片描述羅素向他五歲大的兒子解釋那場衝突，並從他在非洲遇到的人的角度，講述 L. R. A. 的故事，包括他的朋友傑科布（Jacob），一個他認識十年的 L. R. A. 脫離者。

2　唯一打破這個紀錄的，是一年後 PSY 的新曲 MV「紳士」。

3　藍博出名的事蹟之一，就是他率先採用引來罵聲一片的 BuzzFeed「清單文」（listicle），在某段期間成為幾乎躲都躲不掉的版式。此外，依照完全揭露原則，我必須指出：藍博在 2013 年離開 BuzzFeed 後不久，幫助我創造、開設「YouTube 合眾國」（YouTube Nation）頻道。

4　Reddit 史上最熱門的「RickRoll」新聞如下：「YouTube 正式更改艾斯利的『永不放棄你』的連結網址，以把『gIveyouUP』納入網址（網址即『give you up』，意為『放棄你』）」（2015 年，17 萬 5 千個「RickRoll'd」）；「悲傷的一天──原來的艾斯利影片終於因為主張版權而從 YouTube 下架」（2014 年，20 萬個「RickRoll'd」）；「唐‧麥崔克（Don Mattrick）為 Xbox One 是個失敗產品、無法達成顧客的標準而道歉」（2013 年，20 萬個「RickRoll'd」）

((12))

新品種明星

我人生中的第一個 VidCon 是在 2011 年，地點是洛杉磯凱悅麗晶飯店，而那也不過是有史以來的第二場 VidCon。VidCon 是在加州舉辦的網路影片迷與產業的年度大會。那一次，大約有 2,500 人出席。我是 YouTube 主題簡報的司儀，負責介紹我們的高階主管，還有來賓，如喬‧潘拿（你可能還記得他是「神祕吉他客」）、視影部落客明星夏‧卡爾‧巴特勒（Shay Carl Butler）、每日影視部落格系列 CTFxC 影視名人查爾斯‧特里皮和艾莉‧史畢德（Alli Speed）。

前一天晚上，我們全體集合，走一次簡報流程。那真是奇特的一幕。感覺像是亂無章法的高中舞台劇彩排，只是把一幫狀

況外的孩子換成 YouTube 影視部落客、我、YouTube 當時的執行長薩爾拉・卡曼加（Salar Kamangar）、我們的兩位製作主管，和一位資深營運主管。這位營運主管似乎對於在大庭廣眾下講話（其實是任何規模的一群人）感到不自在，光是看著這個可憐的傢伙，就讓我覺得惶惶不安。那時，我來 YouTube 還不到一年，而就像公司其他人一樣，我對於網站的創作者社群還摸不太透。這些網紅的名氣，不屬於我們之前看過的任何類型。我們大部分人很難打從心底真正把他們當一回事。一般大眾才剛理解到，爆紅的病毒影片是一種流行現象，在他們的粉絲社群之外的大部分人，以及觀察力敏銳的產業人士，即使看了老半天，還是認為這些增長迅速的創作者，只不過是難以理解的一時狂熱。

那一晚我終於開始理解，我狹隘的名人觀和粉絲觀已經落伍了。我們結束笨拙的彩排後，從會場大門離場，這時有一群興奮的青少年朝我們迎面湧來，和我們打招呼。他們聽到消息說，有一群他們最喜歡的網紅全部都在同一間會議室，因此希望可以見到他們，向他們要簽名。那一刻，那一群娃蛋看起來就像正宗的娛樂專業藝人，而我們這些 YouTube 員工就像不相關、笨拙的雜工。我堂堂一個二十七歲的小伙子，卻像個老頭子，那感覺很不自在。

那個週末，各個年齡層的人（雖然多半是青少年）齊聚會場，為這一幫全新品種的明星拍照，和他們一起拍自己的影片。這些創作者感覺不像《時人》雜誌的名人，他們沒有保鏢，也沒有公關代表，但他們所引發的粉絲情緒，洶湧的程度，我之前只

在職業運動員和歌手身上看過這等能耐。身為爆紅影片迷，我自己是在見到拍「雙重彩虹」影片的瓦奎茲和歌曲「巧克力雨」（Chocolate Rain）的泰伊‧桑迪（Tay Zonday）時興奮失控。

隨著時間推移，隨著 YouTube 才華非凡的創作者爆增，VidCon 也瘋狂成長。活動場地後來必須轉移陣地，從凱悅飯店換到安納罕會議中心，才能容納得下與會人潮。2015 年，我走出某場業界派對，走在法恩兄弟中間。我們和另外一群 YouTube 網紅一道走下狹窄的飯店走廊，走廊上有一群熱情的高中生在排隊，迫切地渴望觸摸到他們最喜歡的創作者。那景象實在驚人！

2016 年，我已是 VidCon 老手，有一場由在 YouTube 十年的創作者所組成的小組討論會，我被指派擔任主持人。那年有超過 2 萬 5,000 人參加大會，沒有辦法把所有的人都聚集一堂。和這次排隊的人龍相比，2011 年在我們旅館會議室外排隊的隊伍，短得可笑。

但是在這一屆，比較大牌的網紅都有了保鏢。事實上，大會甚至禁止一線網紅在現場走動，與粉絲互動，因為怕引起推擠。儘管我對這新一代的網紅已經熟悉得不得了，也深知他們的文化影響力和力量，但是在現場親眼目睹，對我還是不斷產生強烈的衝擊。

我一直以內部人的角度，看著這個演進過程逐漸推展。在專業職責不是研究這些事物的人看來，這一切必然讓他們目瞪口呆。我在想，對於門外漢來說，這一切該是如何奇特又陌生。我必須見見完整體驗這種錯亂的外部人士。

我必須見見一些爸爸。

如果爸爸也有軍隊裡的那套勳章獎勵制度，帶女兒參加 VidCon 絕對可以獲頒傑出服務獎章：在滿場自拍神器和繽紛七彩頭髮的人海裡，度過充滿吶喊、尖叫和排隊的三天。要找到願意聊聊的爸爸，出奇地容易；他們大部分都渴望能有個大人與他們真正對話。

「你在現場可以看到觀眾，」五十歲的爸爸塔希爾（Tahir）對我解釋，「一切不只是一個數字。我了解。」[1]「我不知道它這麼受歡迎，」五十歲的艾瑞克告訴我，「我女兒都快要哭了，而我想著，這是怎麼一回事？！」他和另一位為了這個活動從墨西哥市來到這裡的父親簧·卡洛斯（Juan Carlos）都有女兒，而女兒們那一週的主要目標，就是見到二十一歲的演員和影視人物梅格·丹格莉絲（Meg DeAngelis）：她是新起之秀，發布的影片從短篇喜劇、時尚到美容小撇步，各式各樣都有。爸爸們沒有怨言，但是他們對於周遭的歇斯底里似乎有一點疑惑。

「我們需要參照對象。我還是小孩子時，參照對象就是電視上的人，」卡洛斯說，「這是下一代，不是千禧世代，而是它的下一個世代。這對我是挑戰……但我不想批評。我女兒在這裡很開心。」[2]

對許多父親來說，VidCon 才剛成為最新的年度家庭假期目的地。「我女兒告訴我，『這是所有假期當中最棒的一個』，」四十七歲的威爾說，「我認為那很好。來這裡的花費和去夏威夷根本不能比，而且在夏威夷時，他們在那裡覺得很無聊。而這裡

是室內活動。」#爸爸英明

　　但是對有些父親來說，這成為理解孩子所迷上新奇事物的機會。這些新型明星能夠鞏固主流地位的最大跡象，或許是他們在父母輩眼中也開始變成主流。

　　「這裡令人大開眼界，」五十四歲、來自鳳凰城的傑夫說。這是傑夫第一次參加 VidCon，他那天早上七點到，和女兒一起排隊，要與大會創辦人格林兄弟見面。「在 1970 年代，這是搖滾音樂會的場面。粉絲如痴如狂。有一股狂熱。他們會跑上前去，抓他們的 T 恤、他們的頭髮。他們就是想要帶走偶像的一些什麼。現在更為開放。這件事的重點在於得到社群的接納。」我遇到的許多父親都提到，他們的孩子每天使用的科技，和他們成長過程中的完全不同，而因為這些科技，孩子與他們在會場要看的名人之間，能夠建立不同類型的關係。行動裝置的即時通訊讓隱私愈變愈少，這是他們所擔心的，但是有這樣的接觸管道，要與明星的交流及與其他的粉絲建立社群感，也變得更容易。

　　「我兒子和我以前都是去棒球場。現在和女兒則是：夏恩‧道森（Shane Dawson）、丹與菲爾二人組（Dan and Phil），」五十五歲的丹告訴我。「這是父母應該做的事。這讓人筋疲力盡，但是你和小孩一起從事活動，我盡量隨遇而安。」我在簽名大堂外面遇到丹，他正在等他十五歲的孩子從「傑克迪恩二人組」（Jack and Dean）的見面會回來。「傑克迪恩」是二十歲出頭的英國喜劇雙人組合。他決定這一場不參加，在旁邊等就好，不過那天稍早，他和女兒一起參加了一些簽名會。他滔滔不絕地說出他

們的名字：女子組合「西莫瑞里」（Cimorelli）、索耶・哈特曼
（Sawyer Hartman）、葛瑞絲・赫爾比希（Grace Helbig）。雖然丹成
長於只有三台的年代，但他知道這是怎麼一回事。有些創作者極
盡爭取注意力之能事、口出穢言，讓他覺得倒胃口，不過有些創
作者真的讓他很欣賞，像人氣喜劇演員和主持人赫爾比希就是。
不過，他和女兒一起見到她時，他刻意不動聲色，表面保持冷
靜。「如果我告訴葛瑞絲，我五十五歲，我是她的粉絲，我想這
會很奇怪，」他說。我確信他女兒很感謝老爸的自制。

　　如果有人認為這些創作者不是「真正的」名人，這種想法
早就已經和現實脫節了。在 VidCon 的那些孩子，一定會覺得這
種想法荒謬可笑。現在，連爸爸們都把網紅現象看成新常態。

透過像 YouTube 等平台崛起的新型明星，VidCon 的創
作者其實只是一小部分。比方說，重混製作人、液壓器
和 ASMR 師等，通常不開簽名會，流行明星或具影響力
的權威專家則通常不參加粉絲「大會」。但是，像赫爾
比希或「丹和菲爾」等超高人氣 YouTube 明星，他們的
名氣是以社群為主，而驅動這些社群的動力，也會影響
YouTube 內外的名音樂家、喜劇演員、演員、記者和運
動員。

過去的明星，透過家家戶戶都有、有限的廣電媒體頻道，打開知名度。那個時期，要站到聚光燈下比較困難，但是由於雜音相對較少，成名之路較能夠掌握。在只有三台的世界，如果你出了名，你差不多就是家喻戶曉的人物。由於社群娛樂和傳播平台提供的是個人化閱聽內容，而非給人人都看同樣的內容，今天的父母所接觸的臉孔和聲音，非常不可能和子女的一樣，除非他們特別對那些事物有興趣。

YouTube 創作者是相當現代的現象，但是在網路之前的歷史裡，當然還是可以找到一些相似的事物。有趣的是，今天的明星與美國早期的名人班‧富蘭克林有更多相似點，甚至更勝於我年輕時期的許多名人。富蘭克林在歷史上的地位，是美國建國者和發明家，但他是以報業人起家的。童年的他在印刷廠當學徒，青少年時，在殖民地第一家獨立報社已經小有名氣〔偽裝成以「默默善行」（Silence Dogood）為筆名的中年寡婦專欄作家〕。二十二歲時，他自己辦報，自己當發行人，藉由他的文章和論述，提升了他的公眾知名度。富蘭克林是一個難以形容的名人，以分享自身對人生和時事的思考而聞名，他自己決定要寫哪些主題，他管理自己觸及閱聽大眾的管道。聽起來很熟悉嗎？

當然，我並不是主張，受歡迎的網路影片創作者能夠達成與美國建國者同樣重要的歷史地位，但是「難以界定」的人物透過頻繁、沒有門檻的自我表達，以達成文化的公信力和影響力，這個概念並不是新的。其他例子還包括：成為媒體寵兒的職業拳擊手穆罕默德・阿里（Muhammad Ali），還有脫口秀主持人歐普拉。

什麼是新的？有一件事是新的，那就是今天的藝人不需要擁有報紙、一線電視節目，也不需要成為職業運動員，就能觸及閱聽觀眾。他們採取不尋常的成名新路徑，而且他們的成功所運用的技能，通常與我們對「藝人」的傳統想法大相逕庭。因此，我們與他們的關係也會相當不同；粉絲的角色遠比過去更加活躍。這些之所以可能，背後的推手是我們與彼此、與觀看內容互動的新方式。一整代的藝人已經崛起，他們的身上很少有過去藝人的影子。

▶| 當你走過普羅沃大道，放眼盡是明星

我最喜歡的 YouTube 早期成功故事裡，有一個是從烏拉圭的首都蒙特維迪亞（Montevideo）開始的。[3] 蒙特維迪亞算不上是電影人才的溫床，而是三十一歲電影製作人費德・阿瓦雷茲

（Fede Alvarez）的短片「恐慌發作」（Ataque de Pánico!）裡外星機器人攻擊的設定場景。它的製作預算是 300 美元，阿瓦雷茲用自己的電腦處理視覺效果。阿瓦雷茲原本以為他以後的職涯會一直在烏拉圭，但是在 2009 年，影片發布後沒幾天，他的信箱塞滿了美國電影大廠、人才經紀公司的詢問信。那支影片傳遍了好萊塢，這多半要特別歸功於肯伊‧威斯特，他在他當時深具影響力的部落格上特別提到這支短片。在一趟洛杉磯之旅後，阿瓦雷茲與創意藝術家經紀公司（Creative Artists Agency；CAA）簽約，並與導演山姆‧雷米（Sam Raimi）的製作公司敲定一件案子。他的第一支電影長片，在四年後發片，是「鬼玩人」（Evil Dead）的重拍版，由他編劇和執導。這部電影的預算是 1,700 萬美元。

2000 年代晚期，根基深厚的娛樂產業對於新興人才求才若渴，網路成為新創意的新源頭，無法進入好萊塢或紐約公司董事會的創意人都在那裡。這些新星的賭注也較低，因為他們已經在一個競爭激烈的環境裡證明自己的能力。YouTube 成為主流媒體的人才庫，改變了大部分歌手、劇作家、演員、喜劇演員等大紅大紫的可靠路徑。在網路上，一個真材實料的藝人，自己就能脫穎而出。

首當其衝的領域是音樂產業，一如你可能已經想到的。畢竟，世界最紅的流行明星之一小賈斯汀，就是透過 YouTube 選秀表演影片被挖掘的。葛瑞森‧錢斯（Greyson Chance）、「到暑五秒」（5 Seconds of Summer）、尚恩‧曼德斯（Shawn Mendes）、艾莉西亞‧卡拉（Alessia Cara）等等，一班有模有樣、人數不斷成

長的年輕藝人，在社群媒體上闖出名堂，而不是透過廣電節目。
即使一開始是透過傳統頻道曝光的新臉孔，也能藉助於網路，培
養規模驚人的粉絲群，這是受網路的互動本質所賜。大型電視節
目值得回味的片段，可以擷取出來，放在網路上，讓數百萬不是
電視固定觀眾的人重播、分享、再發現，幾天內就可以造就出一
顆明星。例如 2009 年，「英國達人秀」（Britain's Got Talent）創造
的蘇珊大嬸旋風。關於誰能勝出，閱聽觀眾扮演的角色突然變得
遠更為有影響力。

群眾的網路行為所捧紅的藝人，經常讓主流星探僵化的分
類和直覺看起來變得不靠譜。例如，傑夫・鄧姆（Jeff Dunham）
是穩健發展多年的成功藝人，但他是腹語術表演者這件事，讓喜
劇中心頻道對他的投資一直很有限。當他的「死掉的恐怖分子阿
赫米德」（Achmed the Dead Terrorist）中的角色在網路上造成轟動，
鄧姆不但衝上喜劇排行榜第一名，他的表演也成為北美單口相聲
表演的票房最高的節目之一（這時，腹語術看起來也就不再那麼
老派）。琳西・史特林（Lindsey Stirling）以「嘻哈小提琴手」之
姿在「美國達人秀」（America Got Talent）節目打進八強，但評審
告訴她，她不能自己擔綱演出節目。他們認定，她結合舞蹈、電
子節奏和小提琴的罕見組合，無法做行銷。後來，在發行了幾張
暢銷專輯、累積了 15 億觀看次數後，史特林成為我們的招牌人
物，宣示著叛逆獨立藝人也能以無中介機構的方式找到熱情的粉
絲群。「我之前試過許多方式，想要把我的音樂傳出去，但這一
行有太多守門人，沒有人認為我值得投資，」史特林在一場專訪

裡說。「在把一支影片發布在一個熱門 YouTube 網頁後，我的音樂的銷售開始動了，而且大家還想要更多，於是我體認到，我終於找到一個世界，在那裡我不需要等待別人相信我。我可以相信我自己，讓粉絲來決定我是否夠格，而不是專業人士。」

　　對於那些身懷才藝、但在主流娛樂先入為主的框架無法找到明確分類的人，或是不想和娛樂業打交道的人，YouTube 成為他們的前進之路。這意謂有才華的人可以在紐約、洛杉磯、倫敦、東京和香港等專業製作集中地點以外的地方蓬勃發展。

　　YouTube 網紅另一個令人意想不到的集散中心是猶他州（Utah）。所謂的「猶他客」（UTuber）社群出了許多知名頻道，前文已經提到的 Blendtec 和琳西・史特林就包括在內。我第一次聽說關於猶他客的種種，是因為一些楊百翰大學（Bringham Young University；BYU）電影科系學生引起我的注意。要是過去有人和我說，在網路影片世界裡，BYU 作品的影響力可以和 USC（南加大）相比，我一定會問對方，你在前往薩摩亞的旅途中，究竟是吃了哪一種迷幻蘑菇。但是楊百翰大學所在的普羅沃（Provo）也是德文・葛蘭姆（Devin Graham）之輩的臥虎藏龍之地。葛蘭姆以他壯闊、風格別具的冒險影片而聞名，影片內容包括高空滑索、水上噴背包、超大繩索鞦韆和滑水道等。他在印度灑紅節拍攝的「色彩嘉年華」（Festival of Colors）影片，有好幾年都是 YouTube 每一支行銷花絮影片的主要畫面，甚至有一款專業品牌的相機腳架系列以他命名。「大家都以為非得到洛杉磯才

能成功，但事實並非如此，」他告訴《廣告週刊》。還有數十個
非常成功的頻道，從有人稱之為「矽坡」（Silicon Slopes）的這個
地方萌芽。

　　這些影片是以廣大的閱聽觀眾為訴求，這點也有助於頻道
的成功。葛蘭姆致力於讓他的影片沒有語言障礙，而且適合闔家
觀賞。在娛樂講求原汁原味的年代，許多猶他客頻道提供了在全
美國反應良好、易於分享、而且品牌親善的健全選擇。育碧
（Ubisoft）軟體、迪士尼、賓士、激浪汽水（Mountain Dew）等知
名廠牌的廣告主都是葛蘭姆拍片的資金贊助商。雖然企業通常不
願意與惡作劇搞笑者合作，猶他派的惡作劇頻道，如史都華‧艾
奇（Stuart Edge）卻得到本田和土耳其航空的贊助。大家或許會認
為，要在網路上吸睛，就必須走偏鋒，但是猶他客證明事實正好
相反。我認為，那種健全度多半要歸因於他們有許多人從小到大
都浸淫於摩門教信仰。我有次問一個高人氣的摩門教影像網誌
客，為什麼有那麼多猶他州人都是成功的 YouTube 創作者，他
認為勤奮的摩門教徒通常富有創業精神，而這是經營成功的
YouTube 企業所需要的。

　　YouTube 實現了一種情境：講到擷取注意力、展開藝人職
涯，在這裡，勤奮比運氣、時機、甚至美貌更重要。對某些人來
說，YouTube 成為一條道路，通往曾經看似遙不可及的職業機
會，但是對另外有些人來說，YouTube 本身就是機會，它是一個
你可以與閱聽觀眾交流的環境，而且受眾規模大到足以讓你的創
意工作繼續支持下去。

　　儘管人人都有機會接觸到大眾，並不是每個人都能建立自己的閱聽觀眾群。要建立自己的閱聽受眾群，需要以完全不同的觀點看待與受眾的關係，此外在與觀眾互動方面，也需要一套完全不同的技巧。

▶│ 網紅的代價幾何？

　　「我們現在在佛羅里達州首府塔拉赫西（Tallahassee），我其實不太確定要怎麼做這些影像網誌之類的東西，」坐在汽車乘客座位的查爾斯‧特里皮（Charles Trippy）對著鏡頭說。「我確定只要我一路往前走，我會做得愈來愈好。基本上，我打算每一天都要做一則影像網誌……至少維持一年。」他把這段影片標示為他所謂的「網路殺了電視」（Internet Killed TV）系列的「第 1 日」。那一天是 2009 年 5 月 1 日。

　　2013 年 8 月 12 日，特里皮發布「第 1565 日」，成為金氏世界紀錄每日影像網誌連續天數的保持人。[4] 也在搖滾樂團「吾輩王者」（We the Kings）當貝斯手的特里皮，用這些大約每集 10 分鐘的影片，大量分享他的生活。第 934 日，特里皮和女友艾莉‧史畢德（Alli Speed）結婚了。（他們的婚禮成為 Twitter 的熱門話題）第 1029 日，特里皮在一場昏迷後，從愛達荷州波夕市的急診室裡發布影像網誌。第 1030 日，他透露他被診斷出有腦瘤。第 1041 日，特里皮的妻子陪伴他進行他第一次的手術。第 1061 日，腦瘤復發後，外科醫師允許他在影像網誌上分享他大腦右前

額葉的寡樹突神經膠細胞瘤切除手術。第 1803 日，特里皮宣布與史畢德分居，這一刻讓他的觀眾震驚，也分化了他的觀眾。不過，大部分的日子都是較不那麼戲劇化的時刻：家事、跑腿辦差事、遛狗等。「網路殺了電視」就像是真實世界的電影「楚門的世界」，而在二十一世紀的各類型影片製作者中，特里皮是一個極端例子，在許多痴迷的觀眾眼中，或許是比傳統娛樂更有吸引力的選擇。「一端是迪士尼頻道的淨化娛樂，另一端是 CW 電視網過度腥膻的世界，這些影像部落客填補了這兩端中間的真空地帶，讓觀眾一窺趣味、好笑，但通常平凡單調的成人世界，」流行文化評論家卡洛琳・席德（Caroline Siede）寫道。「如果實境電視讓瘋狂者成為明星，YouTube 則是讓相對平凡的人成為明星。」

特里皮的節目直接訴諸現代人對於對話式、真實娛樂的期望。儘管形式是新的，對於這類互動的渴望，或許一直都存在。「我認為人在本質上需要彼此；我們需要溝通，我們需要交流，我們需要感到有人理解我們，那是影像網誌最終的作用，」長青YouTube 網紅巴特勒在 VidCon 的一場小組討論裡告訴我，「它是現下最不矯揉造作的娛樂形式。」

在好萊塢的黃金時代，赫妲・霍珀（Hedda Hopper）和蘿艾拉・帕森斯（Louella Parsons）之類的八卦專欄作家，是娛樂產業最有權力的重要角色之一。他們擁有大約 7,500 萬讀者群，對藝人的職涯掌握生殺大權，不只是透過叫賣腥膻小道趣聞，也控制了粉絲與他們最喜愛的明星在個人層面建立連結的唯一窗口。即

使在當時，我們所喜愛藝人的幕後故事和對他們生活的真實窺探，也創造了重要連結，讓我們不斷買票進場、打開頻道收看。

　　社群媒體的年代已經把這件事帶入另一個層次。現在，你不需要八卦專欄作家。事實上，YouTube 創作者經營第二個頻道的人比比皆是，就是為了滿足這種交流的需求。第二個頻道通常用於個人影像網誌和幕後花絮影片。大部分創作者都認為，要創造粉絲要求的全方位 360 度體驗，這是一項重要策略。以琳西‧史特林為例，她有一個「琳西時光」（LindseyTime）頻道，用於分享她的巡迴演出和拍攝工作的後台插曲和訊息。即使是「輕聲細語」的瑪麗亞，也有第二個頻道「瑪莎不設限影像網誌」（Sassy Masha Vlogs）。在這個頻道，她多半用正常音量講話。

　　不曾在 YouTube 上發布每日娛樂的人可能會暗想，這到底有什麼有趣的？這不是每個人都可以做嗎？沒錯，事實上，你可以說，任何人都可以抓起相機，記錄生活。平常，一天有超過 4 萬筆影像網誌上傳到 YouTube。[5] 如果真的全部看完（這是不可能的事，因為你會需要大約六個月才能看完一天的影片量），我認為這會像是人類經驗的靜脈注射，在昂揚與低潮之間種種感受的驚人濃縮。不管是比喻上或字義上，它的體驗都比任何傳統媒體提供的來得更多元。「對於有色人種來說，這是一個入口網站，能找到其他地方都看不到的真實故事，」喜劇演員／演員／作家法蘭翠絲卡‧蘭賽（Franchesca Ramsy）在訪談裡說。「如果你在 YouTube 上找不到你的故事，你就錄下你的故事。」換做是二十世紀的廣電技術，你不可能說這種話。

　　但是，我認為許多人都低估了創造這些真實無偽的互動體驗所需要的技巧。它需要什麼條件？首先，必須堅持致力於許多人都會覺得極端的持之以恆的溝通。青少年粉絲尤其期待經常得到 YouTube 創作者的回音，若不是每天，至少也要每週發文、回覆留言，還要經常分享個人點滴，以維持真實感。不是每個人都能維持下去。如何分享自我到足以展現真實，又要不危害自己的個人生活或職涯，這是一門玄奧的學問，而網路傳播研究人員發現，即使是數位原生代的名人，都要費一番功夫摸索。

　　我看過許多創作者與這種新類型曝光的心理學奮戰。傑西・威倫斯（Jesse Wellens）和珍娜・史密斯（Jeana Smith）是 YouTube 極受歡迎的一對，他們在 2016 年宣布，在長達十年的約會、在他們的「男朋友 vs 女朋友」（BFvsGF）頻道六年不間斷地發布影像網誌後，他們就要分手，結束每日影像網誌。造成他們分手最大的元凶之一：以如此無止無休、毫無保留的方式分享他們的生活。「每一天都要拍攝你的生活、當晚剪輯、第二天早上發布，這不是健康的生活方式，」威倫斯在一段影片裡如此說。他不願意拍這段告別影片，又覺得應該給那些他辜負的觀眾一個交待。「一開始很有趣。那感覺很棒。我很喜歡，我現在還是很喜歡。但是當事情到了像在工作的地步，當你做這些事不再是因為你感覺你愛對方，而是為了影像網誌，這對關係造成沉重的負擔。」

　　傳統的名人不常顯現這種脆弱的一面，不過當然還是有例外。但是觀眾已經把這種透明度幾乎視為 YouTube 網紅的要件。

　　「在我製作影片這五年來，錢一直是我刻意避開的話題，」2015 年，超級 YouTube 遊戲網紅菲力克斯・謝爾貝里（Felix Kjellberg，即「PewDiePie」）在給粉絲的「我們來談錢」（Let's Talk About Money）影片裡說道。幾天之前，他的母國瑞典有一家報紙批露，他去年的收入是 7,400 萬美元，這條新聞在無數網站上轉載，成為社群媒體的熱門報導。「我不會假裝這件事對我不重要；這件事對每個人都很重要，」他說。

　　謝爾貝里從大學生時期開始做影片。靠學生貸款過活的他，幾乎買不起一台能錄製打電玩實況影片的電腦。大家都知道，他辦了休學，在一家熱狗攤兼差，存錢支付他的嗜好，也就是拍有趣、世俗的「大家一起打電動」影片，而在當時，這條路看不到清楚的「錢」景。當時有一些靠影片打造職涯的 YouTube 創作者，但沒有一個是電玩遊戲玩家。五年後，謝爾貝里在他的「兄弟大軍」（Bro Army）社群裡，回答了粉絲問到他從招牌電玩遊戲評論賺了數百萬美元的問題。「我猜，在事到臨頭之前，大家都沒有真正想過，我的 90 億觀看次數能換到別的東西，」他坦承道。「我的影片有廣告，我從那裡賺錢。因此只要公布我在某一年賺了多少錢，大家都會被嚇到。很多人也因此非常、非常生氣。他們認為這不公平，他們認為我只是在這裡坐一整天、對著螢幕吼吼叫叫。那倒是真的，」他一邊狂笑，一邊說。

　　只是對 YouTube 創作者有所耳聞的人，很可能都聽過「PewDiePie」的名號。[6]謝爾貝里的頻道擁有 5,000 萬名訂閱者，是 YouTube 最大的頻道。2016 年，他的頻道的全球訂閱者人數，

比 YouTube 訂閱者最多的兩位流行藝人小賈斯汀和蕾哈娜加起來還多。全世界只有二十六個國家的人口數超過 PewDiePie 的訂閱者人數。

我不記得自己關心過我最愛的樂團或演員或電視人物賺多少錢。（我認為大部分人通常都誤以為，我們在廣播上聽過、在電視上看到的每個藝人都日進斗金）今天，像謝爾貝里之類的人與他們的粉絲之間，關係變得不同，不像我們與好萊塢明星之間那麼有距離，但又不像個人友誼那麼直接，而謝爾貝里關於他的經濟生活坦白到驚人的對話，正是這種關係的產物。這不是他想要的對話，這是他必須做的對話。那是粉絲熱愛他的原因。

儘管謝爾貝里是最著名的例子，其他 YouTube 明星的財務數字一公布，也引發了從支持、懷疑、沮喪、背叛等各種反應。大部分人只是震驚。這種「任何人都可以做」的 YouTube 美學，當然是一種虛實參半的幻象，一般觀看者很少能體會 YouTube 頻道要成功所需要的技能。拍 YouTube 影片這件事看起來如此簡單或愚蠢，而做這樣一件事的人，這個世界居然給他這麼豐厚的報酬，我們看了忍不住搖頭。

超級粉絲的情緒可能落入遠更為複雜的境地。關於金錢的討論，打破了我們在這裡所稱的「第五道牆」（the fifth wall）：也就是我們相信，與我們交流的人物「就和我們一樣」，我們與他們的關係，與我們和真實世界裡那票多半沒有數百萬美元收入的朋友一樣親密。儘管許多粉絲樂見他們最愛的明星賺大錢，有些粉絲卻會產生內心的衝突，因為他們覺得自己捧紅了某人，卻一

點好處也沒有得到。

　　要徹底探索這件事是一項困難的挑戰，而我們大部分人都沒有這個本事。即使是最有才華的創作者和社群管理者，都會遭遇閱聽觀眾的反感，更糟的是粉絲出走。在 YouTube 這樣的空間脈絡下，要真正理解在其中「成名」是怎麼一回事，需要對現代粉絲現象有更多面向的理解。

▶| 青少年的動員力

　　2008 年有一場競賽，就是看哪一支影片會是第一支突破 1 億觀看次數的影片，這是過去不曾想見的數字。在擂台上的其中一個角落，是經典發燒影片「舞蹈演進史」；另一個角落呢？是加拿大創作歌手艾薇兒・拉維妮（Avril Lavigne）的歌曲「女朋友」（Girfriend）的音樂錄影帶。儘管「舞蹈演進史」在網路影片名片堂裡已經占有一席之地，雖然它不見得經得起時間考驗，但是，現在絕大多數人應該都想不起來「女朋友」裡的任何一幕。大部分人都會以為，「舞蹈演進史」會得到勝利。我的意思是，每個人應該都看過。但是，優勝者是「女朋友」，而網路從這件事學到的第一課就是：青少年的動員力不可小覷。拉維妮的狂粉團發起了一項活動，要為他們的偶像拿下這座勝利的紀念里程碑。事實上，有人甚至做了一個自動刷新網站，幫忙灌票。拉維妮有個超級粉絲在布告欄裡發帖說：「不管你是在上網、準備考試，甚至是睡覺的時候，都讓這個網頁開著。幫這個網頁開兩個

或更多瀏覽視窗，就能增加觀看次數戰力！」在有一次完全與這件事無關的討論裡，奇斯談到「小賈迷」（小賈斯汀的粉絲）如何找到門道，操縱 Twitter 的熱門趨勢演算法，他說，「如果你要和十四到十六歲的女生兵團對抗，你要面對的，是全世界最驚人的平行處理運算電腦系統。」

促進、運用粉絲社群的力量，已經成為新階層藝人的必備技能。與傳統名人形成強烈對比的是，粉絲社群讓人感覺像是網紅的黨團會社。要成為明星，不再需要像流行文化般家喻戶曉。不過，失去的整體知名度，卻有互動的深度彌補。換句話說，現在有更多名人是我們沒聽過的，但是我們對於喜歡的名人，往往比對其他名人遠更為熟悉，也有更多機會與他們交流。

2006 年，《連線》雜誌當時的總編輯克里斯‧安德森（Chris Anderson）把這種現象描述為名人的「扁平化」。「名人變得更多，因此名人在本質上也隨之貶值，」他說，「我們正邁向微暢銷（microhits）和迷你明星（ministar）時代，你的名人可能不是我的名人，你可能也沒聽過我的名人。」大約在同時，雷克斯（Rex Sorgatz）在《紐約》雜誌裡用「微成名」（microfamous）一詞描述這個正在發展的現象：「微名氣（micrfame）是知名度的獨特類別，是指主體和『粉絲』直接參與名氣的創造。微名氣延伸至創作者的作品集之外，涵蓋留言評論、發表回應影片、發送電子郵件、以連結打造網路名聲的社群。」

回首 2006 年，這些互動似乎是 YouTube 使用者與他們喜愛的人物之間交流的附屬體驗。但在往後這些年裡，隨著社群媒體

平台的拓展，以及平台的使用變得普遍，我們的網路行為也助長了這個現象。我加入 YouTube 時所體認到的頭幾件事，有一項就是評論、分享等所有會讓你對一個更大的社群產生歸屬感的所有事情，事實上都代表了主要體驗。內容通常排在這些後面。這表示，建立有意義的連結點，讓粉絲可以與彼此、與 YouTube 互動，成為現代娛樂工作者最重要的技能。

　　資料也驗證了這點。以下是 YouTube 網紅遊戲玩家馬克・費施巴赫（Mark Fischbach，人稱「Markiplier」）和兩位最受歡迎的主流名人焦點頻道的觀看次數與留言筆數（互動式參與最簡單的形式）對照圖：

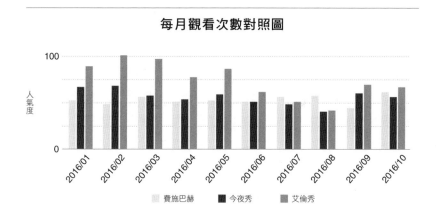

每月觀看次數對照圖

觀眾透過內容與創作者、與彼此之間的互動體驗，重於觀賞內容的體驗，這個事實完全改變創作者與粉絲的溝通方式，在觀眾及他們追蹤的螢幕藝人之間引入較不為人理解的動態。

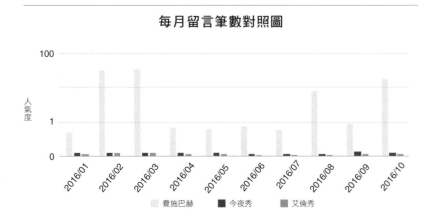

每月留言筆數對照圖

　　澤‧法蘭克創作網路影片之初就發現，與觀眾進行直接、感性的對話，能快速培養閱聽觀眾，讓他們不斷回來。「一般而言，情感取向非常有力，你只管放開心胸，坦誠談談像悲傷之類的事。我發現，網路世界的情感體驗極其有力，其中有很多的原因，」他說。最好的藝術作品傳達給世人的，向來都是情感面訴求；這不是什麼新鮮事。但是在網路影片的世界，那種情感交流集中在單一個人身上，一個把我們所相信、關心、喜愛的事物人格化的人，一切因此變得不同。「這些類型的個人連結強度高於一個實體的人，」法蘭克告訴我。

　　不是所有的創作者都有因應那種強度的本事，對於它在創作者和其受眾之間所能創造的動態，我們仍然有得學。現實與認知中的現實，兩者之間的失調可能會把事物推往令人憂心的方向。2016 年 7 月，主題標籤「#SaveMarinaJoyce」（救救瑪麗娜喬依絲）成為全球熱門主題，它的源頭是十九歲英國創作者的粉

絲發起的熱潮。在那之前的幾天，他們相信他們最愛的美女達人非常不對勁。在她最近的影片裡，她看起來比平常心不在焉、漠然、削瘦。有人解構她的影片畫面，發現她的手臂有瘀青、有一段影片背景有槍、床邊桌几上有神祕的容器。有些人宣稱在她的約會服裝點子影片的音軌裡，聽到她輕聲說「救救我」。許多人認為她遭到綁架。根據《衛報》的報導，「有幾千個青少年表示，他們睡不著，而且想到瑪麗娜被綁架或被當成人質就怕得發抖。超過六十個人推文說，這件事讓他們焦慮或恐慌發作。那是一種歇斯底里症狀。」某天凌晨三點，警官在接到粉絲的報案電話後，到喬依絲府上探查，但表示她安全無事。若真的要說有什麼事，那就是喬依絲在後來的訊息和影片裡，顯得對所有的關注幾乎不知所措。

創作者如果對粉絲社群失去掌控，事情非常容易出差錯，那可能是因為粉絲和藝人之間的關係，感覺就像我們在真實世界裡的關係一樣無法預測又情感強烈。當粉絲的自我身分認同與他們覺得關係如此親近的公眾人物糾纏交織，會發生什麼事，喬依絲事件是現代名人困境特別戲劇化的例子，但不是唯一。

在網路影片平等主義式的環境裡，偶像和粉絲之間感覺幾乎是零距離，因此存在於名人和他們粉絲之間的擬社會關係（parasocial relationship；個人化但終究是虛假無實的關係），無疑會因此而突顯、擴展和變化。影像網誌之類的形式尤其如此，因為影片創作者在鏡頭前直接分享生活的私密細節（雖然經過策畫），更進一步加強了與我們之間的真實、現實感。如果名人讀

取並回應粉絲的留言，或在螢幕上點名觀眾打招呼，親密的假象就變得較不虛幻，而這些人物的社群貼文也會與我們朋友和家人的貼文交織，混為一談。

在有些情況下，新型名人不見得有能力以負責任的態度，在粉絲與他們互動的所有空間裡妥善處理粉絲的這種弱勢處境，易受影響的粉絲會因此受到傷害。2014 年發生的慘痛事件，曝露了這點。當時，英美的創作者社群有一些知名人物被控對在 YouTube 以外的世界變成「朋友」的粉絲進行性虐待和情感操弄，犯下的罪行從不適當的對話、哄誘拍攝裸照到暴力攻擊都有。有些案例中，這些粉絲在指控的事件發生當時尚未達法定年齡。受到指控的嫌疑人，大多數都遭到唾棄，商業關係也都被斬斷（雖然只有少數面臨刑事調查），而現代的名人－粉絲關係也因而遭到質疑。「有鑑於最近的事件，我們必須以最嚴正的態度強調，」英國規模最大的網路影片集會「城市夏日」（Summer in the City）籌備者在給與會者的訊息裡寫道，「計畫參加今年盛會的人，務必謹記：你們仰慕的那些人只是凡人，而有些時候，很遺憾地，他們的意圖並不全然純正。」

這件醜聞和隨之而來的誠實對話提醒我們，YouTube 虛擬社群的強度，可能不下於以我們住家區域和家庭關係為核心而構成、具備實體鄰近度的社群。不管在真實生活或網路世界，都有一些危險關係，但也有更多正向的關係。

如果被問到（通常在不提示的情況下），幾乎每一個 YouTube 創作者都會思考，他們與粉絲的關係，相較於傳統媒體

明星與粉絲之間的關係，兩者差異何在。「創作者更像是閱聽觀眾的朋友、兄弟或姊妹，而不是被視為偶像的名人，」美妝大師蜜雪兒・潘（Michelle Phan）說。

2013 年，菲力浦・德法蘭科（Philip DeFranco）在他的每日流行文化新聞脫口秀裡提到，他的父親可能需要進行腎臟移植手術。他有一名粉絲，是在愛達荷州的陸軍退役軍人，於是捐出他的腎。「我之所以開始製作影片是因為我想和人說話，和人交流，擁有一個社群，」2016 年的 VidCon，德法蘭科在台上對我說道。「我是說，我爸爸得到一顆腎臟，是因為有個多年來看我的影片的人捐出他的腎臟，不是嗎？而且他不是唯一自願捐出腎臟的人。那實在讓人驚奇。這種數位連結就這樣轉化成這種令人驚嘆的真實人脈。」

德法蘭科節目數百萬觀眾所組成的「國家」（Nation），只是YouTube 上多如繁星的粉絲社群裡的一個。其他知名的粉絲團包括 PewDiePie 的「兄弟大軍」，和貝特妮・莫塔的「莫塔阿凡達」（Motavators）。儘管娛樂圈向來不乏大規模的粉絲社群，如「快樂喪屍」（Deadheads）、「星艦笑傳」（Trekkies）等，但是YouTube 的粉絲社群拜網路的動員力之賜，而能夠成為流行文化中最強大的力量之一。例如格林兄弟的「書呆子終結者」（Nerdfighter）透過這個二人組成立的「減少全球鳥事基金會」（Foundation to Decrease World Suck），募到數百萬慈善捐款（沒錯，真的有這個基金會，而且辦得相當有聲有色）。出了暢銷書的創作者人數實在太多，我有次甚至在倫敦看到一家書店，設有

YouTube 網紅專區。2014 年，柔依・薩格〔即 YouTube「美妝與生活風格」超級巨星「柔依拉」（Zoella）〕的小說發行時，還成為有史以來銷售速度最快的出道作品。

談到網路影片明星，粉絲團看起來更像社會運動。在社群媒體時代，把數位群眾稱為「追隨者」（followers；即「追蹤者」、「跟隨者」），其實是種諷刺，因為在這個以互動帶動網紅人氣的世界，最不像我們的身分就是追隨者。

成長於 YouTube 出現之前的人，之所以難以歸納崛起於網路影片王國的新型明星，一個原因就是這些明星自己就困在這個難題裡。我們不一定總是能找到詞彙描述他們的才能或身分。喬登・馬倫（Captain Sparklez）有一段時期就不知道該怎麼對海關和邊境巡邏人員解釋自己的身分。他選擇屈就於過度簡化的說法。任何再多一點的說法，往往會讓每個人都感到困惑。「有一次我真的對邊境海關巡邏人員說，『我是網路藝人。』我從他們的表情判斷，他們應該認為我在拍色情片。於是，我放棄那個說法，換成『我做 YouTube 影片』。目前為止，我還不曾遭到拘留。」

對於我們喜歡的事物，我們發現它的創作者並與他們互動的方式，完全改寫「名人」和「藝人」的正統概念。「名人」一詞過去向來是指那種幾乎各年齡、各地方都知道的知名人物。但是，我在 YouTube 的這些年，遇到愈來愈多「某個人」的名人，而不是「每個人」的名人。我猜，我們永遠會有像金·卡戴珊和哈利王子之類的名人，可以大家一起講八卦，但現在我們任何人都有機會能和那些與我們喜愛事物有共鳴的人，建立自己的閱聽觀眾。

在現代娛樂產業的人才挖掘工作上，片廠經理及錄音室的藝人與製作部人員儘管仍然占有一席之地，我們在網路上的行動和互動，可以透過較不正式的管道，加速讓個人站到聚光燈下。許多這些新藝人之所以能脫穎而出，是因為一項二十一世紀的標準技能：高頻率和高強度的真實互動能力。他們有些感覺起來比較不像是流行文化貴族，更像是朋友。他們與我們溝通的工具，許多都和朋友與我們溝通時用的一樣，我們經常覺得自己是他們成名的合作者，而不是旁觀者，因為我們可以追溯自己在其中推波助瀾的軌跡。

唱片公司、電影片廠、電視網和書籍出版商，以他們的

觸及範圍和影響力，仍然會繼續評估、磨練、宣傳、維持許多作品受到大眾喜愛、有才華的個人。但是，它們不再是成為明星的唯一道路。外貌、天時、地利、人脈的重要性，已經遠遠不如從前，現在，曝光度取決於你在網路上連結的人數多寡，以及你與他們連結方式的效能高低。這也改變了我們。我們不再只是粉絲，我們是社群成員。我們甚至不再只是扮演觀眾的角色，我們全部都是參與者。

本章注釋

1   我有個在工程團隊的朋友總喜歡說，在 VidCon 現場就像在看實際的影片觀看次數在你面前走來走去。這種說法很有趣，一方面是因為它很真實，一方面是因為對著擠滿尖叫青少年的會場中心，這是一位工程師刻板的奇特解讀方式。

2   我們的對話被一堆尖叫的人群所打斷，他們包圍著的是某個我不認得的小咖網紅。「我甚至不知道那是誰！」一個十四歲女生開心地對她的朋友高聲叫道。

3   恰如其分地，Montevideo 的意思剛好就是「影視山」（Monte Video）。雖然幾乎沒有一個學者會告訴你，「Montevideo」的意思是「影視山」，但是這個名字的語源，其實有很多爭議。這只是個我為了自己開心而試著延續的謠言。

4   我不認為有多少人能望其項背。

5   這是根據 2017 年的資料所做的非常、非常保守的估計；許多你或許認為是「影像網誌」的事物，依照這裡的尺度，都難以納入計算。

6   不管是透過他龐大的觀眾群，或是因為他的喜劇或評論普遍缺乏思慮而挑起的許多爭議，最知名的是《華爾街日報》在 2017 年對謝爾貝里運用反猶太幽默提出質疑。

$$\Big(\!\Big(\ \text{結 語}\ \Big)\!\Big)$$

收 播

2007 年 1 月，肯‧施奈德（Ken Snyder）沿著加州威尼斯海岸騎單車，途中看到一幕景象，讓他覺得非得用他的新數位相機錄下來不可，並立刻分享給所有人看。

他看到的是悠閒地溜著滑板車的鬥牛犬。牠在三五成群的青少年滑冰隊伍間穿梭，身上的毛色棕白雜間，伸垂著長長的粉紅色舌頭，小小的腳掌在人行道上拍撲前進：那一天，牠的身影成為威尼斯海灘的目光焦點，很快地，也在網路上出盡鋒頭——施奈德的「溜滑板車的狗」（Skateboarding Dog）影片，吸引了數百萬觀看次數和粉絲。它甚至被剪進蘋果那年的 iPhone 原版廣告裡，成為一幕醒目的畫面。對許多人來說，這支影片基本上總

結了發燒影片那個有趣、無奇不有的世界。

　　除了贏得金氏世界紀錄的「溜滑板車最快的狗」頭銜（沒錯，溜滑板車的狗不只一隻），狗狗提爾曼（Tillman）也會和牠的主人兼最佳拍檔隆恩・戴維斯（Ron Davis）一起滑沙板、衝浪和玩滑雪板。隨著時間過去，提爾曼成為發燒寵物影片迷圈內的傳奇。但是，在 YouTube 總部，提爾曼也成為另外一種傳奇：在無意之間，牠以成為整個媒體產業最不光彩的動物而聞名。

　　提爾曼成為許多觀眾、產業合作夥伴和廣告主對網路影片所抱持刻板觀點的終極象徵，而在 2011 年至 2013 年間，有牠的圖像出現的簡報頁數，多到我數不清。「溜滑板車的狗」一詞成為奚落網路娛樂的流行代用語（隨著時間過去，它又與另一個網路媒體貶義詞合流，形成更怪異、更沒道理的「溜滑板車的貓」）。在媒體專訪、銷售提案和花俏的研討會主題演說裡，YouTube 的高階主管要說明這個平台已經脫胎換骨、擺脫業餘色彩時，經常用這個詞彙表達。他們一再而再地宣告，「YouTube 不只是溜滑板車的狗。」彷彿我們行銷團隊在那個時期的目標之一，就是說服大眾相信這個顯而易見的事實。

　　說真的，這些都讓我感到焦慮不安。雖然我能理解，「溜滑板車的狗」或許不能和莎士比亞的不朽經典相提並論，而我也明白，過去有太多人（包括媒體專業人士）都太快貶抑 YouTube 每天都有新發展的那種獨特專業創意，但是這隻狗狗變成產業障礙的象徵，讓我感到煩亂。我覺得苦惱是因為「溜滑板車的狗」總結了我喜愛 YouTube 的所有方方面面。它奇特、隨機、讓人

大開眼界，非常不像電視或廣播或電影。它是大家透過一種相當成熟的參與形式一起捧紅的，而那種互動只有在 YouTube 才能辦到。我們觀看。我們分享。我們重新再發現。每當我們有哪一天過得不順，或是想要給朋友「情感禮物」時，我們都參與了它的歡樂和驚喜。在 YouTube 的世界，它代表一種歡慶，慶祝日常生活裡俯拾皆是的短暫神奇時刻。在我眼中，站在滑板車上的提爾曼所代表的，正是這個新媒體的民主本質對我的啟發。

這些年來，YouTube 和網路娛樂終究跨越了「溜滑板車的狗」障礙，人人都開始體認到，專業水準的創意和人才正在網路上蓬勃發展。提爾曼開心溜滑板車的圖像，不再出現在簡報資料裡。每天鬧哄哄的發燒影片裡，愈來愈少有寵物影片掀起病毒式流行的瘋潮。

2015 年將近尾聲之時，我偶然間讀到一則小新聞。提爾曼已經自然死亡。「我們共度十年，一起溜冰、衝浪、出遊，創造了許多不可思議的回憶，」隆恩・戴維斯如此寫到他摯愛的鬥牛犬。「沒有言語可以貼切地道出我們對他的思念。小提，謝謝你帶來的所有美好時光。」

讀到這則新聞，我非常悲傷。不只是為一個失去寵物的人感到的失落。對我而言，提爾曼的滑稽舉止，代表個人表現不受箝限的奇蹟，讓人振奮；同樣地，牠的離世，突然之間也象徵著一個遠去的特別時代走入終結，讓我默默懷念。隨著網路娛樂事業成長、專業影片產業蓬勃發展，有時候會讓人感到，那些純樸的機緣湊巧時刻也愈來愈難得。這個影音新世界最讓我喜愛的那

些事物，那些讓 YouTube 之類的園地與傳統娛樂有別的事物，要是也隨之埋葬了呢？要是它們被源源湧入的金錢、廣告和傳統媒體財閥給掐滅了呢？我開始思索，網路影片是否仍然是民主化創意革命的象徵。

但事實是，全世界的所有商業人士都無法改變讓 YouTube變得獨特的那些事物。即使是我走筆至此的這一刻，仍然有人在上傳、觀看或分享讓大部分媒體或廣告專業人士絕對無法理解的內容，筆數多達數百萬。我們每個人仍然握有創造流行、讓事物變得不容忽視的力量。明天，有人會想到一個點子，而且是最隨興、最荒謬的創意，讓某件事物觸及數百萬人的生活。它之所以可能，是眾人合力的結果。

因此，這是人類表達史上最難預測、最令人費解的時代。在業餘者和專業者共同推波助瀾下，媒體在我們生活裡所能扮演的角色，正在改頭換面，而我們正處於這個劇烈重建過程的早期。我們應該停留片刻，深思它的意義。

本書幾乎完全著眼於網路影片和 YouTube，因為這是我最熟知的領域。但是，講到大眾的網路行為如何影響我們的生活和周遭的世界，YouTube 只是一股大趨勢裡規模最大、內容最多樣化的一個例子。YouTube 和許多其他平台參差不齊的內容，可能看似混亂無章，但它們集體的文化影響力，比任何單一影片、迷因或創作者都更大。

在聽到這些 YouTube 現象（尤其是早期現象）背後的故事

後，你或許已經注意到一個一再重現的主題。經常，成功看似完全來自意外。一支原本只是想和一小圈親朋好友分享的影片（或者就像 OK Go 的例子，是專門獻給龔德里的），一發不可收拾，有了自己的生命。一支小小的影片能夠對許多人的生命發揮如此強烈的影響力，這件事無意間讓我瞭然，相較於觸及廣大閱聽觀眾的管道受到嚴密控制和管理的時期，網路影片時代有多麼不同。不到十年，我們從樂團拜求 TRL 通告，發展到樂團可以在自己的後院意外創造出熱門歌曲。這些年來，隨著愈來愈多人理解媒體的運作及大眾網路行為，網路文化已經從意外性質轉變為目標獨具。最受歡迎的影片和創作者，成功已經鮮少是無心插柳。但是，那種即興自發、不講究修飾的精神，仍然存在於許多最成功的人事物的核心，從它們所採用的多元化、實驗性質的製作技術，到它們所觸及的變化多端、敢犯大不諱的主題，在在是如此。

即使是像 YouTube 這樣的平台，就算有時候感覺彷彿變得更商業化、更精於算計，但網路影片之所以能獨具一格，成為變革的媒體，它所憑藉的獨特特質，仍然是大眾形塑它的能力。YouTube 如此迷人的原因也在此。它到處都有創意作品和互動園地，人類經驗的所有層面幾乎全都可以在這裡找到歸屬。

最佳影片和頻道之所以成功，許多都是因為能強烈而真誠地捕捉那種體驗。儘管我在整個網路的黃金地段負責監管促銷工具，我很少覺得自己握有炒熱某事物的力量。即使是只有幾千個訂閱者的人，我也絕對比不上。儘管我的行銷同事很努心地塑

造 YouTube 品牌在大眾心目中的認知，但是 YouTube 最終的樣貌，以及任何驅動我們表現自我的科技所代表的事物，來自數百萬人的使用方式。

不管好壞，YouTube 是根據我們的形象塑造。它是我們本相和我們關心事物最廣、最直接的映照，它透露關於我們的很多訊息。

其中之一就是，只要有機會，我們驅使科技為我們工作，而不是我們為科技所用。我們不遺餘力地調整工具，以配合我們實際的需要和想望，經常把科技帶進一個遠遠偏離它們設計者當初設想的方向。

YouTube 的創辦人查德、史提夫和賈德原本以為，大家會用他們的新影片網站放約會檔案。沒有人可以預見 ASMR 或總統大選辯論 Auto-Tune 的出現。網路影片的世界向我們展現，我們的熱情具備多麼強烈的影響力，把利基小眾嗜好、散布各地的粉絲和個人著迷的事物，轉變成人氣頻道、獲利的社群和蓬勃發展的新類別。

當然，我們的需求可能存有天南地北的歧異。有時候，我們在一群理解我們獨特興趣的人當中尋求庇護（例如電梯）。有時候，我們只是想打破砂鍋，知道人能不能跑得比屁還快。（格雷葛利和米契爾，謝啦！）但是，有些需求更為普世，對於從觀賞及閱聽內容得到的收穫，我們的要求也比過去更多。

我們對所消費的媒體，抱持的標準已經提高，我們不會在很短的時間裡降格以求。我們對貧乏的容忍度正在縮減，並預期

娛樂能在生活裡扮演有意義的角色。在這麼多熱門影片和頻道看似已構成空前的淺薄高峰之時,我明白這句話聽起來有多奇怪。(觀賞 Nyan 貓的人,應該不會確信他們在參加智識的現代啟蒙之旅)。但是,請切記,網路影片的價值不一定只存在於它的內容,還有它促成的人際連結。儘管那看似是理所當然,但是自大眾主動參與媒體所衍生的價值,成為驅動大眾文化的一股重要力道,卻是現在才有的事。

那些能讓人與事物、人與人之間建立更深度、更個人層次連結的人物和創意,我們能夠提高他們的地位,也藉此表現自我、表達我們關心的事物。事物傳播的規模和態勢,現在取決於它的人際價值,而不是商業價值,這不啻是相當戲劇化的翻轉。

隨著我們脫離傳統大眾媒體的僵化結構,我們也失去一些護衛者,為娛樂和資訊的一致性、可預測性,以及大致上無惡意把關。

還記得,在二十世紀時,觸及大眾的訊息,大部分是透過昂貴的體系傳播,而這些體系則仰賴銷售和廣告收入,決定哪些訊息能取得傳播的使用權。具爭議性的表現形式會威脅到現行的經濟模式,通常一點機會也沒有。

企業對創意和表現的影響,經常成為嘲弄的對象,其來有自,但是製作、傳播閱聽及觀看內容的人,往往會礙於金主對品牌安全的顧慮,不由自主地背負義務感。真正不負責任的訊息其實很難出得了門,觸及整體大眾。

　　在寫作本書的過程，關於我們所創造文化潛在的長期寓意，有些醞釀已久的議題，也發展到一個緊要關頭。我們運用科技表達自我、彼此連結、與全球事件連結的新方式所引發的艱鉅挑戰，「假新聞」和暴民騷擾所點燃的重大辯論，只是其中幾項。我想要相信是民主的事物，經常感覺像是無政府狀態。

　　到了 2010 年代中期，具備文化影響力的人，人數的成長與組成的變動都達到空前的程度，他們只關注自己的一小塊閱聽觀眾，很少思考其他人對他們的接受度。

　　2017 年，《華爾街日報》點名謝爾貝里，指責他不斷運用反猶太式的幽默，主要企業夥伴因此與他做切割，包括 YouTube 的「原創」（Originals）頻道，和迪士尼旗下的自造者工作室，謝爾貝里這才驚覺到一場軒然大波已起，為《華爾街日報》的報導感到煩亂，並表達歉意，承認他的玩笑太過火。若是在一個較為成熟、完善的媒體組織，這種幽默不太可能出得了媒體大門，觸及到像他那種規模的閱聽觀眾。在謝爾貝里看來或許是一時興起的犀利妙語，在別人耳中卻是冒犯而危險的語言，絕對不可能通過傳統媒體內建的過濾機制。

　　「我喜歡超越極限，但我自認是菜鳥喜劇演員，我絕對曾經犯過錯，」謝爾貝里在一支觀看次數達數千萬次的回應影片裡說到。「但是這個經驗對我而言，永遠是成長和學習。」當時二十七歲的謝爾貝里，在青少年族群裡又是辨識度最高的名人之一，把他歸為菜鳥藝人是奇怪的想法。儘管這個事件不只是單純的菜鳥級錯誤，但是謝爾貝里在短短幾年間，透過一個獎勵他那不經

修飾風格的媒介，從大學電玩玩家一飛衝天，成為家喻戶曉的人物，而即使擁有數百萬觀眾，他每日所發表的內容，背後仍然沒有真正的製作人員。創作者個人要為他們的不智決定負責，而隨著觀眾規模的成長，那份責任也跟著加重。未經慎思的魯莽選擇所造成的後果，能輕易影響到愈來愈多的人，輕易到令人不安。

　　從某些方面來說，我們都是菜鳥；我們都是初次嘗試推敲網路影片機器究竟如何運作的人，而且同時以表演者和閱聽觀眾社群成員的身分在探索。

　　我們的網路行為對周遭世界所具有的影響力，是一股遠遠被低估的新力量。

　　大部分人在成長過程中，都身處於具淨化作用的大眾媒體結構之下，而在那個安全場域之外，我們的小我有時候會失控暴走。記錄不公義事件和動員社群的園地，也會成為未經深思熟慮的攻擊和經過算計的騷擾的事發現場。幫助我們以較親密、個人方式表達自我的平台，同時也是負面內容的展演場。雖然對組織化霸凌的憂心已經醞釀了好幾年，但是事情似乎是在 2015 和 2016 年開始沸騰，社群媒體平台上出現有組織的行為，顯露人性可以醜惡到什麼地步。名人、運動分子和市井小民都成為厭女心態和威脅的糾纏目標。幾乎每個社群驅動的主要媒體平台，包括 Facebook 和 Twitter，都必須因應那個問題。

　　接著是 2016 年美國大選。雖然 2008 年是社群媒體年代真正的第一次大選，但是 2016 年的大選，是網路行為的政治影響力超越傳統大眾媒體場域之後遭遇的第一次大選。 我們看到發出

質疑的新聲音大量湧入，這些沒有經過中介機構而傳播的內容，具有出奇雄厚的說服力，同時也缺乏關鍵的脈絡和確據。任何複雜性都在高分貝的喧囂聲浪中淹沒，程度更甚於以往，而我們習慣因信任而認為是事實的那些訊息，通常並非高度值得信任。

這一切最難的部分是，我們沒有前進的路線圖。我們的聲音擁有前所未有的廣大觸及範圍，而顯然我們似乎還沒有完全準備好如何因應其中的意涵。

奇斯告訴我，我們必須「重新思考『為得到的關注負責』的意義。」在傳播訊息、動員社群如此輕而易舉的這個空間裡，所有人都要思考新的倫理道德責任。我認為，暴民行為和「假新聞」的論辯，是忽視那些責任而來的後果。「許多已經擅於吸引注意力並維持吸引力的人，有許多……都在無意間扶植了一批網軍，」奇斯說。「吸引力、我們能夠擁有的力量都有規則。我認為有些人比他人有更高的知覺。」

這是真的。很多人都嚴重低估自身對公共辯論和他人觀點的影響力，等到真的在討論個人表現自我的力量時，卻又幾乎全都著眼於正面。我們思索觀看或創造的影片，如何為我們與一個更廣大的社群建立連結，或是我們的互動如何成為個人的取樂來源。「著眼於做好事，可能創造出一個美好社群，」奇斯又說。「但是，以愛為出發點的創作之道，也可以用於以仇恨為出發點的創作。」

在思考未來時，我們很容易把目光焦點放在科技創新及它

們對我們的意義。以虛擬實境為核心的娛樂科技，還有自動化和機器學習的競技場，無疑會對文化形成重大衝擊。過去十年的重頭戲，是取用（access）和發行（distribution），這兩個詞彙單調乏味，讓人很容易因此忽視它們對未來數十年的廣泛影響力。

多年來，YouTube 的根本準則和商業策略，是集數千名員工多年來的貢獻而成，但在另一方面，把它變成文化孵化場的，是每天在使用它的人：這個媒體改變了大眾與全球事件之間的關係、大眾取得知識的方式，還有音樂與名人的定義。我們每個人都是推手，即使是最微小的網路行為，也能增強這些日常表達內容對世界的影響力。人人也都會發揮助力，塑造那些表達內容在未來幾年對人類生活的影響力。在下一個世紀，網路影片的發展，不是取決於程式編碼，而是我們對於網路影片的運用所選擇的方式。

把這項責任交託給這麼多人，我不會天真無知到無視於其中的陷阱，但是我基本上抱持樂觀態度，因為我相信，一個由個人表達的行動所塑造並反映個人自我表達的文化，最終還是優於一個由企業利益和追求投資報酬率做為驅動主力的文化。

過去十年間興起的這個奇特、變化莫測的環境，儘管雜亂無章，比起過去出現的任何媒體，卻更能反映人類真實的本相。對嘴唱歌、回應影片，還有，沒錯，甚至是溜滑板車的狗，這些我們創作、觀賞、塑造的事物，即使是再微不足道，我們都能透過它們對彼此產生更多的真知灼見，也能有更多機會與我們看重的人和觀念，建立真實、誠實的連結。

　　因此，小提，謝謝你帶來的所有美好時光。也謝謝你帶來的那些挑戰和啟發。未來，還有更多在路上等著我們。

謝 辭

　　這些年來，我從本書所涵蓋主題所學到的任何事物，都來自許多聰慧人士的協助，也得自於那些迷人的、奇特的、熱情的個人，在網路上發揮的那些令人喝采的創意。我無法向他們一一道謝，但是我虧欠他們太多了。

　　以本書來說，它之所以能成，我要感謝我那位出色絕倫、不懈不怠的編輯 Lea Beresford，以及 Bloomsbury 的團隊。謝謝你們從一開始就相信我，並與我有共同的願景，尤其是 Cindy Loh、Nancy Miller、Christina Gilbert 和 George Gibson；還有 Laura Keefe、Nicole Jarvis、Shae McDaniel、Marie Coolman 和 Sarah New 把消息傳遞出去。此外，我要謝謝 Dan Rembert 優美的設計作品，還有 Jenna Dutton 和 Laura Phillips 為我的寫作把關，讓我的文字看起來這麼有品質。能與你們共事，我感到無比幸運。

　　謝謝 Stephanie Higgs 的協助，讓寫作一本書的艱鉅過程變得游刃有餘而且有樂趣（即使你居然是觀看「江南 Style」的最後一人）。謝謝我令人讚賞的研究人員 Kiran Samuel 和 Teiko Uyekawa，除了其他事務之外，特別針對一些最散漫的主題挖掘事實和研究。還有版權代理公司 Folio 的 Jeff Kleinman，謝謝他值得信賴的鼓勵、熱誠和誠實建言，以及他的遠見，看到一本談

影片的書可以有所作為。

　　謝謝我的老朋友和同事們：Steve、Olivia、Cristos、Billy、Hammy、Ben R.、Benny and Rafi、Evan、Michael、Andrew G.、David C.、Kenyatta、Kuti、Casey 和 Scott，謝謝你們同意接受訪談。謝謝才華洋溢的 Jordan（CaptainSparklez）、Mitch and Greg（AsapSCIENCE）、Ze（BuzzFeed）、Andrew R（ElevaTOURS）、Maria（GentleWhispering）、Noy、Jeff J.、Gianni 和 Sarah（Walk off the Earth）、Damian（OK Go）、Craig、Sam P.、Sam G.、Nick（Pogo）、Ben B.（MyNiceTie）、Matt N.（carsandwater）、Jason R.，以及在 VidCon 的爸爸們，還有認識多年的 Bear、Chris T.、Rebecca 和 Sarah R.，謝謝他們與我分享他們的故事和專業。

　　深深感謝 Gina, Matt T.、Abbi 和 Chris D.，還有 Marly、Ross、Earnest、Carly、Bonnie、Jeff、Kevin M、Matt D.、Marc、Bangs、Taylor、Ramya、Maany、Steph S.、Elizabeth L.、Lance、Emily、Margaret G.、Meg C.、Grant L. 和在辦公室裡的其他許多人，他們有極其慷慨的胸懷，大方地分享他們的智慧、建議和協助。謝謝 Anna、Danielle 和 Lucinda 多年來的肯定、信任和支持，我真心感激，永遠不盡。謝謝 Susan、Salar 和 Lorraine，因為他們的領導風格，我的身邊才能每天都有精采的人實現精采的事。謝謝 Steve 永遠堅持 Steve 本色。

　　謝謝 Ken Snyder 提供 Tillman 的影像，謝謝 Katie Chen 提供 Chloe 令人拍案叫絕的影像。謝謝 Kevin A. #2、Ania、Red、

Tom 和許多其他有耐心的朋友，忍受我所有的缺席和即興發作的閒談瞎扯。謝謝 Venessa 一路堅持到最後的反饋意見和嚴謹思慮。謝謝長島市的 Communitea 咖啡小館，基本上供充為我的第二間工作室。

言詞無法道盡我對家人的感謝：謝謝我的父親，因為有他，我才能走出我這不尋常人生道路；謝謝我的母親，不管我做什麼，她都認為是最好的，即使事實不是如此的時候也一樣；謝謝我的妹妹在這種時候出手撥亂反正，挑明真相。（開玩笑的，克麗絲汀，愛你哦！你是我心目中最佳拍片合作夥伴的第一人選）；謝謝我的姪子 Terri，成為我離家時的另一個家；謝謝我的祖父 Joe Allocaa，本書獻給他——他見證了商業廣播的誕生、電視的發明、網路的爆炸、虛擬實境的興起，卻從不畏懼退縮。你總是讓我立志成為像你一樣的人，他的意義不受時代或環境的限制，而是寓於他所建立的人生和人際關係。

最後，我要謝謝數百萬以個人表現塑造了 YouTube 的人：他們敞開自己，無畏於傷害；他們在真實難得之際表現真實的一面；有時候，他們甚至冒著生命危險或犧牲個人幸福，在驚嚇、打擊或危險之時，分享關於自己的事物。這是一件重要的事。這一件事，改變了每一件事。

國家圖書館出版品預行編目 (CIP) 資料

打造爆紅影音 / 凱文・艾樂卡 (Kevin Allocca) 著 ; 周宜芳
譯 . -- 第一版 . -- 臺北市 : 遠見天下文化 , 2019.04
　面 ；　公分 . -- (財經企管 ; BCB 665)
譯自 : Videocracy : how youtube is changing the world ...
with double rainbows, singing foxes, and other trends we
can't stop watching

ISBN 978-986-479-671-7(平裝)

1. 網路社會 2. 網路社群 3. 網路媒體

541.415   108004722

財經企管 BCB665

打造爆紅影音

Videocracy: How YouTube Is Changing the World......with Double
Rainbows, Singing Foxes,and Other Trends We Can't Stop Watching

作　者 ── 凱文・艾樂卡 (Kevin Allocca)
譯　者 ── 周宜芳
資深行政副總編輯 ── 吳佩穎
責任編輯 ── 王慧雲 (特約)、黃安妮
封面暨內頁設計 ── 江孟達
出版者 ── 遠見天下文化出版股份有限公司
創辦人 ── 高希均、王力行
遠見・天下文化・事業群　董事長 ── 高希均
事業群發行人／ CEO ── 王力行
天下文化社長／總經理 ── 林天來
國際事務開發部兼版權中心總監 ── 潘欣
法律顧問 ── 理律法律事務所陳長文律師
著作權顧問 ── 魏啟翔律師
社　址 ── 台北市 104 松江路 93 巷 1 號 2 樓
讀者服務專線 ──（02）2662-0012
傳　真 ──（02）2662-0007；2662-0009
電子信箱 ── cwpc@cwgv.com.tw
直接郵撥帳號 ── 1326703-6 號　遠見天下文化出版股份有限公司
電腦排版／製版廠──中原造像股份有限公司
印刷廠 ── 中原造像股份有限公司
裝訂廠 ── 中原造像股份有限公司
登記證 ── 局版台業字第 2517 號
總經銷 ── 大和書報圖書股份有限公司電話／ (02)8990-2588
出版日期 ── 2019 年 4 月 30 日第一版第 1 次印行

定價 ── NT500 元
ISBN ── 978-986-479-671-7（平裝）
書號 ── BCB665

天下文化官網 ── bookzone.cwgv.com.tw

本書如有缺頁、破損、裝訂錯誤，請寄回本公司調換。
本書僅代表作者言論，不代表本社立場。

天下文化

BELIEVE IN READING